·零碳系列·

零碳供应链

丛书主编◎孙静

[英] David B Grant
[英] Alexander Trautrims 著
[英] Chee Yew Wong

李迪 [加] 邬迪 祝春华 译

Sustainable Logistics and Supply Chain Management

Principles and Practices for
Sustainable Operations
and Management, 3rd Edition

电子工业出版社
Publishing House of Electronics Industry
北京·BEIJING

内 容 简 介

供应链活动已融入生活的方方面面，大量的供应链活动必然产生大量的碳排放，实施可持续性原则和实践从未如此重要。本书介绍了零碳供应链管理的原则和实践，以及供应链中会影响自然环境的因素。内容主要包括供应链管理活动概述；可持续性发展科学及社会、经济和环境的平衡；涉及供应链管理主要功能的可持续性问题（包括货物运输碳排放问题、可持续性仓储、可持续性采购、逆向物流与回收等）；与供应链管理相关的风险、弹性和企业社会责任等问题；可持续性物流与供应链管理战略，即企业如何将环境考量纳入其整体企业战略，包括相关的成本和收益核算。书中包含了最新的研究和数据，以及物流和供应链管理的趋势和全新案例研究，涵盖了物流和供应链流程的直接环境影响，并提供了理解和实施可持续性方法所需的所有支持。

本书适合各企业的供应链相关从业人员，供应链相关专业的学生与学者，想要学习零碳供应链相关知识的读者阅读。

Sustainable Logistics and Supply Chain Management 3rd edition by David B. Grant, Chee Yew Wong, Alexander Trautrims

Copyright © 2023 by David B. Grant, Chee Yew Wong, Alexander Trautrims

This edition arranged with Kogan Page through BIG APPLE AGENCY,INC.,LABUAN,MALAYSIA.

Simplified Chinese edition copyright © 2024 PUBLISHING HOUSE OF ELECTRONICS INDUSTRY.

All rights reserved.

本书简体中文专有翻译出版权由 Big Apple Agency 代理 Kogan Page 授权电子工业出版社，专有出版权受法律保护。

版权贸易合同登记号 图字：01-2023-3636

图书在版编目（CIP）数据

零碳供应链 /（英）大卫·B.格兰特（David B Grant），（英）亚历山大·特劳特里姆斯（Alexander Trautrims），（英）黄志友（Chee Yew Wong）著；李迪，（加）邹迪，祝春华译. —北京：电子工业出版社，2024.1

（零碳系列）

书名原文：Sustainable Logistics and Supply Chain Management: Principles and Practices for Sustainable Operations and Management 3rd Edition

ISBN 978-7-121-46645-8

Ⅰ. ①零… Ⅱ. ①大…②亚…③黄…④李…⑤邹…⑥祝… Ⅲ. ①低碳经济－供应链管理－研究 Ⅳ. ①F252.1

中国国家版本馆 CIP 数据核字（2023）第 217241 号

责任编辑：高洪霞　黄爱萍
印　　刷：三河市良远印务有限公司
装　　订：三河市良远印务有限公司
出版发行：电子工业出版社
　　　　　北京市海淀区万寿路 173 信箱　　　邮编：100036
开　　本：720×1000　1/16　印张：15　字数：285.6 千字
版　　次：2024 年 1 月第 1 版
印　　次：2024 年 1 月第 1 次印刷
定　　价：88.00 元

"零碳系列"丛书编委会

主　编：孙　静

编　委：孙　静　翟　昕

主 编 鸣 谢

在这本书即将出版之际，我想对那些一直在幕后支持我的人表达我的深深感激。

首先，感谢本书的译者。李迪、邬迪，以及祝春华。你们的工作不仅是语言的转换，更是文化的传递。正是因为有你们的努力，我们的思想得以跨越语言的界限，触及更多读者的心灵。

感谢我的家人和朋友们。在这段旅程中，你们的理解、支持和爱，是我坚定不移的力量源泉。也感谢张学记院士，寇光武董事长，李树深院士，上田多门院士，孔令磊主席的真挚肯定以及仰炬院长的帮助。

我还想感谢我的编委会成员翟昕教授，你的见解和建议像指南针，引导我们在正确的方向前进。你的每一个建议，都让这本书更接近完美。

对丁山版社，尤其是高洪霞老师和黄爱萍老师的贡献，找表示深深的谢意。在这个快速变化的时代，你们的专业性和对质量的坚持，使这本书能够以最好的形式呈现给读者。

最后，对于我们团队的每一位成员，尤其是对押明初我也充满了感激。没有你们的不懈努力，这本书无法成形。你们的努力浸润在每一页纸张之中。

衷心感谢大家的付出和支持。

孙静

2023 年 12 月于青岛

本书将理论与实践相结合，不仅概述了基本原则，还通过翔实的案例研究展示了物流和供应链管理在实际应用中的场景，对于企业来说具有非常高的指导价值。

孔令磊

玫德集团董事局主席，山东省工商联副主席，山东省人大代表

物流和供应链管理与自然环境紧密相连。本书为我们揭示了如何在复杂的环境中制定战略，寻找平衡，向着更可持续的未来迈进。

寇光武

万华化学集团股份有限公司总裁，董事，万华化学（福建）有限公司党委书记、董事长

从二氧化碳排放到绿色物流，本书系统地解析了物流和供应链管理对自然环境的影响，倡导绿色可持续性实践，警醒我们重新审视对自然环境的影响，是环保领域的必读之作。

李树深院士

中国科学院原副院长，中国科学院大学原党委书记、校长，

中国科学院院士、发展中国家科学院院士

This book is easy to read even for those who are not expert in logistics and supply chain management (SCM) like me. Yet this book is quite informative which covers comprehensively the way towards sustainable SCM. As a civil engineer, I can learn how infrastructure can contribute to sustainable SCM. This book is a book for civil engineers to read.

这本著作即便对于像我一样不具备物流和供应链管理专业背景的人士也颇易解读，它深刻地洞见且全面地涵盖了可持续性供应链管理的不同路径。作为一名土

木工程师，我可以从书中理解基础设施如何为可持续性供应链管理贡献力量。这是一本土木工程师必读的佳作。

上田多门院士

日本工程院院士，日本土木工程协会会长，亚洲混凝土协会主席，

国际土木工程 FRP 学会顾问委员会主席

ISO/TC71/SC7（混凝土结构维护与修复）主席 AUN/SEED-Net 首席顾问，

兼代理执行董事

本书不仅探讨了物流和供应链管理如何影响自然，更融入了一些超越常规的广泛因素，从碳足迹到燃料使用，每一个细节都关乎我们的未来，非常值得一读。

张学记院士

深圳大学副校长、党委委员、常委，俄罗斯工程院外籍院士，美国医学与生物工程院院士

欧洲人文和自然科学院院士，生物医学专家

译者序 1

中国是制造业大国、贸易大国和供应链大国。供应链的减碳对中国制造业的绿色转型和高质量发展有重大意义，是国家实现"'双碳'目标"的重要支撑。全球环境信息研究中心曾做过测算，企业供应链生态所产生的碳排放量往往是其企业运营范围碳排放量的 5.5 倍。同时，供应链也是全球贸易的重要支撑。面对欧盟碳边境调节机制等基于排放的贸易新规则，理解并掌握供应链减碳已经成为中国制造业企业的必修课。此外，理解全球零碳供应链新趋势，对于所有致力于构建开放、包容、安全、稳定的全球产业链和供应链体系或正积极参与构建全球供应链体系的读者来说，都会有所裨益。

作为双碳环保及信息化领域的研究者，我致力于寻找一个平衡点：在由不同类型企业汇聚成的供应链结构里，既能满足绿色、环保、低碳的更高要求，又能综合考量供应链的稳定、质量、成本等因素，实现社会价值与经济价值的兼顾与双赢。在比拼系统效率更高、响应速度更快、遭遇变化韧性更强的时代，帮助企业更好地融入或引领绿色供应链，带动和协同链上企业，一起走好以"零碳"再造产业优势的道路。

在这个过程中，数字技术与绿色低碳的融合是实现零碳供应链的关键技术。企业家们应关注供应链管理的新趋势和政策变化，通过数字技术进一步摸清碳排放家底，及时调整绿色供应链管理策略，理性处理发展与减碳的关系，结合企业自身发展情况，根据国内、国际的布局，逐步推动整个供应链减碳的策略制定，形成良性和可持续的发展模式。

本书引入了零碳供应链的概念，强调将"低碳"理念贯彻到供应链的各个环节，包括生产、物流、包装和回收等。通过倡导零碳供应链的理念，为读者提供新的思路和方向，帮助企业实现可持续发展。这些内容可以帮助读者更好地了解和实践低碳供应链管理的具体方法。

本书旨在为中国的受众提供一种学术纽带，以彻底审视西方国家在物流全链路绿色减碳方面的经验和实践，为中国供应链的生态转型提供深刻的启发和指引。我们期盼，透过广泛合作的力量，推动中国在迈向零碳供应链的道路上实现更为快速而稳健的前进。

李迪

2023 年 10 月

译者序 2

在节能减碳、可循环经济已经成为全人类共识的当下，我们都在尝试去摸索一条绿色经济发展的道路。以欧盟碳边境调节机制为代表，各国政府已经开始向高碳排商品施压。这也证明，在全球经济寻求可持续化发展的大浪潮下，主动转型、提前布局是化危机为机遇，保障企业、产业甚至整个经济体长久良性发展的唯一道路。在目前大部分人对这条路的探索还停留在商品的"直接碳排"（即商品制造过程中燃烧或化学反应过程中直接产生的碳排放）和"间接碳排"（即商品制造过程中电力消费所产生的碳排放）的情况下，本书直接将视角拓展到了更为宽泛的层面，从全供应链的角度诠释了零碳经济，帮助读者以更加全面的视角去发现零碳破局的新线索、新角度，迸发新思考。

零碳供应链的建立不仅仅是对物流等全供应链碳排放进行量化和管理，更多的是对复杂的供应链系统进行高效的管理，加强供应链中各方的协调与合作，是将资源的利用率和商品的产出效率不断提高至极限的过程。根据我国"30 年碳达峰、60 年碳中和"的"双碳"目标节奏来看，当前时间节点正是奠定经济社会绿色转型基础的阶段。在这样的时间节点，整个经济体系内供应链的供需、竞争、政策、客户、供应商、产业链等环境与主体都在发生着日新月异的变化，这些变化同时也在促进行业中的企业向着可持续发展的模式转变：从社会之根本的发电来源，以及中国崛起路上发挥着关键作用的传统制造业，到交通，再到新兴产业，都面临着新生态、新模式、新技术等一系列的机遇与挑战。如何在各个环节都处于高速变化中的产业链中寻求发展的平衡就成为中国低碳供应链的重中之重。

作为本书的译者之一，我向读者推荐这本《零碳供应链》。书中拆解了较为复杂的供应链结构，深入浅出地解读了低碳供应链及低碳物流的逻辑。本书介绍西方供应链和物流管理的理论知识及经验，是读者在实践中摸索中国产业转型道路的有力工具。

邬迪

2023 年 10 月

译者序 3

随着全球范围内气候问题因气候变暖加剧而日益显著，低碳发展、供应链绿化与物流优化等领域逐渐成为国际社会关注的焦点。我国已郑重承诺，到 2030 年力争使二氧化碳排放量达到峰值，而到 2060 年则努力实现碳中和，展现了大国的责任与担当。据联合国政府间气候变化专门委员会统计，农业和林业等土地利用方式导致的温室气体排放量约占人为净排放量的四分之一，显著影响全球温室气体总量。为应对此挑战，2021 年 9 月，《中共中央 国务院关于完整准确全面贯彻新发展理念做好碳达峰碳中和工作的意见》提出，加快推进农业绿色发展，促进农业固碳增收。在农业绿色转型的背景下，我国已在技术研发、政策制定和供应链构建等方面取得了显著进展。

身为农业科技的研究者，我致力于寻找一个平衡点：在确保农产品质量与产量的前提下，如何降低对化肥和农药的依赖，精细化供应链和物流管理，以达到减少碳排放量的目标。在国家政策逐渐向限制化肥、农药使用并鼓励使用有机肥料的方向发展的背景下，我深入探讨了绿色生态药肥的可能性，期望找到一个既能满足作物的营养和健康，又能有效缩减碳足迹的农业模式，为中国的碳达峰和碳中和目标贡献己力。

翻译本书的目的是为国内读者搭建一个桥梁，深度解读西方国家在低碳、供应链和物流优化等领域的经验和实践，期望为中国的绿色转型之路提供宝贵的借鉴与灵感。我们期盼，通过集体的努力，推动中国在低碳转型之路上行得更稳、走得更远。

祝春华

2023 年 10 月

前　言

在这个时代的转折点，这本书应运而生，以见证和反映企业在环境和社会责任上的觉醒。在可持续发展的框架中，企业责任已经成为一种必然，而非选择。本书的第三版像一面镜子，反映出可持续性在工业界的重要性不减反增，它的持续更新是对可持续性重要性的最佳证明。

在本书中，我们探讨了利益相关者管理的核心问题。作者们深知，拓展视野，关注多元利益相关者是至关重要的。为解决供应链中的可持续性问题，我们必须跨学科合作，集思广益。这不仅关乎基础科学问题，如温室效应，还涉及社会科学和人文科学的领域。共创的理念要求我们与所有能从科学和社会科学知识中受益的利益相关者建立合作。

面对棘手的环境、社会和经济问题，我们在决策中既有获益者也有受损者。在做好事的同时，如何减少潜在的损害，成为一种至关重要的平衡。

这本《零碳供应链》深入剖析了供应链物流的复杂性，适合各类读者。在社会和环境变革的大背景下，特别是新冠疫情后，本书关注了供应链和物流领域的主要变革。本书不仅提供了背景知识，还关注了可持续性管理的设计、规划和行动。

本书的语言简洁明了，全面概括了供应链物流领域的复杂问题，从哲学、社会和战略问题到操作决策和管理细节。它将理论与实践相结合，为构建更好的世界，特别是在物流和供应链这一重要领域，搭建了知识创造者、学习者和实践者之间的桥梁。

Joseph　Sarkis

Worcester, 马萨诸塞州

导　论

自我们写下这本书的第 1 版已经过去了十年，在可持续物流和供应链管理（SCM）方面，已经发生了很大的变化。一些问题由于 21 世纪第 2 个 10 年以来所发生的全球性事件变得严重，但也有一些问题受到了积极的影响。

新冠疫情从某种程度上讲依然存在，并持续影响着全球供应链。在新冠疫情暴发期间，这种病所导致的种种限制显著地减少了二氧化碳（CO_2）的排放。但是，当下较低的经济增长率及全球性通货膨胀问题，使得各个国家和企业更加关注经济生存问题，而这可能会影响可持续发展实践，并迫使国家和企业重新审视自由经济和全球化。

上述问题和其他外部因素为本书第 3 版的思考和撰写提供了多维度的视角。然而，我们仍然沿用同此前版本一致的整合视角来梳理供应链：以物料为起点、以消费为终点，并将逆向物流也纳入谈论范围。物流和供应链活动渗透到我们生活的方方面面，因而对自然环境的影响非常显著。第 3 版包括了更新后的数据、理论和实践信息，读者亦可在 Kogan Page 网站上获得与本书相关的补充资料。

本书不仅介绍有关负责任的供应链管理及可持续物流运营的原则和实践，还从更宽泛的视角，将物流和供应链管理领域影响自然环境的常规因素（例如，在货运领域中经常被提及的道路里程、燃料使用和二氧化碳排放等）之外的一些更广泛的因素纳入讨论范围。关于"常规因素"，读者可以参考 McKinnon 等人在 2015 年出版的 *Green Logistics*，该书是对本书非常好的补充。

这些类型的活动和因素的发展演进加深了物流和供应链管理对自然环境的影响。因此，本书在讨论物流及供应链策略和运营时，旨在提高各方对物流及供应链责任、道德考量和可持续实践的认识层次和重视程度。企业、消费者和社会认真考虑这些问题非常重要，否则，可能会出现限制物流和供应链管理对环境影响的法规，这些法规大概率要比这三个利益相关者的期望更为严苛。

如今，个人可以通过网站计算自己的二氧化碳排放量或"碳足迹"。这种计算所考虑的因素包括家庭能源使用、个人和公共交通（包括飞机航班），以及生活方式偏好，比如喜好时令食品或有机食品、包装、回收和娱乐活动。这些关于二氧化碳排放限制和碳税的讨论强调了环境问题的复杂性，且在日常生活的许多方面涉及物流和供应链管理的因素，因而不容易解决。

本书共 9 章，路径结构如图 1 所示。每个章节都是独立设计的，但章节之间的流程基于物流和供应链活动中的两个基本前提：运输或"Go"和存储/生产或"Stop"，我们将在第 1 章中展开讨论。

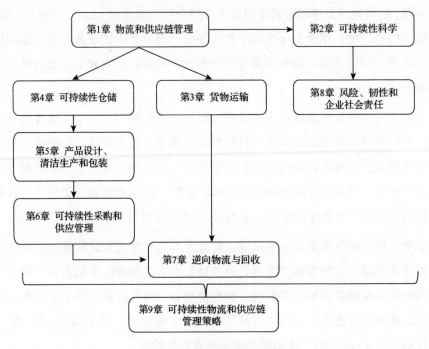

图 1　本书的章节路径结构

第 1 章是对物流和供应链管理活动的概述，以及与物流和供应链管理相关的可持续性的当代思想，包括物流和供应链管理活动对自然环境和生态系统的影响，以及反过来受到的影响。本章主题包括各种物流和供应链活动的性质、全球化程度的提高导致供应链变长，以及效率与敏捷性之间的辩论。第 3 版新增了关于时事（如新冠疫情）对可持续性的影响的讨论，以及更新的统计数据和案例研究。

第 2 章揭开了可持续性科学的神秘面纱，深入探索环境与气候变化的议题，同时也讨论了地球作为一个生态系统的性质：它既需要维持生态平衡，又需要兼顾人类和商业的需求，即所谓的"三重底线"方法。这一章的关注点包括地球的气候、生态系统的可持续性、温室效应以及相关的气体，如一氧化碳、二氧化硫和甲烷等，同时也触及了人类活动对可持续性的影响，如影响矿物、石油、天然气及水资源的使用，以及人口增长和粮食生产。在最新版中，我们加入了关于 2022 年 COP26 峰会和食品安全等当前热点的讨论，并更新了相关的统计数据。

接下来的 5 章，将深入探讨与物流和供应链管理相关的主要活动——与"Go"和"Stop"相关的可持续性问题。第 3 章着眼于货物运输，由于货物运输在供应链中的主导地位以及对环境的显著影响，因此其成为物流和供应链管理环境问题的主要因素。我们讨论了各种货运方式的特质，全球货运中的热点问题（例如排放、燃料消耗和交通拥堵），以及为绿色运输提供支持的技术的进步。

在第 4 章，我们将讨论可持续性仓储。在运输之后，以工厂、仓库和配送中心为代表的存储设施，对自然环境产生的物流和供应链影响位列第二。这一章讨论的主题包括绿色仓库的设计、建筑材料的固有排放、减少现有仓库的资源消耗、仓库的位置和网络设计，以及针对可持续性设施的 LEED（美国能源和环境设计领导认证计划）和 BREEAM（英国建筑研究机构环境评估方法）认证。

在第 5 章，我们将更深入地讨论与产品设计、清洁生产和包装相关的问题，这些都是工厂生产商品的基本原则。主题包括环保产品设计，使用更少的材料，使产品更轻便，易于运输；采用新颖的生产方式，消耗更少的能源/自然资源，产生更少的污染；考虑物流的包装，例如可重复使用的包装、包装材料的回收。

接下来的两章将把讨论的重心从生产和物流及供应链活动转向其他层面。第 6 章考虑了与生产过程息息相关的可持续性采购、采购流程和供应商关系。这里的主题包括环保或绿色采购的动因与阻力、采购框架及对整个产品生命周期的评估。产品的生命周期评估必然包括对不需要的产品或组件进行回收或处理的逆向环节。第 7 章则讨论了逆向物流与回收，这是运输和存储功能的重要组成部分。讨论的主题包括翻新、再制造、解体和回收等逆向循环产品回收选项，以及当前的法规框架和所涉及的其他相关问题。

第 8 章回归更宏观的视角，审视与物流和供应链管理息息相关的风险、韧性和企业社会责任（CSR）问题。本章重点包含：对企业社会责任的广义诠释，如环境可持续性和社会责任；全球供应链所面临的多元风险，如环境灾害；伦理模型及"绿色冲刷"现象；全球和行业层面的经济、环境和社会可持续性倡导。

第 9 章作为最后一章，为我们提供了关于如何在公司层面的可持续性物流和供应链管理策略中融入对环境考量的概述，包括对相关成本和利益的计算。讨论的议题包括：针对可持续性的战略规划；供应链网络的重塑；可持续性物流和供应链的绩效评估；物流系统和供应链中环境成本的权衡。

我们非常荣幸能够撰写本书的第 3 版，并且诚挚地希望您在阅读本书后，对物流和供应链管理领域的整体环境问题有所领悟和受到启发。

目　　录

第 **1** 章

物流和供应链管理

1.1 物流和供应链管理的本质

物流和供应链管理的影响深远，它们对人们的社会生活的品质具有重大影响。在西方社会，人们已经习惯了成熟的物流服务，仅在物流和供应链出现问题时，才会对它们进行关注。例如：

> ➢ 在 2020 年至 2021 年期间，由于新冠疫情引发的供应链问题导致的商超及杂货店商品短缺，触发了消费者的过度购买和储存行为。

> ➢ 若物流和供应链系统未能在商品分类过程中对商品及其颜色、尺寸和款式提供多样化选择，则我们将面临寻找特定尺寸或款式商品的困境。

> ➢ 如果物流和供应链系统未能满足约定的交货时间窗口，那么这类未能如约交付的订单将引发消费者的失望情绪。

以上仅为我们日常生活中常见且容易忽视的物流和供应链所引发问题中的一部分，它们揭示了物流和供应链如何深切地影响着我们日常生活的多个方面。然而，与物流和供应链管理相关的各种活动也对环境的可持续性产生了影响，本章将概述物流和供应链管理，以及它们对环境的影响。

首先，我们需要对物流和供应链管理进行定义。美国供应链管理专业协会（CSCMP，2022a）将物流管理定义为：

物流管理是供应链管理中的一环，负责计划、实施并控制货物的高效、有效的正向和逆向流动及储存。供应链管理以满足客户需求为目标，负责在物料起点与消费点之间进行服务，以及货物及相关信息的高效管理和流通。

物流管理的活动一般包括进出口运输管理、仓储、物料搬运、订单履约、物流网络设计、库存管理、供需计划，以及第三方物流服务提供商（3PL）管理。物流功能还在不同程度上包括采购、生产计划和调度、包装和装配，以及客户服务。实际上，直到千禧年交替之前，"消费点"一词通常指的是销售点，也就是零售店或其他类型的销售场所。然而，借助于供应链 4.0 和物联网（IoT）技术的快速发展，现在，"消费点"的概念已得到验证和确认，可以通过在线购物或其他方式实现。

供应链管理这个术语在 20 世纪 80 年代由咨询顾问首次提出，从那时起，学术界开始努力对其进行理论框架和知识结构的构建。CSCMP（2022b）将供应链管理定义为涵盖所有涉及供应来源管理和采购、转化以及所有物流管理活动的规划和管理。值得重视的是，它还包括与渠道伙伴的协调和合作，这些渠道伙伴可以是供应商、中介机构、第三方服务提供商及客户。本质上，供应链管理在企业内部及企业之间对供需活动进行整合管理。

因此，供应链管理被视为具有整合功能，其主要职责是将企业内部及跨企业的主要业务功能和流程整合为一个高效统一的业务模型。这除了包括上述所有的物流管理活动，还包括制造运营，以及与市场、销售、产品设计、财务和信息技术的过程和活动的协调。因此，供应链管理提供了一种审视企业的更全面的视角。

图 1.1 显示了一个公司简化后的供应链及其相关特征。该公司的直接客户和供应商被称为一级客户和一级供应商。一级客户的一级客户及一级供应商的一级供应商则分别被定义为该公司的二级客户和二级供应商，其他层级以此类推。在每个供应链节点（一个节点可以是该公司、其供应商或客户）之间，货物通过运输或所谓的"Go"活动进行流通。此外，每个节点都进行货物储存和/或加工，即所谓的"Stop"活动。实质上，物流和供应链管理就是关于"Go"或"Stop"的活动，这些活动旨在确保恰当数量的高品质产品，以尽可能低的成本，在正确的时间送达正确的地点。此外，供应链管理涉及对供应链内所有活动的整合和协调，活动

范围包括从原材料的采购到向客户提供成品。通过这种方式，企业可以提高自身的竞争力，降低成本并提升客户满意度。

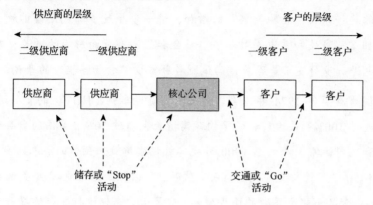

图 1.1　简化供应链

尽管围绕每一个"Go"或"Stop"的活动可能涉及诸多复杂细节，但在探讨运输或储存活动中真实发生的可持续性议题时，从这一简洁的概念出发颇为有益。

物流和供应链管理活动给各国及其社会带来了显著的经济效应。举例而言，物流和供应链管理相关活动所创造的价值在 2020 年占全球 GDP 的 10.8%，即 9.09 万亿美元。分地区核算，占北美地区 GDP 的 8.4%，2.02 万亿美元；占欧洲 GDP 的 8.6%，1.65 万亿美元；占亚太地区 GDP 的 12.9%，3.90 万亿美元。亚太地区较高的数据反映了过去 40 年中由于外包而产生的制造和运输区域成本较高。然而，这些活动的小幅度减少，即使是燃料、水和其他自然资源的使用，以及废物和排放方面的减少，也将产生显著的环境影响。关于此类影响以及测量这种影响的相关问题的实例，将在接下来进行讨论。

"食物英里"案例研究

"食物英里"这一概念指的是各类食品在供应链中的运输距离及其对环境造成的影响，我们应如何减小这一影响呢？在食品行业的全球化趋势下，跨境食品贸易量不断增加，食品来源的地理分布也愈加广泛。这导致了食品供应基地逐渐向数量较少但体量更大的供应商集中，部分原因在于这样可以满足全年对均匀且非季节性产品的大量需求。在这样的背景下，我们见证了交付模式的重大转变：现在大多数商品都使用大型货运车辆，经由连锁超市的区域分销中心进行路由；而消费者的购物方式也由频繁步行至本地小型商店转变为每周驾车至超市集中购物。这样的趋势导致"食物英里"的增加，进一步导致了二氧化碳排放、空气污染、交通拥堵、事故和噪声等对环境、社会和经济有负面影响的增长；对这些影响的担忧也进一步引发了是否应该尝试测量并减少"食物英里"的争论。

以英国为例，自 1974 年以来，英国重型货运车辆（HGV）的食品运输吨-公里数增长超过 100%，每次行程的平均距离增长也超过 50%。英国的食品运输（包括进出口和国内运输）产生了 1900 万吨二氧化碳排放，预估的成本达到 90 亿英镑，其中有 50 亿英镑与交通拥堵有关。然而，英国食品运输吨-公里数的增长并未伴随着 HGV 食品车辆公里数的同步增长，这是由于车辆运行效率的提升和车辆负载率的改进。此外，如果我们仅关注碳足迹，可能会忽视其他重要的问题，例如水资源的使用和农民的权利等问题，但无论如何，碳足迹都仍是一个有价值的测量标准。

在美国，相比于生产过程（例如，操作农业机械、生产化学肥料和抽取灌溉水等）产生的二氧化碳排放，运输过程产生的二氧化碳排放要少得多。然而，仅使用距离来确定碳足迹的方法是不充分的，运输方式才是关键的变量。从效率角度来看，货船是最优的，其次是火车，然后是卡车，最后是飞机。以飞机运输一吨食品的碳排放量相较于同样重量通过大型货船运输的方式，碳排放量要多出约 70 倍。因此，对于那些经常需要空运的易腐食品，如生鱼、芦笋和浆果，其产地的选择更为重要。而诸如西红柿、香蕉、梨和苹果等食品可以在成熟前进行采摘，长期储存，然后在进入超市供应链前用乙烯气体（一种由水果自然产生的激素，会导致水果的色彩和风味在成熟过程中产生变化）对这些食品进行处理。在大多数情况下，这些易于储存的食品的碳足迹相对更低，因为可选择的运输方式更多元化。

经常被引述的另一个例子是比较英国生产的羊肉与新西兰生产的羊肉。新西兰的羊肉碳足迹更低，原因在于羊通常在水力发电的农场养殖。由水力发电节省的能源和二氧化碳排放大大抵消了在 11,000 英里的海上航行中燃料油的二氧化碳排放。在美国，各类食品产品的运输里程产生的二氧化碳排放比例如下：红肉占

30%，乳制品占 18%，谷物和碳水化合物，以及水果和蔬菜各占 11%，鸡肉、鱼和鸡蛋占 10%，饮料、油脂、糖果、调味品及其他占剩下的 20%。

完全转向本地供应的饮食每年大约可以节省 1000 英里的运输距离，但饮食结构调整也可以有效地减少食品运输里程：每周用鸡肉、鱼或鸡蛋替代红肉一次可以节省 760 英里的运输里程，每周有一天选择蔬菜餐可以节省 1160 英里的运输里程。因此，对于大部分人来说，减少饮食碳足迹最有效的方式并不是购买本地食品，而是减少或消除对动物类食品的消费。

因此，单一的基于总食品运输公里数或英里数的指标并不足以衡量可持续性；食品运输的影响是复杂的，涉及不同因素之间的权衡。我们需要制定一套指标，来衡量运输方式和效率、食品生产系统的差异，以及更广泛的经济和社会成本及收益。

1.2　影响可持续性的物流和供应链管理趋势

环境议题已逐渐在全球范围内受到越来越多的关注。例如，关于运输、生产、储存及危险材料的废弃处理都会经常性地推出行业规范与管理措施。在欧洲，企业被更加严格地要求处理并废弃用于其产品包装的材料。这些问题使得物流和供应链管理的任务变得更为复杂：提高了成本并限制了选择。物流和供应链管理中的主要趋势及这些趋势中的可持续性观念已经在诸多文献中被探讨。Grant 及 Wieland 等人对 21 世纪 10 年代中期的主要趋势进行了总结，其中一些趋势对可持续性产生了重大影响，而 Carter 等人报道了物流和供应链管理中可持续性的现状。接下来的部分，将总结这些研究中的发现。

1.2.1　全球化

自 20 世纪 70 年代以来，全球化因标准集装箱的发展和广泛应用、国际贸易自由化、国际运输基础设施（包括港口、道路和铁路）的拓展，以及发达国家与发展中国家之间的生产和物流成本差异等因素而急剧发展。然而，与供应链地理长度的扩大相伴的是燃料使用和排放等环境问题的加剧。

在过去的数十年里，全球化对物流和供应链管理的影响显著。以全球集装箱贸易为例，全球集装箱的贸易量自 20 世纪 90 年代中期的年平均约 5000 万 TEU（标准箱）增长到 2018 年至 2021 年期间的年平均 1.5 亿 TEU（来源：2021 年联合国贸易和发展会议）。然而，全球化的影响并不仅仅影响到海运集装箱。

全球对智能手机和平板电脑的需求及其后续交付已导致空运货量和价格的上升。例如，每当新款苹果智能手机上市销售，空运费用便会出现显著上升。在 2014 年，空运费用从夏季的每千克约 2.50 美元上涨至 11.00 美元。同年第四季度，苹果公司售出了 7440 万部智能手机，其中 40%在美国销售。

1.2.2 关系和外包

我们注意到一个同物流和供应链管理定义相呼应的趋势：在全球化和高度互联的背景下，结合前述的物流和供应链管理概念，客户、供应商、竞争对手以及其他相关方之间增加合作和建立互利关系变得尤为重要。例如，两个竞争者共享运输和仓储设施，以减少卡车的空载和提供返程或逆向物流的机会，这样的合作对于可持续性发展是有益的。

另外，许多企业已经将其"非核心竞争力"的物流和供应链管理活动外包给专业的第三方物流服务方，例如 DHL 或 XPO Logistics。据 Armstrong & Associates 2021 年数据显示，全球 3PL 市场的价值已经达到 9620 亿美元，占全球 GDP 的 10.6%；北美地区为 2670 亿美元，占 13.2%；欧洲为 1740 亿美元，占 10.5%；亚太地区为 3900 亿美元，占 10.0%。

外包可能为公司带来显著的成本效益，使其能更高效地关注核心能力，减少与运输和储存基础设施相关的资本支出和固定资产，降低人力和内部运营成本，同时享受 3PL 服务提供商提供的专业服务和提高规模经济效益。然而，尽管存在服务协议和合同，但企业可能仍无法完全掌控外包操作的管理，因此可能无法完全影响 3PL 或其分包商的可持续性行动。

1.2.3　技术

在现代全球供应链架构中，技术扮演着至关重要的角色并实现更优质、更迅捷且更可靠的沟通。物流和供应链管理涉及多元化的功能和企业交互，需要在核心企业、供应商、消费者以及可能与企业并无直接关联的供应链参与者之间建立高效的沟通渠道，同时在企业内部，如物流、工程、财务、市场营销以及生产等主要部门间的沟通也至关重要。这样看来，对于任何一个综合性的物流或供应链系统而言，有效的沟通都是保障其高效运行的关键。

在过去的几十年中，由于计算能力和存储能力的提升，带来诸如笔记本电脑、全球定位系统、智能手机、平板电脑等创新产品的涌现，推动了通信技术的广泛应用。这些相关技术越来越自动化、复杂和迅捷，它们为企业提供了追踪和跟踪产品生产、储存和运输的能力，从而推动了更长距离、更高效率的供应链发展。

订单处理涉及一个企业接收客户订单、检查订单状态、向客户传达相关信息、完成并交付订单的全部过程。如今，许多组织开始转向更为先进的订单处理方式，例如电子数据交换（EDI）和电子资金转移（EFT），以提高处理速度、准确性和效率。同时，也开始运用如射频识别（RFID）这样的先进技术来实时追踪和监控整个供应链中的产品流向。

1.2.4　时间压缩：精益与敏捷之争

"时间压缩"是指可以缩短运营时间。漫长的交货期和处理时间会导致效率低下，从而导致更高的库存水平、更频繁的操作、更多的储存和运输需求、监控环节，甚至更大的错误概率，从而降低整个供应链的效率。正如前文所述，借助先进的物流和供应链管理及技术，企业能够通过与供应商和客户建立更紧密的合作关系，分享更多的实时信息提高准确性，从而压缩时间。因此，许多公司已经实施了时间压缩策略，旨在大幅减少产品制造时间和库存。

尤其是在易腐食品领域的零售商，它们在时间压缩方面处于领先地位，严重依赖包括条形码、电子销售点（EPOS）扫描和电子数据交换（EDI）在内的先进计算机系统，以便快速响应订单处理。实际上，全球的食品零售行业在20世纪90年代就已经建立了针对此目标的高效消费者反应（ECR）系统。

为了在操作层面提高生产和制造的效率，并在物流和供应链层面减少时间，"精益"和"敏捷"这两种不同的物流和供应链模型在20世纪90年代兴起。精益模型基于汽车行业的精益生产原则，其核心是开发"价值流"，目的在于消除所有浪费，包括时间，以确保生产系统的稳定运行。公司采取按订单生产的方式，通过预测需求推测将被要求的产品数量。因此，公司会选择自行承担库存风险，而不是通过发展大规模生产经济来转移这种风险，这有助于降低订单处理和运输的成本，减少缺货和降低不确定性及其相关成本。

然而，过度追求"精益"可能会带来额外的成本。供应链组织尝试削减各种浪费以实现最大效率、达到成本优化。持续实现这一目标的能力取决于业务方面的可预测性和可重复性，这使得供应链开始依赖于有限的供应商群体，更倾向于将业务运营简化为小型供应商网络。然而，在新冠疫情期间，这种高效率的流程由于供应商群体相互之间的高度依赖，反而变得脆弱和风险重重。

敏捷模型源自渠道推迟的原则。在推迟原则下，可通过将产品形态和身份的更改推迟到流程的最后可能点（即制造延迟），以及将库存地点推迟到最晚的可能时间，从而降低成本，因为当产品与通用形式的差异性增加时，风险和不确定性的成本也会增加，这就是物流延迟。敏捷性意味着利用市场知识和信息，在被称为虚拟公司的环境中，抓住在波动的市场库存中的盈利机会。

精益方法寻求在可能的情况下，尽量减少部件和在制品的库存，并朝向"即时制造"（JIT）环境。相反，采用敏捷方法的公司应在较短的时间内对客户对数量和种类需求的变化做出反应。因此，精益方法在产量高、种类少和可预测的环境中效果最好，而在需求高、种类多且不可预见的环境中需要敏捷性。

尽管这些模型看起来是对立的，但实际上大多数公司可能需要同时采用精益和敏捷的物流，这也是供应链解决方案建议采用混合策略的原因。这种策略也被称为"leagile"，图 1.2 说明了这种混合解决方案。"物料解耦点"代表了从精益或推式策略向敏捷或拉式策略的转变。"信息解耦点"代表了市场销售或实际订单信息可以协助这种混合解决方案中的精益方法进行预测的地方。

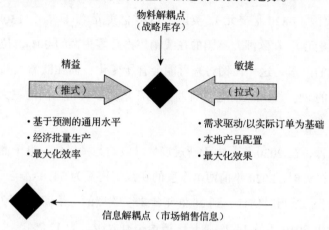

图 1.2　混合的精益敏捷供应链

时间压缩对可持续性的影响包括在敏捷供应链中增加运输或"Go"及储存或"Stop"活动，以及它们相关的环境效应，目的是实现高级别的响应能力和灵活性。此外，运输枢纽和港口或储存和生产地点的位置选择（例如，港口及其周边地区）也可能对环境产生负面影响。

人类必须建立强大的环保理念，制定出公共生态健康策略。据估计，70%的航运排放发生在距离陆地 400 千米以内的地方，因此船舶对沿海地区的污染影响巨大。航运相关的颗粒物排放估计每年导致 60,000 例心肺疾病和肺癌死亡病例，大部分死亡病例发生在欧洲、东亚和南亚的沿海地区。

1.2.5　电子商务的兴起

自 20 世纪 90 年代中期以来，电子商务及在线零售业得到了显著的发展，而这一发展的主要动力则是互联网普及率和连接性的提高。这既为零售行业带来了机遇，也带来了挑战，有研究预计，最终可能有四分之一的零售业务将在网上完成。据 2018 年的数据，欧洲以 82% 的家庭拥有互联网接入和连接能力领先全球，紧随其后的是俄罗斯和东欧的 76%，美洲的 71%，整个亚洲地区的 53%，以及中东地区的 52%。据估计，全球零售销售总额在 2018 年达到 24.9 万亿美元，其中电子商务销售额占比超过 11%，为 2.8 万亿美元。其中，领先的国家包括：中国（1.56 万亿美元）、美国（4820 亿美元）、英国（1320 亿美元）、日本（1230 亿美元）和德国（830 亿美元）。在欧洲，英国的在线销售占总零售额的 20%，位居首位，但由于英国脱欧的因素，这一比例将来可能会有所变化；而在欧洲大陆，网络销售仅占总零售额的 8%，这可能标志着即将达到需求更多分销空间的重大转折点，一般这一转折点在 10% 左右。

据当时估计，在 2020 年，由于新冠疫情导致的封锁措施，电子商务销售额将会快速增长。在美国，2020 年前两个季度的在线销售额为 3470 亿美元，同比增长 30%。相比之下，据当时估计，到 2020 年年末，欧洲的电子商务总额将达到 7170 亿欧元，相较于 2019 年的 14.2% 增长，增速稍有放缓，为 12.7%。

电子商务的发展对于物流和供应链管理具有深远的影响，这种影响给可靠性、准时性和快速性等方面带来了巨大压力。此外，由于电子商务对包裹交付和退货、货物和车辆的追踪，以及管理和云服务的影响（这些服务允许数据共享，使得同步供应链能够正常运作），未来可能会变得越来越重要。所有这些问题都对运输的可持续性产生了影响。

在电子商务领域，全渠道零售的出现是一种新的发展趋势。在全渠道零售的模式下，消费者在所有交互方式——包括实体店、计算机、移动设备、社交媒体、商品目录和电话服务中心——中所体验到的购物流程，无论是购物过程还是履行阶段，都可以实现无缝和一致性的整合。从供应链的视角看，全渠道零售也意味着要在各个渠道间实现全方位的可视性，以及对购物流程的全面和统一的理解。因此，全渠道零售无疑增加了电子商务活动的复杂程度。

1.2.6　单向物流和供应链管理流程

产品的销售逻辑流程或供应链流动主要是单向的，从原材料/资源方和生产者向消费者方向。然而，逆向或回收网络和系统的发展极度不足，即使是那些已经有所发展的网络也深受经济波动的重大影响。

例如，在 21 世纪初，英国大量向外输送混合废纸和纸板，供其再加工并复用为新产品包装。然而，由于 2008—2009 年的经济衰退，混合废纸和纸板的价格从每吨超过 90 英镑骤降至 2008 年年底的 8 英镑。消费者需求的减少及需求国新产品生产的进度放缓，导致对混合废纸和纸板的需求以及从西向东的集装箱运输的需求急剧减少。至此，英国的 80 家造纸厂都不再接收新的存货，据当时估计，仓库中堆积的地方政府废弃物大约有 10 万吨，预计到 2009 年 3 月将翻倍。另外，如果纸张的储存时间超过 3 个月，纸张会开始腐烂并吸引害虫，使其变得一文不值，然后只能选择焚烧或送至垃圾填埋场处理。

因此，全球化、技术革新、精益和敏捷技术以及"单向流动"等因素对世界各地（包括从更好的经济活动中受益的发展中国家）的生活水平提高做出了贡献。然而，与此繁荣相伴随的是物流和供应链活动的增加，这不仅导致了资源利用的增加、废物和污染的增加，还导致了货物运输和储存的效率低下，这些都对自然环境产生了不利影响。

1.3　可持续性物流和供应链

在 2004 年，Abukhader 和 Jönson 就物流和供应链管理与自然环境的关系，提出了两个发人深省的问题：

（1）物流对环境有何影响？

（2）环境对物流又有何影响？

对第一个问题，即物流对环境影响的探讨相对直接；然而，第二个问题需要更为深入的思考。不过，一个实例或许可以解释他们的观点。例如，棉花并不在众多北纬较高的国家自然生长。因此，如果生活在北欧或加拿大的人需要棉制商品，就必须依赖某种形式的物流活动，如运输和仓储，将棉花引入这些市场。然而，这里的主要物流/供应链问题是棉花应该以原材料的形式存在，还是以成品的形式存在，而这个问题的答案将依赖于物流系统和供应链的设计。

Carter 等人在 2020 年的论文中提出，关于可持续发展议程及其在物流和供应链管理中的应用，尚处于起步且未成熟的阶段。然而，他们确实看到了探索多样性（例如：多样性支出和在主要由男性主导的供应链管理工作中的多样性）和人权（例如：供应商设施的工作环境）的可能，以及致力于形成一种"可持续性供应链管理的宏观理论"。在这一领域，一些见解已经在 20 世纪 90 年代得到了发展，这将在接下来的部分中进行探讨。

可持续性物流和供应链管理的早期阶段

虽然可持续性、绿色和环保议题在物流与供应链管理领域中相对较新，但 20 世纪 90 年代早期的研究就已关注产品生命周期内的运输过程，尤其重视制造商的活动以及逆向物流。

Stefanie Böge 在 1995 年发表的一篇论文中，首次深入探讨了"食物里程"对消费品的影响，并且定量化了运输对环境的冲击。她研究了德国南部一家制造牛奶的企业，全面审查了该企业生产的 150 克可回收玻璃罐草莓酸奶的所有组成部分，包括牛奶、果酱、糖，以及玻璃容器、纸质标签、铝制盖子、纸箱、纸片、胶水和箔材等包装材料。

Böge 发现，在德国的供应链系统中，150 克酸奶罐的运输密度意味着 24 辆满载的卡车必须行驶 1005 千米到达分销中心，这个过程总共消耗了超过 10,200 升的柴油。她进一步细分，发现每个酸奶罐的总运输距离为 9.2 米，其中 5.1 米归属于分包商的责任，3.1 米为制造商的责任，1.0 米为贸易分销商的责任，每个酸奶罐的运输消耗了 0.004 升柴油。最终得出的结论是，制造商有三个基本选项：选择距离更近的分包商、提升现有运输车辆的效率、采用更环保的货运车辆。

目前，接近源头采购、受环境冲击较小的车辆以及模式的转变等主题已在负责物流和供应链活动的人士中获得认同。然而，值得注意的是，当 Böge 进行此项研究时，她的工作并未受到学术界或业界的广泛关注。她的文章最初发表在一个非主流的物流和供应链管理领域的期刊上，虽然该期刊后来停刊，但文章后来以开放获取的方式再次被发表。

1.3.1　逆向物流

如前所述，逆向物流并非新概念。产品的退回、回收和再循环已经实践了数十年。然而，在当今全渠道电子商务不断发展的环境下，零售退货在物流和供应链管理中的重要性日渐明显。学者 Rogers、Tibben-Lembke（1998）及 Stock（1998）对此进行了深入探讨，他们对逆向物流进行了定义，即：为了重获价值或进行适当处理，从消费者端到原始生产端，有效且经济地策划、实施和控制原材料、在制品库存、成品及相关信息的流动。

值得指出的是，该定义与 CSCMP 对物流的定义基本一致，仅末端部分有所不同。逆向物流包括 CSCMP 对物流的定义中的所有活动，关键的区别在于，逆向物流的活动是逆向进行的。逆向物流亦涵盖了处理因为产品损坏、季节性库存、再进货、回收、产品召回和库存过剩等因素引起的退货商品的过程。从战略角度看，逆向物流存在四个主要的问题：

（1）哪些材料可以被退回、恢复或回收？

（2）在逆向物流供应链中，责任如何定义？

（3）哪些物品可以合理地被退回、恢复或回收？

（4）如何确定经济价值和生态价值？

新产品物流与逆向物流供应链之间存在关键的差异。首先，在逆向产品的质量、数量和到货时间等方面，恢复过程具有不确定性。因此，退货预测相较需求预测更具挑战性。消费者行为的不确定性也是一个问题，例如，消费者是否愿意接受和购买经过修复和翻新的产品，或者消费者是否会选择退货而非简单处理产品。其次，收集点的数量多且位置或可行性存在不确定性，产品提取可能会延迟，因为时间并非关键因素，换言之，没有时间压力。然后，被退货产品通常存在包装破损、货物规模较小、信息清晰度低、可追溯性差和可见性不佳等问题。最后，产品的检查和分类是必需的，但这个过程劳动密集且成本高昂。

然而，适当地提供翻新或再制造的产品可以为公司带来竞争优势，同时增强消费者对品牌的信任度和对质量的认可度。近年来，逆向物流、产品再制造、产品再利用、回收和处理等方面已经演变为"循环经济"（CE）的模式，这是欧盟、多国政府以及全球许多企业正在推广的流行概念。

尽管如此，目前关于循环经济概念的科学和研究内容仍处于浅层次和无组织状态。在一些作者的观点中，这个概念似乎代表了来自多个领域和半科学概念的一系列模糊和分散的思想。关于逆向物流、产品回收管理和循环经济的主题将在第 7 章中进行更深入的讨论。

1.3.2　碳排放评估

在环境影响方面，运输和储存活动如何与社会其他活动进行比较？这两者都是能源的消耗者（例如燃料和电力），并且通过能源消耗产生二氧化碳排放。根据国际能源署（IEA，2022）的估计，包括客运和货运在内的交通运输在 2019 年产生了 8.5 吉吨的二氧化碳，但由于新冠疫情的影响，2020 年这一数字降至 7.2 吉吨。然而，根据 2050 年达到净零排放的场景的目标，到 2030 年，二氧化碳的运输排放需降低 20%，即降至 5.7 吉吨。因此，非能源公司开始对其供应链的能源消耗进行评估，以减少总体碳排放量，这并不令人惊讶。

在能源投入方面，车辆发动机在燃料使用和排放方面变得更为高效，人们正在考虑使用替代燃料，如生物柴油或生物乙醇、氢气、天然气或液化石油气，以及电力。然而，这些发展仍处于起步阶段，并带有其自身的环境影响。例如，为生产生物燃料而进行的作物种植需要占用耕地，这可能导致粮食作物种植的减少。对此情况的一种应对方法是，农民会转向在更多的森林和草地上种植粮食作物，从而可能带来抵消使用生物燃料带来的温室气体排放减少的积极效果。

在工业领域的仓储方面，世界可持续发展工商理事会（WBCSD，2022）指出，建筑物占据全球能源使用的 40%，以及终端能源使用的 30%以上。为了提高建筑物在能源使用和碳排放量减少方面的效率，LEED 以及 BREEAM 已经制定了一系列举措。

1.3.3　物流活动和供应链的绿色化

物流和供应链"绿色化"管理的核心目标是保障其环保性及对资源的高效利用，尤其强调在整体供应链中减少碳排放。根据世界经济论坛（2009 年）的观点，推动供应链绿色化的协同责任应归属于三个主要群体：物流与运输服务提供商、货主与购买者，以及政府与非政府政策制定者。针对这三个群体各自的职责，2009年世界经济论坛提出了一系列具体建议。

1. 交通运输、车辆及基础设施网络

物流与运输服务提供商应积极推广新技术、新能源及相关流程的应用，前提是这些应用具有正面的商业效益。他们还应审视大型封闭网络，确保网络的层次结构和节点高效构建，并在多个网络中进行优化整合。此外，他们还需要推动多个托运人或运输公司间的深度合作，以实现更环保的运输方式在自有网络中的广泛应用。

货主与购买者应在与物流服务提供商的合同中融入环境绩效指标。他们需要与消费者合作，提高对碳足迹和适当标签的理解，并优化回收过程，使回收过程更加便捷，也使资源利用更加高效。他们还应支持在整个供应链中的运输方式转变，同时适度放缓供应链的运行速度。

政策制定者应促进对拥堵道路的综合流量管理方案的推广，并对拥堵的道路交叉点、港口和铁路交叉点的基础设施进行特定的投资。他们还需要推动向铁路、近海运输和内陆水道的运输方式转变，并考虑在政府支持下，重新开放闲置的铁路线路、水道和港口设施。

2. 绿色建筑

物流与运输服务提供商有责任推动行业对现有设施进行大规模改造，以实现更大规模的绿色技术应用，并需要与客户进行密切协作，以提高对创新建筑技术的投资，同时关注以回收和废弃物管理为主题的新举措。政策制定者也应该通过鼓励个体和整个行业的行动，让所有参与者在改善工作中充分考虑现有和未来

技术的潜力。

3. 采购、产品和包装设计

在采购、产品和包装设计方面，货主与购买者应通过综合考虑原材料选择、生产过程的碳排放强度、供应链的长度和速度以及使用阶段的碳排放特性，来确定产品的综合碳含量。他们可以通过做出对环境有积极影响的决策，从而驱动整个供应链的绿色变革；应设定对包装重量和废弃物的额外标准和目标，并寻求对过境包装材料进行模块化的行业协议；还应制定可持续性的采购政策，全面考虑生产、制造和修复活动的碳排放影响，并将这些影响纳入近岸项目的商业论证中。

4. 行政事务

在行政事务层面，物流与运输服务提供商应该开发出适用于他们自身运营和客户的碳抵消方案，以作为业务多元化策略的一部分。政策制定者应与行业共同开发全球通用的碳测量和报告标准，建立开放的碳交易系统，审查现有税收制度，消除那些与提升生产力目标相悖的激励措施，并支持向更全面的碳标签化迈进。他们还应确保所有地区和运输方式的能源价格中都充分体现出碳的所有成本。

Mollenkopf 教授在 2006 年从另一个角度提供了供应链"绿色化"考量。她依据世界可持续发展工商理事会的早期研究提出了生态效率的四个要素，为运行在知识经济中的企业提供了战略指导。这些要素及其在供应链中的应用如表 1.1 所示。

表 1.1　生态效率和供应链行动的四个方面

方面	描述	供应链应用
无物化	将物质流动替代为信息流动	以信息替代库存，以避免在了解需求之前过早部署货物
	产品定制	任何形式的生产或物流延迟都可以使企业更加贴近实际需求，减少预期库存，从而减少对材料和能源的使用
生产循环闭合	封闭循环系统和零废弃工厂是指确保每个产出都能成为另一个产品生产的输入，或作为养分返回自然系统的系统和工厂	随着企业寻求重新回收产品进行翻新、再制造和销售于初级或次级市场，封闭循环供应链正得到越来越广泛的采用。这需要产品回收策略，并通过拆解设计（Design-for-Disassembly）或环境设计（Design-for-Environment）策略来实施

续表

方面	描述	供应链应用
服务延伸	在需求驱动的经济中,企业需要根据客户需求开发定制化的解决方案;这种需求越来越多地通过租赁商品来实现,而不是直接购买	资产回收计划被用于管理租赁期结束时产品的退还;这需要在收到产品后进行逆向物流和再加工处理的能力
功能延伸	具有增强功能的"智能"产品;相关的服务进一步提升产品的功能价值	通过升级和服务增强的产品设计举措,以延长产品的使用寿命

在使用这些指南时,企业首先应考虑为何以及如何发展和投资可持续性供应链战略,以及如何向外部股东报告其在这方面的努力。近年来,一种日益重要的趋势是:在传统财务数据(如资产负债表和损益表)旁提供环境、社会和治理(ESG)信息。造成这种趋势的主要因素包括监管变化、市场需求、竞争压力及内部压力。下面的内容以沃尔玛为例展现了其 ESG 行动。

汇报沃尔玛的环境、社会和治理活动

沃尔玛专注于通过商业运营,转型为一家帮助人类和地球实现再生的公司。这一使命受到 ESG 准则的驱动,该准则从对企业和利益相关方双赢的角度出发来解决社会问题。沃尔玛的 ESG 报告遵循诸如可持续性会计标准委员会(SASB)、气候相关财务披露工作组(TCFD)、全球报告倡议(GRI)标准和联合国可持续发展目标(SDGs)等框架。沃尔玛还遵循如 CDP 等程序进行报告,该程序是一个全球性的环境披露系统。

ESG 的领导从其首席执行官开始,延伸至多个高级管理者和开发团队,其中包括负责可再生能源和节能创新的房地产团队。

例如,沃尔玛在加拿大阿尔伯塔省建有一个 40 万平方英尺的生鲜和冷冻食品仓库,于 2010 年 11 月开业,为加拿大西部地区约 100 家零售店提供服务。该仓库采用了地点内风力涡轮发电机和屋顶太阳能电池板供电,而冷库则使用低能耗、固态发光二极管(LED)照明。LED 照明具有更低的热输出,比传统的白炽灯照明更能维持冷库的低温环境。尽管 LED 灯额外增加了 48.6 万加元的成本,但沃尔玛通过这种方式每年节省了 12.9 万加元。

沃尔玛还改善了冷库的门,以尽量减少冷库的冷气流失。公司每日都会利用

热成像摄像头来监控冷库门的冷气流失情况，确保不会因不必要的开门操作而造成冷气流失。此外，沃尔玛仓库还采用氢燃料电池为搬运设备（氢燃料电池叉车）供电，尽管氢动力车辆比常规车辆多花费了 69.3 万加元，但每年可节省约 26.9 万加元的运营成本。因为氢燃料电池叉车无须为更换电池和充电而暂停使用，所以被视为更高效的选择。仓库工人可以在叉车在仓库内移动的同时，仅用两分钟就完成加氢操作。

物流和供应链管理的全过程都受到产品开发与管理的影响。当供应商参与到产品开发过程中时，需要以环保为出发点进行设计。理解产品生命周期各阶段，特别是产品使用终止和生命周期终止的时点，以及在每个阶段中产品受到的经济与环境影响，所有这些都是至关重要的。如表 1.1 所示，四种外部环境可能助推可持续性供应链并形成发展动力，同时也为供应链运作提供了环境背景。因此，深入理解这些因素并随时间的变化做出适应性调整，是制定成功的可持续性战略的前提。例如，欧盟电子电气废弃物（WEEE）指令导致许多制造商对其生产和供应链活动进行重新评估，以适应法规环境的变动。

可持续性供应链不仅要考虑到上游企业，还要考虑到下游企业。可以利用供应商的要求和行为规范来确保供应商和客户以对社会及环境负责的方式行事。同时，也要注重产品及材料的来源，这也是可持续性的一个重要方面。例如，消费者购买的木制品，其来源是否为符合森林管理委员会（FSC）认可的可持续性森林？要确认这一点，企业就必须具备产品可追溯能力和货源链管理能力，同时需要向客户进行展示和证明。

企业的内部运作构成了其活动的核心部分。转型和物流活动为企业提供了丰富的机会来减少其"环境足迹"，例如优化废弃物管理、减少有害物质、减少包装、提升逆向物流效率以及选择适当的运输方式。如今，许多企业都采取了环保设计，以便在产品生命周期结束时尽可能降低其对环境的影响。产品管理的意义在于，供应链需要逐渐适应产品的再获取，以及产品或部件在供应链中的逆向流动，以便进一步处理。这些活动需要在产品开发的最初阶段就纳入可持续性供应链的设计中。

小结

物流和供应链管理对全球经济及人们生活的各个方面都产生了深远影响。运输（或被称为"行动"）和储存（或被称为"静止"）构成了这一体系的关键组成部分。

这些活动确保了合适的产品能在正确的时间以高效和有效的方式出现在正确的地点。然而，尽管全球化的加强、外包业务的增加、关系的深化、更广泛的技术应用、精益和敏捷的供应链流程，以及供应链中的单向流动等趋势助力了物流和供应链管理的进步，但它们也带来了一些可持续性问题。比如，温室气体的排放、燃料和其他自然资源的消耗、其他类型的环境污染以及由于包装废物的增加导致的废弃物问题等。

当前物流和供应链管理的主要关注趋势涵盖了几个关于可持续性物流和供应链管理中反复出现的议题。首先，企业需要明白，可持续性应该被纳入其物流和供应链战略，并且应当基于正确的理由来实现——这一主题将在第 8 章和第 9 章中进一步阐述。其次，内部运营，包括运输、仓储和生产等，需要尽可能高效地进行，这一主题的具体内容将在第 3 章、第 4 章和第 5 章中详细介绍。再次，与上游供应商和下游客户的关系需要体现可持续性。第 6 章将从可持续性采购和采购环境的角度讨论与供应商的关系。最后，被流动到下游的产品也需要在适当的时间以恰当的形式被逆向流回上游，因此逆向物流的重要性应当被强调，本书将在第 7 章中单独讨论。

在过去的 15 年里，有关可持续性物流和供应链活动的一些问题已得到解决。然而，由于人们日益认识到经济和环境可持续性问题迫切需要被关注，并且物流和供应链活动对自然环境有着重大影响，因此这些问题变得愈发重要。在第 2 章中，我们将探讨可持续性科学及其与物流和供应链管理的关系。这个领域正在迅速发展，许多举措正在推进，以提高可持续性方面的效率，特别是在能源使用方面和排放方面。

然而，相对于需要权衡可持续性供应链与当前物流和供应链实践之间的关系，特别是那些依赖技术、外包和时间压缩来满足日益增长的客户对更多、更好产品需求的全球单向供应链，这个领域的发展和研究仍显不足。

第 **2** 章

可持续性科学

2.1 可持续性发展的概念

"可持续性"一词在《柯林斯英语词典》(1998 版)中有两个定义,首先,它指的是经济的可持续性,如发展的可持续性、原材料和其他资源供给的可持续性;其次,它指那些不会耗尽资源或造成自然环境及生态损害的活动,即可持续可发展的视角。这两种解读揭示了"绿色即金钱"的理念,强调企业在推动自然环境的可持续性时,也需考虑其经济效益。这些定义在过去 20 多年间始终如此,如《柯林斯英语词典》(2022 版)所示。

此外,可持续性的第二个定义引发了一个关于当今及未来消费的问题。哲学家约翰·罗尔斯将这个问题称为"代际公平",意味着社会必须公正地决定当今的资源消耗,以确保未来的世代可以接触并享用这些资源。布伦特兰德提出了一种更广泛的可持续性发展定义:既满足现在的需求,又不损害未来世代的需求。

可持续性与 CSR 密切关联。一个负责任的企业应该确保它对自然环境的影响最小。然而,CSR 的范围超出了自然环境,包括公平贸易、良好的雇佣关系以及与各利益相关方之间保持良好关系。本书将在第 8 章中进一步展开 CSR 相关讨论。然而,CSR 与可持续性的关系体现在约翰·埃尔金顿提出的三重底线(TBL)理念中。

三重底线理念强调企业在追求利润的同时，还应关注地球和人们的利益。这意味着公司在追求经济价值的同时，还应注重环境和社会价值，以保证长期的环境安全和所有人类的适当工作和生活标准。这个理念已经在企业、政府和非政府组织中被广为接受。

自 1972 年首届联合国人类环境会议在斯德哥尔摩召开以来，过去 40 年间自然环境受到了前所未有的关注。这期间，全球举办了众多活动和会议，旨在提升对环境和气候变化的认识。这些活动包括 1987 年布伦特兰委员会、1992 年在里约热内卢举行的联合国地球峰会（强调污染者应承担污染成本）、1997 年京都议定书（制定全球温室气体减排目标）以及 2000 年纽约千年峰会、2002 年约翰内斯堡峰会、2009 年哥本哈根气候变化会议、2012 年里约+20 会议和 2015 年在巴黎的第 21 次缔约方大会（COP 21）。

2021 年年底，在格拉斯哥举办的最新峰会（COP26）吸引了近 200 个国家共同制定气候协议（英国政府，2022）。英国作为主席国，设立了四大目标。

（1）**维持 1.5 度的全球升温目标**：这意味着所有国家需要尊重格拉斯哥气候协定，于 2022 年调整自身的气候变化目标以符合巴黎气候协定，并实现"净零排放"承诺及 2030 年的减排目标。采取的策略有终止使用煤炭发电、阻止砍伐森林，以及向清洁能源汽车转型等。

（2）**支持气候脆弱国家**：这需要与捐款国家合作，致力于到 2025 年将应对气候变化的资金翻倍，并在 COP27 上为圣地亚哥网络提出明确的计划和筹资方案。

（3）**促进资金流动**：作为 COP 的主席国，英国将帮助确保各国、国际金融机构以及私人金融机构实现为应对气候变化而设立的每年 1000 亿美元的资金目标。此外，他们会增加公私伙伴关系以支持气候行动，并在南非公正能源转型伙伴关系的基础上建立合作，同时，也将协助各方在 2025 年的气候资金目标上取得进展。

（4）**合作并保持包容性**：这需要通过已经建立的论坛和国际理事会来推动在关键领域的行动，并把承诺转化为明确的执行计划。英国作为 COP 的主席国将与

COP27 主席国埃及、COP28 主席国阿联酋、国际伙伴、商业界、青年和公民社会紧密合作，以达成他们的优先事项，保持气候问题在国际议程中的重要位置。

布伦特兰德在 1987 年指出 5 个与可持续性相关的关键领域：物种与生态系统、能源、工业、食物，以及人口和城市增长。如果我们把这些领域和淡水资源都纳入考虑，就可以全面理解可持续性的含义。下面，我们将依次讨论它们与物流和供应链管理的关系。

2.2　物种和生态系统

布伦特兰德在 1987 年明确指出，维护生态资源——包括植物、动物、微生物，以及它们所依赖的非生物环境——对于发展具有至关重要的意义。目前，保护野生生物资源已经被各国政府列入议事日程。

气候是一个复杂的系统，它由大气、地面、冰雪、海洋、各种水体及生物等元素共同构成。以人类和动物为例，我们需要氧气才能生存，并在呼吸过程中排出二氧化碳，而植物则能通过光合作用吸收二氧化碳并释放氧气。这样的过程应当能维持生态系统的平衡。然而，砍伐树木、破坏植被或者物种的灭绝都可能扰乱这种平衡。

气候变化既可能是由于气候系统内部的自我变异，也可能是由于外部的变异，包括自然因素和人为因素。自然因素包括火山爆发、太阳辐射的变化等自然现象。人为因素则主要指人类活动引起的大气成分变化，如温室气体浓度的上升。

温室效应

1. 温室效应如何影响物流和供应链管理？

温室效应是一种自然现象。如果没有作为地球大气天然恒温器的自然温室效应，地球上的生命将无法存在。如果没有自然温室效应，地球的温度将为华氏零度（-18℃），而不是目前的华氏 57 度（14℃），8℃ ~ 10℃的下降将使欧洲和北美陷入冰河时期。过去 150 年的气候观测显示，地球表面的温度在全球范围内上升，但不同地区的变化幅度显著不同。自 20 世纪中期以来全球平均温度的大部分增加被认为是由于温室气体浓度的增加所致的。

然而，Cline 在 2014 年的研究中指出，这并非新现象。他认为，过去 3000 年间，气候变化（如干旱和饥荒）已经引发了全球冲突并导致了文明的崩塌。一个鲜活的例子是公元前 1200 年的晚青铜时代，那时爱琴海和东地中海地区的几个世纪长的干旱可能导致了广泛的饥荒、社会动荡，以及许多繁荣城市的消亡。

科学家们通过研究古代花粉以及取自河流和矿石沉积物的氧和碳同位素数据，确认了这场干旱的历时和严重程度。这些科学发现得到了当时古代文字记录的证实，包括刻在陶片上的文字和信件。

例如，有一封来自现在的土耳其地区（当时的赫梯王国）的信件，请求邻国发送粮食以抵御干旱引起的饥荒。信中写道："这关乎生死！"那个时期，国家的安全也受到了影响。另一封寄给现在叙利亚海岸的乌加里特国王的信中警告："要警惕敌人，保持强大！"但这个警告可能已经来得太晚，因为另一封信记载："当你的信使到达时，军队已受辱，城市被掠夺……谷仓中的食物被焚烧，葡萄园也遭到破坏……我们的城市已被掠夺……你应当知道这一切！"

Cline 的结论是，我们现在所生活的世界与晚青铜时代有许多相似之处，如全球经济发展、文化的同质化提高和难以控制。世界的一端发生的政治动荡可以显著影响到数千里外的经济。我们的文明是否会像晚青铜时代那样进入黑暗时代，还有待观察；然而，敏锐地察觉到历史相似性总是有益的。

1985 年，*Nature* 杂志的一篇研究观察到南极大气中的臭氧季节性大量消失。这篇文章发表后，20 个国家迅速签署了《维也纳公约》，该公约为对臭氧消耗物质进行国际监管提供了协商的基础。1988 年，世界气象组织和联合国环境规划署共同成立了政府间气候变化专门委员会（IPCC），以提供对气候变化科学理解的权威性国际声明。这些行动和后续的研究强调，减少温室气体排放是当前世界最大的长期生态挑战。

据 Shaw 等人（2010）的研究，主要的温室气体包括二氧化碳、甲烷（CH_4）、一氧化二氮（N_2O）、氢氟碳化物（HFC）、全氟碳化物（PFC）以及六氟化硫（SF_6）。其中，二氧化碳是这些温室气体中最为关键的一种，它是全球气候变暖的主要原因。1997 年《联合国气候变化框架公约京都议定书》，首次集结世界各国来解决气候变化问题，对工业化国家提出法律要求，必须在 2012 年之前将温室气体的排放（特别是二氧化碳）减少到与 1990 年碳排放水平相比低至少 5.2%。这项议定书以及欧盟和英国的各种气候变化法案的目标，是把全球二氧化碳浓度维持在 450ppm 以下，并且在 2012 年之前限制全球温度上升不超过 2℃。然而，随后的国际会议以及 2021 年的格拉斯哥 COP26 峰会更新了这些目标，并强调了采取紧急行动的必要性。

2. 温室效应对物流和供应链管理产生哪些影响？

在物流和供应链管理领域，针对环保问题如温室气体的增加、污染、交通拥堵、全球变暖以及有害物质的处理与清理已经颁布了一系列的环保法律和欧盟法规，这些法律法规对物流系统的设计和策略产生了深远的影响。其中，温室气体的排放，特别是二氧化碳的排放，在物流和供应链管理中（特别是消费者和货物运输领域）已经得到了广泛的关注。

根据 2007 年英国综合交通委员会的报告，除国际航空和航运之外，英国国内的二氧化碳排放量主要由四个主要部门产生：能源供应部门（占 40%）、所有交通运输模式（占 25%）、包括制造业、零售业、服务业和仓库业的工业部门（占 20%）以及住宅部门（占 15%）。

如果我们更深入地查看交通运输部门，会发现私家汽车是二氧化碳排放的主要来源，占总排放量的 54%，其次是重型货车和小型货车，分别占二氧化碳总排放量的 22% 和 13%，这意味着在英国，货运交通只贡献了不到 9% 的二氧化碳排放量。这与全球 8% 的运输排放量数据相一致。另外，全球仓储和货物处理预计增加大约 4% 的二氧化碳总排放量。

温室气体引发的气候变化问题一直是媒体和国际会议的关注焦点。诸如 IPCC 这样的组织也会定期发布关于如何对抗这一问题的关键报告。然而，准确的测量——特别是在涉及做出不同的权衡和决策时，仍然具有挑战性。最近，一项试图为碳储存和二氧化碳设定经济价值的研究已经展开，我们将在下面的部分中讨论这一点。

银行押注碳排放：自然环境的经济影响

10 年前，位于加拿大温哥华的大卫·苏兹基基金会发表了一项研究，揭示了保持大量树木和植物作为碳储存器，以通过光合作用减少碳排放的经济意义。在加拿大安大略省南部的"大金色马蹄铁"（Greater Golden Horseshoe，GGH）地区，环绕安大略湖西端，有一个占地约 75 万公顷的大型绿带。此绿带内包括尼亚加拉瀑布和北部延伸至休伦湖的尼亚加拉断崖，以及多伦多北部的橡树岭地貌等自然特征。

这些自然景观中间和周围都是农田、森林和湿地。森林大约占据了绿带的24%，据估算能"储存"大约 4000 万吨碳，这相当于 1.47 亿吨的二氧化碳。湿地"储存"的碳则近 700 万吨，相当于 2500 万吨的二氧化碳。这两者"储存"的二氧化碳总量相当于 3300 万辆汽车和卡车的年度排放量。

该研究预测，GGH 绿带中储存了大约 8700 万吨碳。使用加拿大同行评审的平均估计——每吨碳价值 53 美元，这片绿带的碳价值约为 45 亿美元。如果把它视为20 年的年金，那么每年的碳价值为 3.7 亿美元。此外，GGH 绿带的"自然资本"每年能产出价值 26 亿美元，例如水储存和过滤、植物授粉，或者每公顷绿化带大约 3470 美元。

这些价值数据可以在考虑土地用途替换时进行成本折中分析。如果将 GGH 绿地的任何部分都改为其他用途，如工业或住房，则将导致储存的碳排放到大气中，从而对自然环境产生负面影响。GGH 地区正面临巨大的发展压力。报告预计，到2031 年，该地区的人口将从现在的 900 万增长至 1150 万，同时，约有 107,000 公顷的土地，也就是超过 14%的现有 GGH 绿地，将会被城市化。

相对地，任何尝试提升 GGH 绿地储存碳能力的努力都能体现出具有计量价值的环保效果，这些努力可以被称为"碳补偿"，并用于对抗碳排放。比如，GGH 绿地内大约有 7100 个农场，它们每年创收 15 亿美元。如果安大略省政府实施碳排放上限和碳交易制度，农民们就可以通过种植更多的树或采取免耕农业技术种植作物和控制杂草，避免翻土释放碳，从而产生碳补偿。

然而，在考虑这些措施时，我们必须谨慎。虽然高尔夫球场的植被覆盖有助于碳的捕获和储存，但其持续的维护操作，如定期修剪和施用化肥杀虫剂，会产生二氧化碳排放。高尔夫球场还需要大量的水来灌溉，这些水往往直接从河流、溪流或地下水中获取。这样的用水方式对现有水文系统产生压力。作为数百万安大略居民重要的地下水排放和补给区，并为超过25万个居民提供直接饮用水源的橡树岭地貌系统，已有41个高尔夫球场，而计划中的新球场可能会进一步加剧生态问题。

大卫·苏兹基基金会的这份报告具有重要参考价值，因为它提供了一种加强关于碳和二氧化碳的测量方法，以及为南安大略省提供经济与生态平衡替代策略的方法，同时也为全球其他地区的应用提供了框架。10年过去了，这份报告的价值经受住了时间的考验。

2.3　能源

能源在我们日常生活中起着至关重要的作用，为我们取暖、烹饪、生产以及供电等提供热能和动力。传统上，我们依赖于化石燃料（例如石油、天然气、煤炭）、核能、木材等非可再生能源，以及太阳能、风能、水能等可再生能源。但是，目前全球的主力能源依旧以非可再生的石油、天然气、煤炭、泥炭和核能为主。使用这些能源所需的原材料（比如原油、煤炭、泥炭和铀）随着时间的推移终将耗尽。

就罗尔斯所提出的"代际公平"理论而言，其中一个重要的问题就是：何时会达到这些资源耗尽的点？随着这些资源日益减少，开采它们的成本和市场价格都将上升，这将引发所谓的"临界价格"——即用户转向更低成本资源替代品的价格点。在过去40年中，人类社会存在一种普遍的担忧：石油和天然气的产量很快将无法满足日常需求，这种情况通常被称为"石油峰值"。然而，社会的发展可能会打破这种预期。

我们何时会用尽石油

"石油峰值"的说法认为全球石油生产量将达到峰值；因而相对于不断增长的需求，供应将无法满足所有需求，这将引发石油价格巨幅上涨，甚至可能引发配给制。尽管 2000 年年初石油价格上涨叠加石油储备的大规模枯竭显示全球可能已经过了石油供应量峰值点，但目前尚不清楚情况是否真的如此。

有些人认为类似情况曾经出现过。1975 年，壳牌公司的地球科学家 MK Hubbert 成功预测了美国石油产量的下降，并预言全球石油供应量将在 1995 年达到峰值；然而在 1997 年，石油地质学家 Colin Campbell 估计石油供应量将在 2010 年之前达到峰值。随后，哈佛肯尼迪学院出版的 Leonardo Maugeri（2012）的报告认为，新一轮的石油繁荣正在发生。Maugeri 认为，2000 年年初的石油价格上涨刺激了在较高成本、边缘油田的勘探，预计到 2020 年，全球石油供应量将增加超过 1700 万桶每日的额外产能，达到约 11000 万桶每日的总产能。

Maugeri 主张，为了保持大量非常规油源的持续开发，我们需要一场关于环境和碳排放减少技术的"革命"，并需要严格执行现有的法规。如果没有这样的改变，石油产业和环保组织之间的持续冲突可能会迫使政府推迟或限制新项目的发展，这在 2016 年石油平均价格达到约为 45 美元/桶时尤为明显。Maugeri 的结论是，从物理角度看，我们并不缺乏石油。还有大量的常规和非常规石油需要开发，并且"石油峰值"的现象目前还看不到。他认为，对于未来的石油生产而言，真正的问题并不在于地下，而是与地表上的政治决策和地缘政治不稳定有关。虽然"廉价石油"的时代已经结束，但由于技术的发展，今天的昂贵石油可能会变成明天的廉价石油，所以未来石油的价格如何现在下定论还为时尚早。

Statistical Review of World Energy 2021（Bp，2021）的数据呼应了 Maugeri 的观点。在 2021 年，全球日均石油产出达到 8840 万桶，而需求则为每日 8870 万桶。2020 年年底，累计的已探明储量达到了 17.3 万亿桶，相比于 2000 年年底的 13.0 万亿桶有显著增加。截至 2020 年年底，已探明储量可供产出 53.5 年。这些数据反

映了新冠疫情的影响，全球主要能源需求下降了 4.5%，这是自 1945 年以来的最大降幅，其中石油需求下降了 9.3%。2020 年中期，石油的价格平均为每桶 41.84 美元，这是自 2004 年以来的最低点。然而，对于风能、太阳能和水力发电的需求正在上升，似乎是在取代石油需求，因为全球正在逐渐向可再生和其他可持续性能源转变。

然而，BP（英国石油）的统计报告发布之时正是在 2021 年下半年出现供应链问题以及 2022 年年初俄乌冲突升级之前。在 2021 年最后一个季度，石油的平均价格约为每桶 73 美元，但在俄乌冲突开始后的 2022 年 3 月，价格升至均价 117 美元/桶。目前来看，这种冲突将如何影响能源生产、需求和成本的未来走向，尚不可知。

可再生能源种类繁多，包括木材、植物、动物粪便、流水驱动的水力发电、地热、太阳能、风能（无论是海上还是陆地）、生物质或生物燃料，以及潮汐和波浪能源。其中后五类能源相对较新，仅有 20～30 年的应用历史。由于规模经济效应尚未发挥作用，这些新型能源的成本仍然较高。每种能源都与其经济、健康和环境成本、益处和风险因素紧密相关，这些因素都与政府和全球的各项重要议题交互影响。能源可持续发展的关键包括：确保足够的能源供应增长以满足人类和工业需求；提高能源使用效率和采取节能措施以尽可能减少对原始资源的浪费；通过了解各种能源潜在的安全风险（如核能的辐射）来保护公众健康；通过防治污染来保护生态环境。

Halldórsson 和 Svanberg（2013）曾经指出，能源有两个主要用途。一是为各种操作流程提供动力，如储存（或"Stop"）以及商品的生产和运输（或"Go"）等；二是在物流和供应链管理的能源输入方面，卡车和面包车依赖燃烧燃料的引擎作为动力来源。然而，随着技术的进步，这些车辆的引擎在燃料使用和排放方面已经变得更加高效，人们也正在积极研发如生物柴油或生物乙醇、氢气、天然气或液化石油气以及电力等替代燃料。这些新兴的替代能源，就如同新的可再生能源一样，目前仍处于发展初期，同时也展现出各自对环境的影响。例如，为了种植生物燃料作物，可能需要占用原本可以用于种植食物的土地。这可能导致农民不得不开垦更多的森林和草地用于食物生产，从而可能抵消了使用生物燃料以减少温室气体排放的正面效果。

能源的第二个应用领域是物理产品中所植入的能源消耗，例如装配过程中所消耗的电力（如车辆组装过程中的能源消耗），或构成产品的原材料成分（如消费品中使用的石油）。这些应用方式同样影响了服务提供，比如在运输、家庭和仓库设施的供暖，以及药品和食品的冷链储存等方面的能源需求。

根据世界可持续发展工商理事会的数据，建筑行业占据了全球能源消耗的40%，以及超过 30%的终端能源消耗。LEED 及 BREEAM 为了提高建筑物能源使用效率和减少排放量，已经发出了一系列倡议。这些认证项目对以下几个方面的建筑的可持续性进行了考虑：室内环境质量（包括照明），建筑所使用的材料和资源，以及能源来源、建筑环境（包括电力使用）、可持续性建筑的地点和水资源的使用效率。最终，对于可持续性建筑的目标是实现净零运营，即建筑只依赖少量或者不依赖外部能源或资源，例如，通过太阳能产生电力，通过回收和再利用废水来供水。

2.4 工业

工业是现代社会经济的中枢，也是经济增长的驱动器。发展中国家，例如近10 年的中国和印度，亟需扩大发展基础并满足增长的需求。无论是满足人们的基础物质需求，如食物、住房、服装和家用电器，还是奢侈品和度假服务等非必需品，都依赖于工业所提供的商品和服务。

经济发展的核心在于结构转型，这涉及生产要素从传统走向现代农业、工业和服务业的转变，以及这些要素在各产业和服务业活动中的再分配。此过程需将资源从低效率部门转向高效率部门，以成功地促进经济增长（联合国经济和社会事务部，2007）。实质上，持续的经济增长依赖于使国内生产结构多元化，也就是开展创新活动、加强国内经济联系，并培育国内的科技能力。

二战结束后，发展中国家通过现代工业政策推动其在制造业和服务业的多元化转型,引领经济的快速增长。在 20 世纪 60 年代和 70 年代,企业经常把生产外包给低成本的全球制造商:伴随着运输和通信成本的降低,以及科技(尤其是计算和数据处理)能力的增强,使得生产在物理层面上的解构成为可能。由于成本降低,现在一个最终产品的各个组件可以在多个国家制造,在另一个国家组装,最后全球分销。这就意味着,企业要将产品或服务推向市场,就必须应对涉及多个国家和各种利益相关方的复杂全球供应链。这既为企业创造了机遇——降低成本和提升效率,同时也带来了挑战——供应链中断以及劳工实践和环境影响相关的道德问题。随着世界日益紧密相连,有效管理供应链的重要性将越发显现。

为了将产品或服务推向市场,利用全球生产和供应链是关键(联合国经济和社会事务部,2007)。这种结构转型也被誉为两大"解耦"。

2.4.1 解耦问题

第一次"解耦"引领了一种趋势,即不再需要在消费者附近生产商品。这个趋势得益于近 40 年来交通运输规定的日益便捷和运输成本的大幅降低,特别是集装箱和大型货船的普遍使用。由此,许多更为标准化和劳动密集的制造业生产已经迁移到了劳动成本更低的发展中国家。第二次"解耦"改变了一种常态,那就是大部分制造过程无须在相近的地点进行。这得益于电信成本的急剧下降,任务的编码和数字化,以及数据处理能力的提升,使得数据转化为信息成为可能。这样,许多支持制造业的服务,以及如后台会计和客户服务支持等其他服务,也被迁移到了劳动力成本更低的国家。

2020 年,全球的国内生产总值(GDP)——按照美国现行价格计算的所有商品和服务的总价值——估计为 84.7 万亿美元。其中,美国、欧洲和中国分别占据了 20.9 万亿美元、19.1 万亿美元和 14.8 万亿美元的份额。另外,印度、俄罗斯和巴西的 GDP 也相当可观,分别是 2.7 万亿美元、1.5 万亿美元和 1.4 万亿美元。通过世界银行物流绩效指数(LPI),我们可以比较各国的物流绩效与其 GDP 表现。LPI 是一种多维度的评估工具,即根据 6 个关键指标对各国进行评分,最高为 5.0。这 6 个指标包括:清关流程的效率、贸易和运输相关基础设施的质量、安排有竞争力价格货运的难易程度、物流服务的能力和质量、追踪货物的能力以及货物准时到达预期目的地的程度。在 2018 年，LPI 得分最高的 10 个国家是：德国、瑞典、比利时、奥地利、日本、荷兰、新加坡、丹麦、英国和芬兰。

我们可以通过比较高 GDP 和高 LPI 的国家来理解这些差异，这样的国家在生产、物流和供应链管理方面表现出了强大的效率。以 LPI 得分为证据，欧洲地区在物流活动中的效率优于其他地区，这可能反映出更高的运作效率或更强的可持续发展能力。

尽管近期采用了如精益生产和即时制造（JIT）等先进制造技术，工业过程的基本模式仍旧保持不变。工业活动依赖自然资源库中的材料，如我们之前讨论过的矿产和能源，并结合财力和人力资源来开发市场产品。然而，这些活动同时伴随着污染物的产生和扩散，会对人类的生活环境造成影响。

2.4.2　枯竭问题

对于工业而言，除能源问题外，还面临着像铁、铜和稀土元素等非能源资源的枯竭。"峰值"这一概念也适用于这些资源。2016 年，英国地质调查局发布了一个风险清单，这个清单列出了对我们经济和生活至关重要的化学元素或元素组。这个清单根据资源稀缺性、生产集中度、储量分布、回收率、可替代性，以及主要生产和储量国家的治理情况，给这些元素或元素组打上一个反映风险程度的分数。

2015 年，得分超过 8.5，被认为风险高或极高的元素包括稀土、锑、铋、锗、钒和镓。许多这样的元素都被用于制造智能手机，而在手机的生命周期中，对环境影响最大的部分，也就是手机碳足迹的 80%，主要产生在这个阶段。这是在采矿、精炼、运输和组装这些高科技产品所需的各种化学元素的过程中产生的。例如，扬声器和麦克风需要铁，内部电路需要金，框架和屏幕则需要铝和镁。

风险清单可以给我们预示，哪些元素或元素组可能会因为地缘政治、资源民族主义、罢工、事故以及储备不足等人为因素，导致供应中断。英国地质调查局建议，企业和国家应开发多样化的原始资源供应，充分利用次级或替代资源，以及提高回收利用率，从而降低资源使用的强度。这样的做法也将对目前的物流和供应链的设计和运营产生影响。

2.5 食物

联合国粮食和农业组织（FAO）在 2009 年定义了粮食安全，即所有人都应该有能力获得足够、安全和营养充足的食物，来维持健康和活跃的生活。

根据 FAO 等机构的报告，2020 年在新冠疫情的阴影下，全球有近 8.11 亿人面临饥饿，约占全球 80 亿人口的 10.3%。尽管占比仍然很高，但这一总体数量较千禧年之初有所下降。然而，不同地区和国家之间存在显著差异，约有 7 亿贫困人口生活在亚洲和非洲的发展中国家。因此，FAO 等机构认为这些地区在实现可持续发展目标 2.1（确保人人全年都能获得安全、营养充足的食物）或目标 2.2（消除所有形式的营养不良）方面并未取得普遍进展。

尽管 FAO 关于粮食安全的观点特指食物获取的问题被广泛接受，但政策关注的也主要是通过增加产量来确保食物的可获得性。然而，气候变化的影响可能会限制因作物歉收、干旱和物价上涨而导致的贫困减少。劳伦斯（2016）认为，过度使用农业化学品以增加农产品产量的密集种植方式，导致了生物多样性和对食物至关重要的传粉者的损失，同时害虫抗药性的提高也威胁到之前取得的产量增长。她提出，未来农业和食物生产应该有不同的且更具生态学意义的愿景。

有一些公司，比如位于肯尼亚的 Flamingo Homegrown，已经开始寻找更环保的解决方案。为了响应一项关注农药对工人健康的活动，并且意识到他们已经陷入了不断喷洒农药和害虫产生抗药性的恶性循环中，公司已放弃使用化学农药。Flamingo 通过聘用一批经过深度培训的非洲科学家，在实验室中研究并复制与植物根系形成复杂联系的健康土壤中的真菌和菌根。因此，他们利用在实验室里复制出的健康土壤中的微生物（而不是化学杀虫剂）来保护作物，甚至建立了专门的温室来养殖瓢虫，以进行生物治虫，而非使用化学方法。

城市空间的可持续性

全球至少有 55%的人口居住在城市，且全球产出的 80%食品预计将被消费于城市空间。城市食品系统的可持续性及城市饮食习惯的发展主要依赖于城市及周边地区食品系统的管理。由于对粮食安全问题持续存在农村偏见，城市居民面临的营养挑战常常被忽视，因为城市市场似乎食品供应充足。然而，食品的获取问题在这里非常关键，尽管食品在物理上可供应，但由于空间和财务限制，许多城市居民可能无法获取。这些问题的原因是多样的，由人为因素引起，而且发展缓慢，因此它们难以解决。另外，全球食品系统的复杂性进一步加剧了城市食品零售中的权力问题。由于大型全球零售商主导市场，因此本地食品供应链越来越被边缘化。

城市粮食安全问题常常被其他城市问题所掩盖，如失业、过度拥挤、污染及基础设施不完善等。在城市环境中，粮食安全通常在较小的尺度上出现，例如邻里或家庭尺度，这使得城市粮食危机的"隐形性"更加明显。城市居民，无论贫富，大多数都是食品的净购买者，也就是说，他们大部分并不自己生产食品。然而，食品价格仅仅是其可获得性的一部分。构成食品安全问题讨论的基础性政治、经济和历史因素在某种程度上被忽视，但它们对于全面理解这个危机及其潜在解决方案至关重要。

再者，Stuart（2009）注意到，每年大约有 4000 万吨的食品被家庭、零售商和食品服务部门浪费。这些食品足以解决全球 8.11 亿营养不良人口的饥饿问题。此外，全球用于种植被浪费的食品所消耗的灌溉水足以满足 90 多亿人（预计到 2050年时的全球人口数量）每天每人 200 升的家庭用水需求。如果在当前用来种植不必要过剩粮食和浪费食品的土地上种植树木，理论上可以抵消化石燃料燃烧产生的 100%温室气体排放。

Stuart（2009）认为，美国和欧洲拥有的食品几乎是其人口营养需求的两倍，而在从农场到餐桌的过程中，可能浪费了一半的食品供应。此外，英国家庭浪费了他们购买的所有食品的四分之一。据 Stuart 说，渔业也无法避免浪费。每年在北大西洋和北海废弃的鱼类约有 230 万吨；欧洲捕获的所有鱼类中有 40%～60% 被废弃，可能是因为它们的大小或种类不合规，或者是因为欧洲的配额制度而导致的。

尚未深入探讨的一个浪费环节是物流和供应链活动处理食品的低效。例如，法国已经立法规定超市必须将未售出的食品捐赠给慈善机构或用作动物饲料，而不是销毁或丢弃。这是因为据官方估计，每个法国人每年会浪费约 20.3 公斤的食品，其中大约 7 公斤的食品甚至还在原始包装中。在法国，总计浪费了约 710 万吨食品，其中主要来自消费者（67%）、餐馆（15%）和商店（11%）。

2.6　人口和城市增长

据 2022 年的预测，全球人口将达到 80 亿。这意味着，伴随着每一位新地球居民的出生，我们将面临食物、水和能源需求的增加，同时也必须处理更多的废物和污染，这无疑将加大对地球的压力，同时也会减少每个人的资源占有份额。

这引发了一个无法避免的现实——在这个有限的地球上，无限制的人口增长在物理层面上是不可能的，必将在某个点达到峰值。如莫里斯·斯特朗（1992 年里约地球峰会的秘书长）所言：“要么我们主动减少人口数量，要么自然将会以极其无情的方式强行替我们做出调整。”

联合国的预测显示，到 2100 年全球人口可能会达到 109 亿的规模。然而，想要在有限的地球上为所有人提供高质量的生活，理想的人口规模必须远小于这个最大可能的人口规模，因为后者只能保证基本生存需求得到满足。如前所述，人口的增长会对资源施加更大的压力，这将阻碍贫困地区生活标准的提高。尽管这个问题并非仅与人口规模有关，更深层的因素是资源分配问题，但只有当人口增长与生态系统的生产能力保持和谐平衡时，我们才能真正实现可持续性发展。

值得注意的是，无论是人口增长还是资源使用的增长，都没有明确的上限。然而，一旦超出某些界限，就有可能引发生态灾难。能源、水、土地等资源的使用都有其自身的限制，而这些限制往往会以成本上升和收益递减的方式表现出来，而非资源突然枯竭。另一方面，知识的积累和技术的进步可以提升我们对资源的利用效率，但是这也有其极限。为了实现可持续性，我们需要在接近这些极限之前，确保所有人都能公平地获取有限的资源，并通过改进管理和寻找替代方案的方式来缓解资源短缺问题。

城市化，即人口从农村向城市转移的过程，常常伴随着经济由以农业为主转向大规模的工业、技术和服务业。当前，全球大多数人口居住在城市，这一比例还在不断增长，从而加剧了诸如空间、食物获取和安全等问题。一百年前，20%的人生活在城市，到了 2010 年，超过 50%的人居住在城市。预计到 2030 年，60%的人居住在城市，到 2050 年，70%的人，即预测的大概 93 亿人口中的 65 亿人居住在城市。根据联合国人居署的定义，目前大约 50%的城市居民生活在人口规模在 10 万至 50 万人之间的城市，而只有不到 10%的城市居民生活在超过 1000 万人口的大城市。在未来的 40 年中，几乎所有的城市人口增长都将发生在发展中国家的城市。据估计，到 21 世纪中叶，这些国家的城市人口将翻一番多，从 2009 年的 25 亿人增加到 2050 年的近 52 亿人。

满足人类的需求及欲望，构成了国家发展的首要目标。在许多发展中国家，大量的人口基本需求——食物、衣物、住房和就业——尚未得到充分满足。超越这些基本需求，人们还有合法的期望去追求更高质量的生活。在一个贫困与不公成为常态的社会环境中，生态和其他形式的危机将更为频繁地发生。可持续性发展的核心要求在于满足所有人的基本需求，并为每个人提供机会去追求他们理想的、更优质的生活。

满足基本需求的程度，也取决于实现全面增长的潜力。对于那些基本需求尚未被满足的地区，实现经济增长对于可持续性发展的实现显然至关重要。而在其他地方，只要增长过程遵循可持续性和不剥削他人的基本原则，就可以与经济增长相协调。因此，可持续性发展的实现需要社会通过提高生产潜力，并确保为所有人提供公平的机会，以满足人类的需求。

城市化环境和人口增长所带来的物流和供应链挑战包括交通拥堵、通过向市场供应商品来满足需求、对有限资源（如车辆和仓库所需的化石燃料和金属）的需求竞争，以及由这些因素导致的额外污染。

2.7 水

在过去的一个世纪中，全球水需求的增长速度超过了人口增长速度的两倍以上。尽管在 20 世纪，全球人口增长了 3 倍，但淡水的使用量却增长了 6 倍。水的用途主要包括：约 70%用于灌溉，约 22%用于工业，以及约 8%用于家庭，如清洁、烹饪和洗浴。预测在未来 50 年，世界人口将增长 40%~50%，这将对食物生产和饮用水供应带来更大需求，特别是在人口密集地区。然而，以现今的水管理政策和实践来看，用以支持能源生产增长所需的淡水量无法满足。而且，陈旧的供水系统加剧了这些问题（国际工程和技术科学院理事会，2009 年）。然而，在全球范围内，清洁水源的巨大不均衡分布依然存在，有 8.44 亿人无法获取基本饮用水，这是对可持续性发展目标 6 的重要挑战。

此外，全球近 80 亿人口正在使用河流、湖泊和地下含水层中 54%的所有可获取的淡水。并且，预计到 2025 年，发展中国家的水使用量将增长 50%，而发达国家的水使用量将增长 18%。目前，有 14 亿人居住在河流流域附近，这些地区的水使用量超过了最低补充水平，导致河流干涸和地下水层消耗过度。到 2025 年，大约有 18 亿人将居住在完全缺水的国家或地区，全球三分之二的人口可能面临水资源紧张的情况。

从供应侧来看，气候变化为地方和全球的水资源管理带来了重要的挑战。很多地区的降雨量已受到影响，频繁和严重的洪水和干旱对支持食物和淡水持续供应的水生态系统也造成了严重影响。全球气候模型预测降雨的能力较差，对区域性流域规模影响的理解还存在很大的不确定性。

自从碳披露项目（CDP）在 2010 年发布了第一份全球水报告以来，水与商业的关系几乎一直都是新闻的焦点。例如，瑞典零售商 H&M 在 2011 年第一季度的利润下降了 30%，主要原因是在过去的 12 个月中，全球棉花需求的增长和像巴基斯坦这样的棉花生产国家因干旱和洪水导致供应中断，棉花的价格翻了一番。此外，目前世界上约有三分之一的计算机硬盘驱动器生产在泰国，2011 年年底那里发生的严重洪水导致全球硬盘供应短缺。根据2011年CDP水披露调查的企业反馈，供应链与水相关的风险情况基本上还是未知的。只有 26%的受访者要求他们的主要供应商报告水的使用情况、风险和管理计划，而 38%的受访者并不知道他们的供应链是否面临与水相关的风险。

然而，最近有证据显示，企业对水资源问题的认识，特别是在物流和供应链管理方面，已日益提高。英国食品和杂货行业的贸易协会 IGD（2013）成立了一个水资源管理工作组，开展研讨会探讨干旱危机对英国食品和杂货行业的影响，并制定了行为准则。研讨会发现，由于水资源的可用性和水质的变化带来的风险，以及这些风险可能对企业的潜在影响，使得与会者有更强烈的动机去了解如何管理这些风险。研讨会的主要建议是，食品和杂货行业需要一个水抗逆性框架，以促进行业内的合作增加，采取整个行业范围内（包括水用户和各方利益相关方）的水资源管理方式，并进行长期的规划和行动，以确保行业的抗逆性增强。

小结

在当今竞争激烈且全球化的市场环境下，经济增长和繁荣是基本追求，亦是全球公民的普遍期望。然而，随着证据不断累积，揭示出气候变化及其引发的干旱、农业产量下降问题，能源、其他自然资源和水源的耗竭正开始影响人类生存的质量及其可持续性，因而近年来可持续性科学的紧迫性愈发突出。这些问题都与物流和供应链管理紧密相关，因为这些活动对自然环境产生了直接影响。

人们提出，为确保 Elkington（1994）所定义的经济、环境和人类可持续性，即"三重底线"保持平衡，我们必须尽快解决这些问题。通过实现这种平衡，我们将满足前文所述两种可持续性的词典定义。此外，Brundtland（1987）和 Rawls（1999）提出了代际公平概念——即在满足当代需求的同时不损害未来代际需求，这为实现时间公平与公正提供了一种可行的方案。

然而，关于实现这种平衡必须采用哪些权衡和互依策略的问题，目前仍存在一些混淆。经济增长速度的提高意味着全球生活水平的提升，这反过来将带来人口的增加和人们健康状况的改善，从而增加对食物和水的需求。这些问题并非小事，而目前也并非无法克服。但是，政府、商业和社会有时缺乏应对和解决这些问题的决心。物流和供应链管理者有必要采取行动，成为可持续性的先锋，并引发实质性的变革。

第 **3** 章

货 物 运 输

3.1 简介

货物运输对绿色供应链物流实践的影响显而易见且无可争议。虽然在不同的供应链中,运输方式和运输密集度对环境影响的程度存在明显的差异,但无论是货物供应链还是服务供应链,运输活动都是其中必不可少的一部分。据世界经济论坛 2009 年估计,物流活动产生的大部分碳排放均源自货物运输。然而,货物运输引发的环境成本和排放问题不止于此,还涉及噪声、振动和事故等更广泛的问题。另一方面,运输工人的薪酬和劳动权益正在逐渐减少,持续的绩效监控对他们产生了压力,这也为讨论可持续性增加了伦理维度的挑战。

由于供应链越来越全球化,货运量的增长在过去几十年里显著超过了经济发展,特别是在国际运输方面,尽管受经济衰退的影响增长的幅度有所下降,但总体来说仍在增长(据英国货物运输协会 2015 年的报告和经济合作与发展组织国际交通论坛 2015 年的数据)。这在很大程度上是由于离岸外包和供应链进一步专业化导致的国际贸易增加。尽管全球化带来的弊端、供应链风险及区域型供应链的敏捷响应能够在一定程度上缓解货运量快速增长这一趋势,但我们可以预见,随着世界经济的持续增长,运输服务的需求将进一步增加。现今,即使是相对简单的产品,其供应链也越来越复杂和冗长。对于生活在发展中国家的世界大部分人口来说,接触到国际贸易和经济机会,从而摆脱贫困,似乎与承受环境成本密切相关。

3.2　货物运输对可持续性的影响

运输部门是英国最大的单一能源使用者，2020 年的能源消耗超过了英国总能源消耗的三分之一。新冠疫情对客运交通的限制大大降低了能源消耗，但货物运输的能源消耗却基本保持稳定。总的来说，虽然在过去几十年里，某些运输模式已经减少了对能源的密集度需求，但由于运输增长的普遍趋势及道路运输在运输模式中的主导地位，交通产生的碳排放仍是一个我们需要关注的问题。

考虑到大多数国家在减少温室气体排放方面的决心（这是国际可持续发展目标的一部分），运输部门无疑需要继续为此做出贡献。预计货物运输的规模不会减小，因此，探寻更环保的运输方式成为必然。

外部性

尽管本章主要关注温室气体排放，但值得一提的是，货物运输对大气的影响远远超过大气排放本身。因此，在重新关注温室气体问题之前，我们来简要讨论噪声和事故带来的外部污染及其对社会可持续性的影响。

1. 噪声

在当今社会，绝大部分人都会受到交通噪声的困扰，无论是通过衡量公民所接触到的分贝级别来进行客观评估，还是通过公民对交通噪声的主观感知来判断。2017 年，欧洲环境署报告，1 亿多欧洲人受到有害的道路交通噪声影响，此外还有其他运输模式的噪声影响。暴露在噪声中对公民的健康产生负面影响，世界卫生组织认为，道路交通噪声是继细颗粒物空气污染后，欧洲的第二大环境压力源。通过联合监管，可以将噪声污染的社会成本内部化，从而减少噪声；且可以借助目前成熟的技术手段顺利实施。改善轮胎和道路建设，以及优化交通模式管理被视为减少交通噪声的首选措施，这些创新措施需要通过强化监管来推动。

在公共认知层面，由于噪声问题，大型交通基础设施项目（如机场扩建和新铁路线）受到当地居民的越来越强烈的反对。这种反对往往会导致运营时间的限制，例如伦敦希思罗机场、法兰克福机场和苏黎世机场的夜间飞行限制。

2. 事故

交通运输造成的伤亡是人们经常忽视的环境影响。公路货运车辆与普通道路交通工具、自行车手和行人共享道路和高速公路，因此相较于分别使用专用铁轨和航道的铁路或水路运输，更容易发生事故。由于公路货运车辆的重量较大，因此事故的严重程度和致命事件比例均高于普通汽车。伤亡率因各国的道路安全、车辆维护标准、车辆使用年限等因素而有很大差异。新的道路安全考量措施包括为电动车辆配备行驶声音模拟器，以确保在低速时其他交通参与者能注意到它们，以及提升自动驾驶车辆的安全性能。

3. 运输部门的工作人员

随着可以实时追踪车辆和监控性能的数字技术的发展，运输工人的工作环境发生了翻天覆地的变化。远程监测系统不仅可以知道车辆当前的位置，还可以分析驾驶员的燃油使用效率、急刹车情况，并利用交通数据检查延误情况。这种监测通常与视频记录结合，以改进驾驶技术和为法律争议提供证据。尽管这种技术被用来优化路线、改进驾驶行为，以提高燃油使用效率和避免事故，但它也可能给驾驶员带来持续的压力，使他们失去决策权，并通过将所有责任转移离驾驶员，削弱他们的专业技能。

近年来，运输司机面临着越来越大的工作压力，就业保障低，待遇和设施差，而且直接或间接地受到工作时间过长和计件工资制所导致压力的影响，这最终造成了运输行业的劳动力短缺。

3.3　运输方式

关于道路运输在货物运输中的主导地位及其对环境的影响，一项研究显示，道路运输仍然是货运中主要的碳排放来源，然而，重要的是要理解，道路货物运输占据了所有内陆运输方式中每吨-公里数的最大比例。例如，在欧洲，道路货物运输大约占据所有货物运输的四分之三，而在美国，这一比例约为 70%。运输方式的选择主要取决于运输模式的特性、运营因素和货物的特性，以及成本和服务需求等。

海运，无论是采用集装箱还是散货运输方式，一般都被视为速度较慢、费用较低的运输选项，尤其适用于运输低价值、大容量的货物。需要注意的是，繁忙路线与非繁忙路线之间的海运费用可能存在极大差异。由于船只通常涉及长期投资和长周期建造，其运输能力对经济周期变化的应对性较弱，因此这导致了航运业利润的极大波动。一般而言，货物需要经历两次搬运：先运送到港口，然后从港口运送出去。虽然每吨-公里的碳排放量较低，但旅程通常较长，并且大部分船只燃烧的是重油，重油被认为是最具污染性的燃料之一。

铁路货运，被认为是一种较慢的内陆运输方式。它使用的是固定基础设施，这意味着其抗干扰能力较强，但也需要将货物从当地运送至铁路站点，除非当地已经连接至铁路网络。铁路货运通常用于运输稳定的、重型的散货，例如燃煤电厂或钢铁厂的煤炭。这类高昂的基础设施通常由国有企业提供，但在欧洲和其他发达国家，许多运营商已经实现了私有化。列车可以由电力或传统燃料驱动。人们普遍认为铁路运输比道路运输更为环保，但这也取决于旅程的特性和返程的货运状况。

公路货运，由于其具有通达性和灵活性而受到了广泛的欢迎。公路网络覆盖了大部分的工业区，通常是最先投入建设的交通模式。即使从长远角度看，其他替代模式可能更为适合，但由于公路投资成本较低，对于需要短期和中期解决方案的情况具有很大的吸引力。公路货运市场的竞争激烈且高度分散，包括少数大型物流公司以及许多只拥有三辆或更少卡车的小型运输公司（英国交通部，2011）。公路货运通常可以按照全卡车装载（FTL）或非全卡车装载（LTL）来分类。另一种分类方式是根据车辆重量的大小：在欧盟，重量小于 3.5 吨的车辆被称为轻型商用车（LCV），而重量超过 3.5 吨的车辆被称为重型货车（HGV）。

空运，被视为长途运输中最快的方式，然而，其碳排放量也是最大的，因为飞机在每吨-公里的运输过程中燃烧大量的燃料。由于燃料消耗大，价格也相对高，因此空运更适合运输高价值密度的物品，或者需要短时间内完成交付的情况。

管道运输，主要用于输送大量的液体或气体。由于管道运输投资成本高，所以其主要用于需求量大且可预测的场景。对管道的建设和维护也会产生碳排放，而运营过程也需要消耗用于泵送和（有时）进行温度控制的能源。

图 3.1 显示了不同运输方式的每吨-公里的碳排放量。值得注意的是，尤其是在假定的旅程距离上，空运对碳排放量的影响极为显著。图 3.1 中的数据是基于许多假设的平均值。排放量的计算依赖于装载因素、发动机效率等，这些在不同国家和运输情况下差异极大。此外，各运输行业团体通常会发布自己的研究，自然会将其成员公司提供的运输方式描述得更有利。

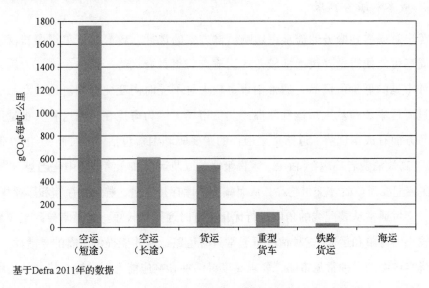

基于Defra 2011年的数据

图 3.1　不同运输方式的碳排放量（二氧化碳当量，CO_2e）

在选择运输方式时需要考虑的因素

尽管某些运输方式对环境的伤害较大，但我们需从商业及物流的角度考量，以满足公司及组织的需求。

1. 运营因素

外在环境会影响运输方式的选择。基础设施的可得性与质量、车辆及物流服务供应商的水平在不同国家及不同运输模式中存在差异。另外，当地法律、对运输的规定及运输成本也会影响决策。许多发达国家通过诸如燃料税、航空税或对环保车辆的税务优惠等手段，鼓励使用碳排放量较小的运输方式。当地气候也是一个考量因素，例如雨季可能对某些运输方式的影响更大。

货物需要运送的目的地是否具备适宜的基础设施，比如是否可通过水路或铁路到达，也决定了这些模式是否可以作为运输方式的选项。在通常情况下，海运和铁路运输在旅程的最后一段都需要借助公路运输。

2. 成本和服务需求

客户对成本和服务的需求将影响运输方式的选择。较大的订单规模和较长的订单周期可能使得选择灵活性较差的运输方式更具有优势。以白色内衣为例，这是一种常见的低价值商品，通常销售量较大且不受时尚变化影响。这种商品通常会通过海运集装箱从远东运到欧洲或北美市场，因为海运在运输这种大批量低价值商品方面有成本优势。道路货运增长的主要驱动因素包括"准时制"（JIT）制造策略、"高效消费者响应"（ECR）零售策略，以及运营和仓储的集中化趋势。"准时制"在装配线需要时才交付物品，从而减少了库存持有量，避免了存储和库存积压。因此，交付通常从装配线的角度进行优化，有时通知期较短。这通常导致更频繁但规模较小的订单和运输，这种情况下通常只有道路运输才能提供所需的灵活性。ECR是杂货零售中的一种常见策略，要求高度灵活性和响应能力。它旨在快速补充顾客在商店购买的商品。顾客需求可能波动很大，因此 ECR 采用高频率的商店配送来应对这种波动。这种方式增加了旅程的数量和少于整车装载的配送比例。

3. 货物的特性

被运输货物的价值密度和重量密度会影响运输方式的选择，但货物其他特性对运输方式的选择也有影响。例如，对于易腐货物，如果无法延缓其成熟过程，那么交货速度就成为关键考虑因素。比如，出口至西方市场的香蕉在采摘时尚未成熟，然后在温控船上运输至目的地。但是，新鲜花朵则无法这样处理，因此必须通过飞机运输。另外，危险品的运输通常需要遵守严格的规定，这会影响到交货速度和运输方式的选择，以保护公众避免遭受可能的事故危害。

4. 寄售考量

货物能否充足地填充标准化的运输单位，对于货物运输的价格具有显著影响。然而，对环境评估而言，运输方式的装载因素（或称之为利用率）同样至关重要。无论运输工具是空载返回，还是在返回途中运载其他货物，都将对碳排放计算带来显著影响。另外，货物也可能被纳入已规划好的行程中，或者对现有系统的利用率产生贡献，这在财务和环保层面可能比新建系统更具有吸引力。举例来说，许多航空货物都是搭乘客机运输的，这种情况下的货运碳排放计算就显得相对困难，因为这些客运航班本就已经排好了。

运输方式的碳排放依赖于所使用的燃料类型和发动机。比如电气化运输模式（利用电厂生成的电力，如许多欧洲国家的火车服务），其碳排放强度相较于使用化石燃料的运输模式要低。

尽管海运每吨-公里的能源强度相对较低，但是海洋船舶燃烧的船用燃料被认为污染严重，可能导致碳排放物浓度上升，引发港口城市的呼吸系统健康问题。因此，为了减少对港口社区的环境影响，一种可能的方式就是在船舶停靠港口时使用电网供能，或者强制更换使用的燃料。例如，波罗的海地区已经开始转向使用污染较少的船用燃料。

各类燃料的排放物在不同的污染物之间有着巨大差异。为了使讨论更为透明，度量方法更具可比性，建议企业温室气体报告中使用 CO_2e 作为测量单位。

在考虑到建设不同交通方式所需基础设施产生的碳排放，以及一次性建设排放与持续运营排放之间的权衡时，问题就变得更加复杂了。对各种交通方式进行一般性比较具有一定的价值，在交通管理和规划层面，包括特定情景背景是重要的，比如相同运输需求的持续时间、将货物运至港口或铁路终端所需的潜在陆路运输等因素。在推动交通电气化的同时，还必须考虑电力的能源来源及其碳排放。电力的来源是否为低碳（如可再生能源或核能），会大大改变与煤电的碳排放比较结果。

为了降低运输操作对环境的影响，我们有几个选择：转向污染更少的运输方式、减少货物运输量、减少当前运输方式的碳排放量。接下来我们对这些选择进行更深入的探讨。

3.4 降低货物运输对环境影响的策略

环境影响取决于运输方式的选择及由此产生的碳排放。在特定的环境条件下，这些影响可能有显著的变化。在探讨解决方案时，尽管思考和评估过程的大框架是相似的，但更环保的解决方案在实际应用性和可行性上可能存在差异。在下文中，我们将讨论在货运领域减少碳排放量的策略。

3.4.1 转变运输方式

选择替代运输方式的可行性取决于我们能否获取这些运输方式。我们已经讨论过，海运和铁路运输可能需要大量的基础设施投资。这些投资不论是由政府完成还是由私人完成，都需要具备经济效益。因此，投资于更为环保的交通基础设施需要有足够多的用户去使用。海运和铁路运输特别适合运输大批量、低价值的物品，这使得这些运输基础设施更常见于制造业和重工业区域。随着英国转向服务型经济并伴随着大规模制造业的衰退，通过海运和铁路运输的货运量有所减少。然而，大规模制造业强势的国家会继续提高其铁路和水路的货运能力。

那些不在港口、也没有铁路货运站的潜在用户需要考虑使用多种运输方式联运，这意味着在一次运输过程中利用多种运输方式。但使用多种运输方式意味着在交通方式转变时需要进行货物处理，这可以通过设计联运解决方案简化，使基础设施和设备更适合多种运输方式。

托盘和集装箱的广泛使用及标准化使得不同交通方式之间的货物处理变得更加简单。在集装箱得到广泛应用和认可之前，货轮的装载和卸载过程是手动进行的，这是一个耗时且劳动密集的过程。现在，我们甚至有用于散装货物和液体的标准集装箱。这些集装箱可以快速地将大量货物装载到适配的铁路车厢或卡车上。多种运输方式联运的一个主要障碍是装载单位（如集装箱）是否可以用于整个运程，以避免重复处理货物。在国际集装箱运输中，主要单位是 20 英尺等效单位

（TEU）。然而，还有 40 英尺和 45 英尺的集装箱单位。同样，可交换式车体可以应用于公路和铁路模式。这种车体的尺寸需要符合两种模式的规定，因此与集装箱有所不同。不同于集装箱的是，它不能进行堆叠。与换体车稍有不同的是，还有一种公路-铁路拖车概念，其中整个关节半挂车被放置在改装过的铁路货车上；拖车经过改装，使得轮子可以收回以适应铁路货车。

另一种实现多种运输方式联运的方法是使用联运车辆。滚装船（RORO）允许道路车辆（有时是火车）进行水上运输。其陆地版就是能载运卡车的火车，例如在瑞士用于货物运输的火车。

一些联运应用需要特殊的处理设备和设施。公路-铁路运输需要联运站点，配备特殊的起重机和坡道，内陆港口需要连接水道驳船、公路和铁路网络；同时，渡轮也需要码头来连接陆路交通方式。

3.4.2　减少货物运输量

除采取绿色运输方式的策略外，减少碳排放量的首要策略在于避免一些非必要的货物运输量。

货物运输引起的碳排放量增加往往与所谓的"全球化"有关。随着贸易壁垒的降低和新兴经济体的深度参与，国际贸易不断发展。全球低成本而高效的运输、劳动力成本的差异，以及在复杂产品生产中的更高专业化，都推动了国际贸易经济的增长和货物运输能力的提高。

因此，许多碳排放通过将制造业从转向服务型经济的发达国家转移至对环境监管较为宽松且执行不够严格的国家进行分配。即使产品在消费点附近制造，制造过程中也会产生一些碳排放，但通过本地采购可以最大程度地减少货运的碳排放量。虽然这种方式不能利用其他地方的低劳动力成本，但能降低供应链的风险，并提高其敏捷性和响应力。更高的劳动力成本有时可以通过更高效的生产和更优质的员工队伍，以及减少货运和全球供应链中的长期交货时间和必要的缓冲库存所引起的库存降低来补偿。作为临近供应商优势和低劳动力成本的结合，"近岸外包"的概念应运而生。近岸外包在消费地附近的低工资国家设立制造业。此概念的主要优势在于减少供应链的交货时间和降低不确定性，从而为其他公司活动释放现金流。

货物运输的决策受货运成本的巨大影响。正如本章前面所讨论的，不同的运输方式导致货运成本的差异。然而，由于供需失衡和燃料成本变动，货物运输费用波动较大。

在新冠疫情期间，交通限制和需求模式的突然改变严重破坏了国际货物运输。这不仅阻碍了货物运输量的增长，也意味着交通基础设施和船只分布不合理，一些地方存在运力限制，其他地方则存在未充分利用的运力，而这些问题无法迅速得到解决。这些中断是否会导致永久性的改变，是否会与设立新的贸易壁垒的政治发展相结合，引发全球化的反转和货物运输量的减少，仍然未知。

3.4.3 减少现有运输模式的碳排放量

在很多情况下，由于现有的基础设施或产品特性的要求，转向更环保的运输模式是不可能的。然而，即使无法转向更环保的运输模式，还有很大的潜力来减少当前使用的运输模式的碳排放量。

运输活动的温室气体排放主要源于燃料燃烧。车辆的制造过程和生命周期结束时的废弃也会产生碳排放；但是，运营过程中的焦点将主要集中在燃料消耗上。燃料消耗在运输活动中相对容易测量。燃料也是运输的主要成本因素，因此，对运营商来说节省燃料通常意味着可以节省成本，这使得减少燃料消耗成为绿色运输活动的一个重要焦点。

1. 替代燃料

由于一直以来的油价上涨和各国政府对于降低对石油依赖的偏好，市场中涌现出多种替代燃料。这些替代燃料的环保属性差异显著，由于它们中的大部分在广大交通运输领域的应用相对较新，因此我们需保持全局且审慎的观察。例如，政策制定者在欧洲及其他地方推动生物燃料，以降低温室气体排放并为农村地区创造新的收入来源，这是一个典型的潜在问题。欧盟甚至规定汽油必须含有 10% 的生物燃料。然而，为了生产更多的生物燃料，曾用于粮食生产的农田常常被改造来种植生物燃料作物，且森林地区也被转化为农田。

因此，推动生物燃料的结果可能导致土地使用增加、生物多样性威胁及食品价格上涨，引发社会不稳定，如 2008 年墨西哥的"玉米饼危机"。此外，生物燃料的生产还依赖于气候条件。例如，美国在经历严重干旱之后，其作为全球最大的玉米生产国，被联合国要求修改生物燃料法规（规定 40%的玉米生产用于制造乙醇生物燃料），以防止全球食品价格飙升。因此，将本应用于食品生产的农产品和土地转用于生物燃料生产，带来了严重的伦理挑战。目前，生物燃料的发展更多地倾向于使用废弃物、非食用作物和食品生产副产品作为原料。

同样，我们应对生物能源在电力生产中的推广持审慎态度。电动汽车被视为环保的出行方式，尤其适用于短途城市出行，然而其"燃料"——电力——的来源各异。风能和太阳能是可持续性的电力来源，但因其供电稳定性较差，所以我们仍需其他能源以保障电力供应。这些能源可能来自化石燃料、核能或生物质。化石燃料排放大量温室气体，核能受欢迎程度有限，而只有当生物质源于废弃物和副产品时，其使用才能被视为可持续性的。如果专门种植生物质用于能源生产，由于其涉及的伦理问题、生物质供应链本身的能源消耗，以及生物质转化为电力的效率较低，它不能被视为可持续性的能源来源。因此，在每次使用电动汽车时，我们都需要深入了解这些电力是如何产生的，这将是决定其"可持续性"的关键因素。

液化天然气（LNG）亦属化石燃料范畴，然而其燃烧产生的碳排放量较大部分石油基产品显著更低。迄今为止，由于缺乏完善的分销网络，LNG 在汽车燃料领域并未占据重要的市场地位。然而，有预测显示，LNG 在国际航运中的应用将会持续增加。自 2015 年开始，国际海事组织（IMO）对在北海和波罗的海运营的船舶使用的燃料设定了氮含量上限，即不得超过 0.1%，并且宣布了 2030 年将温室气体减少至 2008 年的 40%的全球目标。要达到这样的低氮水平，使用重油是无法实现的。相比之下，使用高质量的石油基燃料或通过所谓的"洗涤器"来清洗排放的烟气，则成为使用 LNG 的可行替代方案。

LNG 的燃料补给基础设施已在北海和波罗的海周边逐渐建立，并且正在向包括以及超出这些区域的港口扩展。新造的船只中使用 LNG 的比例在逐渐上升，而现有的改装船只数量则在减少。2020 年，有 175 艘使用 LNG 的船只正在运营，且有超过 200 艘的订单。相较于陆地车辆的燃料市场，这个场景下的船舶燃料市场具备一项优势，即仅需要建立相对较少的加油站，而部分基础设施已经具备，特别是在北欧沿海和港口的地方渡轮。尽管潜在消费者的数量并不多，但大量的燃料消耗使得建设足够的基础设施变得有利可图。最后，运营商也面临着从监管层面转向更低碳排放燃料的压力。

图 3.2 由国际能源机构提供，展示了应用在汽车中的不同燃料的温室气体排放量比较。这些排放量差异显著，电动车和氢燃料汽车的温室气体优势大部分取决于它们的能源来源。

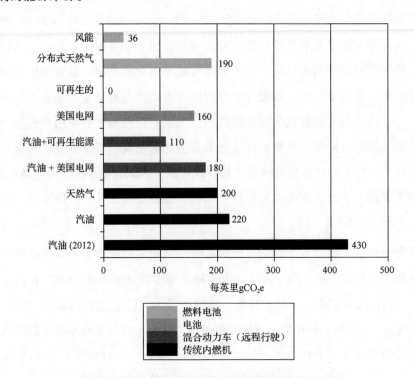

图 3.2　未来中型汽车从油井到车轮的温室气体排放

氢燃料基础设施

作为替代燃料，氢现如今在很多领域都可以替代化石燃料使用。其应用方式有两种：（1）作为一种"传统"的汽车燃料；（2）在燃料电池中被转化为电力。这些氢燃料驱动的汽车比传统引擎的更安静，其消耗过程产生的排放物只有水。氢燃料可以来自传统来源，如化学副产品、煤或天然气（在这种情况下，氢燃料的环保性不如来自可再生资源的氢燃料，但其二氧化碳排放量仍低于化石燃料）。另外，氢燃料也可以通过生物过程产生，或者来源于固体和液体生物质或沼气。然而，无论来源于哪种方式，通过电解制取氢气都需要消耗大量能源。因此，氢燃料的环保性既取决于其是否来自传统或可再生能源，也取决于制取氢气的能源来源。如果采用可再生能源电力（如在需求低于产量时利用风能或太阳能），氢自身就可以作为一种可再生燃料。

目前，氢燃料已经应用于汽车、公交车、叉车，甚至潜艇。尽管氢燃料驱动的潜艇已经全面投入运营，汽车、货车和其他车辆的氢能引擎也已经存在，但氢燃料的使用仍处于初期阶段。广泛应用氢燃料的主要障碍是可再生能源的供应及氢燃料分销网络的建设，这些预计在未来几十年全球范围内将有所改变。

与其他替代燃料一样，消费者只有在附近的"加油站"方便地加注氢燃料时，才会转向使用氢燃料。因此，分销网络需要有足够的地理覆盖，使驾驶员在长途旅行中无须担心给车辆加氢的问题。由于加氢设施的缺乏，氢能的应用往往始于每次运营周期结束后返回基地的运输设备：这当然适用于潜艇，也适用于每次出车结束后返回基地的公交车，以及在操作现场加注燃料的叉车。

例如，美国加利福尼亚州的地方交通机构正在使用燃料电池驱动的公交车。从它们的初试项目到第二代项目，经过专门改装的燃料电池公交车的价格下降了一半，参与的机构数量也有所增加。在欧洲，有几个试点项目正在运行，还有更多的项目正在规划中。接受氢燃料车辆的程度取决于车辆的额外购买价格及燃料的可用性。然而，只有当市场上有一定数量的车辆需要消费氢燃料时，加油站才会提供氢燃料。

公众接受氢燃料的下一步是发展分销基础设施。由于投资成本高，车辆制造商、能源公司、加油站运营商和氢生产商正在与公共资金支持合作，建立氢燃料加注基础设施。据估计，每个氢燃料泵的安装成本大约为 100 万欧元。加油站的供应将使用常规的拖车运输高压液化氢，但也考虑建立一个分散的生产网络。

除选择运输方式和燃料类型外，货物运输碳排放量的削减还可以通过优化运营策略、改进网络设计及进一步的技术支持进行。

2. 减少碳排放量的运营选择

通过以发动机最佳水平运行运输车辆和船只的方式，可以减少燃料消耗。在国际航运中，这个概念被称为"慢行运输"，并在 2007 年的经济衰退期间引起了人们的关注。通常，世界上的船舶发动机设计是为了全负荷运行，但这并不是最省油的方式。在经济动荡时期产能过剩的情况下，航运公司开始以较低的速度运行船舶以节省燃料和成本。像 Emma Maersk 这样的船舶（一种 E 级集装箱船舶，可运送约 15,500 个 TEU 集装箱），在从欧洲到新加坡的航行中可以节省约 4000 吨重油。当船舶以较低的速度运行时，完成一次航程需要更长的时间。一艘从中国香港到鹿特丹的船舶原计划需要 21 天的航行时间，使用慢行运输则需要 23 天。额外的天数意味着一艘船在一定时间内能够完成的航次较少，但由于当时全球航运市场产能过剩，这个问题变得不那么重要。慢行运输的一个附带好处是航运时间表的可靠性增加，因为慢行运输为延误提供了自然缓冲。

另一种经济上有吸引力的运营改进方法是减少运输车队的空驶里程。在前文关于运输方式的讨论中，我们已经指出，环保效能主要取决于载荷因素和车辆的使用率。运输公司本来就倾向于在回程时也装载货物，这样可以提高使用率，减少空驶行程，从而减少总的行程数量，减少碳排放量。

空驶问题和车辆使用率不足常常同时出现，并且往往由相同的原因导致。而物流策略，比如即时生产，是其中的一个影响因素，这在按时到达比寻找回程装载机会更为重要的时候会显得尤为突出。货物的特殊运输特性，例如活畜和药品，使它们无法与其他货物在同一车辆上运输。此外，运输化学品的油罐车只能运输相同的产品，或者在装载其他化学品前需要进行清洗。

运输设备也可能由于其特殊性而无法用于运输其他货物，导致使用率不足。例如，木材原木通常使用特殊的拖车运输，这些拖车只能用于运输木材原木，而不能用于运输其他货物。另一方面，运输时间表的不平衡也可能导致运输设备使用率不足，因为每个交付模式都不同，而且在周末和公共假期期间，货运需求会下降。

运输公司也可能并不知道回程装载的机会。虽然现有的电子平台使运输公司更容易找到可能的回程装载机会，但提高车辆使用率的机会也可能存在于他们自身的供应链中（包括客户和供应商，甚至是竞争对手）。然而，公司可能发现，利用物流服务商提供物流服务会更加方便，因为这些提供商可以通过整合多个客户的需求，来提高车辆和设施的使用率。

车辆低使用率可能由货物流向的不均衡和物品特性引发。例如，如果货物不能进行垂直堆叠，那么运营者就无法充分利用车辆的全部容积。同样，如果某产品质量较重——如钢材，装载完的车辆可能看起来相对空旷，但已达到最大负载能力。轻质产品同样存在问题，它们可能占满了整个车辆但并未达到重量上限。车辆的尺寸和载重量都受到限制，而货物很难完全符合这些规定。因此，出现了推动引进更大、更重卡车的动议。经过初始的试点测试后，"巨无霸卡车"目前正在德国接受更进一步的测试，以寻求合法使用许可。这些车辆的长度为 25.25 米，并且需要满足通常的 40 吨或在多种运输方式联运中的 44 吨的重量限制。这种车型目前的最大长度为 18.75 米，并在人口较为稀少的北欧国家已有应用。在初始的试点方案中，巨无霸卡车只在特定路线上被临时批准使用，但已经表现出比常规重型货车节省 15% 至 25% 的燃油效益，原因在于它减少了需要的车辆行驶次数（参考资料：《南德意志报》，2015 年；德国联邦交通和数字基础设施部 BMVI）。

即便受车辆尺寸设计限制的影响，改进车辆设计也能对减少碳排放量产生贡献。现代车辆较之过去已大大减少了温室气体排放量，但使用传统柴油发动机的车辆在提高燃油使用效率方面仍有局限性。对燃油效率的追求往往与减少其他排放物的目标存在冲突。法规通常将减少对健康有害的气体排放量置于减少二氧化碳排放量之上，据估算这将导致燃油效率增加 7% ~ 10%。

车辆设计的另一个关键因素是空气动力学轮廓，即通过精心设计车辆外形，使空气能够尽可能流畅地绕过车辆，以达到降低空气阻力的目的。例如，"泪滴形"的拖车就是这样的设计，从侧面看去，它们呈现出一种微弧形状。但是，拖车周围的额外护板和扰流板会增加车辆的重量，从而抵消了一部分燃油节省。这与减轻车辆重量的目标形成了冲突。车辆越轻，空载时所需的能量就越少，同时也能装载更多的货物。在欧洲，最大装载重量限制为 40 吨，这意味着在保证车辆安全性的前提下，其重量的节省也有限，节省出来的载重能力可以用于装载额外的货物。

3. 信息技术

信息技术与移动通信的进步在货物运输业的运营优化方面展示出了巨大潜力。一方面，通过智能软件，我们可以优化车辆的行驶路线、运输调度和装载流程。同时，依赖在线平台能更便利地寻找回程装载的机会。另一方面，这些信息可以通过远程遥测系统实时传输给正在运行的车辆。在道路货物运输中，运输遥测系统将车辆与调度中心连接，实现在行驶过程中的动态优化。包括实时路线规划、避免因高速公路堵塞和交通事故而产生的延误在内的优化，都有助于节省行驶里程、增加回程装载，减少燃料消耗，从而降低总体碳排放并提高运营效率。

远程遥测系统也可以用于监控车辆状态和驾驶员行为。车辆监控不仅能实现上述的动态优化，还可以为公司及其客户提供特定货物的实时位置信息。此外，还可以利用这些信息来帮助运输行为满足法律法规的相关要求，例如，最大驾驶时间，或者对非运行状态的车辆进行检查。通过对驾驶员行为进行监控，远程遥测系统可以比较不同驾驶员的行驶表现。例如，避免急刹车、选择适当的挡位及在空挡时间关闭引擎等行为都可以节省燃料，因此，监控驾驶员表现有助于推动环保驾驶行为的实践。然而，对于运输公司来说，远程遥测系统需要较大的投资。在需要频繁路线优化和车辆与办公室之间需要频繁通信的市场中，大型车队更倾向于使用远程遥测系统。相对地，小型货运公司（占据道路货运运输供应商大多数的企业）更不可能使用远程遥测系统。然而，值得注意的是，远程遥测系统主要监控驾驶员行为，而想要实现积极的环保效果，还需要对驾驶员进行节能驾驶的相关培训。

为了减少燃料消耗，其他可能的措施包括保持轮胎适当的充气或者采用自动充气轮胎，以及使用自动怠速关闭引擎等。但是，精准度量所有这些改进措施对燃油节省的潜在贡献是非常困难的，因为燃油节省可能源自多个方面，受到许多因素的影响，如旅程中在高速公路上驾驶的时间比例，或者道路的坡度等。因此，鉴于具体情境和其影响因素的特殊性，比较不同车队或不同国家的燃油效率具有一定的难度。

替代喷气燃料

航空业所带来的温室气体排放导致全球变暖一直是探讨运输对可持续性发展的影响时一个不可避免的话题。全球化进程的加速使得航空运输成为旅游和供应链管理的常态选择之一。随着航空运输的增长，相应的温室气体排放也在增加。飞机不仅在每吨-公里中燃烧大量燃料，而且在高空排放温室气体加剧了全球变暖的趋势。

欧盟委员会与主要的航空公司和生物燃料生产商共同建立了"欧洲先进生物燃料航行路线图"，这是一个促进航空业中生物燃料应用的倡议。该项目的目标是构建基础设施、生产和分销的供应链，以确保生物燃料在航空领域的可获得性和应用。

尽管"航行路线图"起步阶段的目标相对谨慎，仅将欧洲三大航空公司集团所使用的航空燃料中的10%（约占2020年总市场的3%~4%）转化为生物燃料，但此阶段的成果将是建立替代喷气燃料的基础设施，以解决其使用过程中的物流和基础设施问题。长期目标是将生物燃料在喷气燃料中的比例提高至40%~50%。生物燃料的一大优势在于，对运营商来说，使用这种燃料并不需要大幅改变现有的操作方式和基础设施。

目前，使用可再生能源燃料的航班主要使用传统喷气燃料与生物燃料的混合物，也就是所谓的代用燃料。生物燃料可以由多种来源生产，业界和政府倡议寻找不会与食品生产形成竞争的燃料来源。然而，生物燃料必须具有足够高的能量密度，因为飞机需要携带燃料（也就是增加了重量）飞行长距离。这些因素的综合影响，导致当前可用的生物燃料选择有限。

此外，喷气发动机必须能够适应新燃料，因此生物燃料被作为替代燃料引入，而不是作为纯粹的选择之一。每一种新型喷气燃料在大规模应用于航空业之前，都需要经过严格的测试和授权。因此，开发新型发动机、更加节能的飞机，以及能够适应更高比例生物燃料混合物的设备，对于减少航空业的碳排放量至关重要。

与传统喷气燃料相比，生物燃料的成本较高，这是航空公司广泛使用生物燃料的主要障碍。即使进行大规模的生物燃料生产，也不太可能与传统喷气燃料竞争，政府可能需要通过税收或监管进行干预。

4. 基础设施

交通增长对现有基础设施的需求日益增加。诸如港口、公路和铁路轨道等货运运输基础设施元素，涉及重大的财务投资，并需经过长时间的规划和咨询。这使得基础设施往往无法迅速适应增长的交通需求和运输方式的变化。基础设施容量不足将直接导致交通拥堵。

交通拥堵现象表明运输车辆未得到充分利用，它们在交通阻塞中等待或在港口、航班时段可用的过程中等待，消耗大量时间并燃烧燃料。由于陷入拥堵，陆地运输工具无法以最优速度运行，其引擎燃烧的燃料超出了实际需要。在交通阻塞或铁路信号前频繁地加速和刹车导致燃料消耗量大增，而车辆实际行进的距离却相对有限。

要解决交通拥堵问题，有两个途径：降低交通需求或提高运输容量。然而，扩展交通基础设施可能面临政治难题。一方面，道路交通拥堵导致了本可避免的碳排放，但另一方面，道路网络的扩展可能使其对用户更具吸引力。此外，基础设施的扩展会影响市民，因此可能在政治上不受欢迎，这在关于希思罗机场增设第三跑道的讨论中得到了体现。

在城市中，道路基础设施的扩展常常难以实现。尤其在人口密集的城市区域和历史城市中心，新的道路开发可能与保护历史遗迹和提高居民生活质量的目标相冲突。因此，解决方案主要在于优化现有道路网络及其使用效率、转变运输方式、减少总体交通量或缓解对市民的影响。

　　尽管在城市地区难以将货运转为其他交通方式，但政府可以通过鼓励减少货物运输和使用低碳排放车辆来应对。在欧洲，一些城市实行了"环保区域"的通行限制，对不符合指定排放标准的车辆进行限制。例如，伦敦在 2003 年对中心城区的道路交通引入了拥堵费，并在 2019 年设置了超低排放区（ULEZ），对碳排放量较多的车辆收取更高的费用。ULEZ 的范围大于拥堵收费区域，并在 2021 年进行了扩展。这些措施有助于减少伦敦的交通流量，并鼓励使用更清洁的车辆。

　　将货物运输时间调整到非高峰时段也是一种减轻拥堵的策略。但是，夜间配送由于噪声原因常常受到居民的反对。而在同一城市内采用多种配送时间，也会提高物流公司的配送计划的复杂性，并可能导致不合规问题或增加行程。减少城市地区配送行程的一个途径是使用城市中心的集散中心。这种理念也适用于如机场和购物中心等交通拥堵的场所。

自动驾驶汽车会使交通更环保吗

　　自动驾驶汽车，又被称为"无人驾驶"，是体现未来移动性和运输方式的关键特征。在当下的汽车设计中，已引入了大量支持技术，如帮助驾驶者进行停车操控、自动保持车距、速度控制及紧急制动等，以此提升驾驶的便捷性和安全性。完全自动驾驶的汽车被视为这一发展过程中的下一个逻辑步骤，预计到 2040 年，自动驾驶将成为主流驾驶方式。

　　在全球范围内，政府、汽车制造商和科技公司正在大力投资研发未来无人驾驶的解决方案。然而，这种技术进步可能会如何影响交通运输的可持续性，值得深入探讨。

　　据普遍预计，自动驾驶汽车将有助于减少交通事故的发生。尽管许多驾驶员对失去对自动化系统的控制感到担忧，但这些系统能比人类更快地应对突发情况，并且相较于人类驾驶员，它们更不易出现超速和路怒的情况。

　　我们还期待自动驾驶汽车能实现更高的燃油使用效率，特别是在交通和系统中的其他车辆得到协调以避免拥堵的情况下。预计随着人们从个人车辆拥有转变为共享汽车使用，将带来显著的可持续性改进，这意味着从人均拥有汽车数量这个维度，汽车的生产数量可能会减少（由于人口增长，汽车的总数可能仍会增加）。

然而，也存在一些隐忧。自动驾驶汽车可能会加剧城市扩张，因为人们不需要去驾驶汽车，所以在旅途中可以更有效地利用时间，并且可能愿意接受更长的驾驶行程。同时，货车司机成本的降低可能会导致更多和更长的行程，因为成本节省使得使用更远的供应商或增加额外的配送订单变得更具经济吸引力。另一方面，车辆驾驶员的就业机会可能会受到影响。仅在英国，就有约 30 万货车司机，此外还有许多驾驶员在快递服务、快递员、公交车和出租车驾驶等行业就业。因此，我们需要为自动驾驶汽车可能带来的社会影响做好准备，并在技术进步导致部分就业机会可能会被替代的同时，妥善处理这些问题。

3.5　从更宽泛的视角审视货物运输中的可持续性问题

在探寻货物运输可持续性的初级阶段，讨论主要限于温室气体，特别是二氧化碳的减排。然而，随着年代的推移，这种视角将被更全面的观点所取代，从而考虑到更多的可持续性因素。考虑其他环境问题的影响因素（如生物多样性），并引入社会和经济问题，会使讨论变得更加复杂。例如，我们已经讨论了生物燃料的生产，其中早期的乐观态度已转变为对其环境效果的更为批判性的辩论，同时也引发了食物与燃料的伦理问题。

公众对全球采购和货运可持续性的兴趣在食品里程的辩论中得到了激发，这也带来了消费更多本地生产食品产品的趋势，以及人们对健康饮食的普遍意识。具有环保意识的消费者开始关注食品的来源、生产方式及运输对环境的影响。"食品里程"，指的是食品从产地到消费地的运输距离，已在消费者的购物决策中占据一席之地。一种普遍的观点是，食品的运输距离越长，对环境的影响就越大。然而，这一观点已经发展为更复杂的生命周期评估。"食品里程"批判的是一种生活方式，即北方国家全年无视季节变化和本地替代品，进口新鲜水果和蔬菜。然而，仅关注"食品里程"可能会忽略掉其他因素，如运输方式的差异、运输过程中的温室气体排放、食品生产过程中的排放、许多水果和蔬菜在北方国家几乎无法种植，以及一些发展中国家农民依赖于向欧洲出口农产品的事实。

一项关于新西兰和英国生产的奶制品、羊肉、苹果和洋葱在对方国家销售的生命周期评估研究，揭示出更为复杂的现实情况。尽管新西兰的产品需要进行更长距离的运输，但其羊肉和奶制品的温室气体排放比英国的要低得多。造成这一现象的主要原因是，新西兰的饲料生产中能源和化肥的使用更少，农业和牧场空间的获取也更为容易。此外，新西兰适宜的气候条件使得农民能够在户外饲养动物，从而减少了建筑物碳排放量的产生。

3.6 小结

货运活动是造成全球温室气体排放的一个因素。尽管货运在总温室气体排放中所占比例不及制造业，但是减少运输中碳排放量的压力仍然很大。随着全球化趋势的加强，供应链变得越来越复杂，链条上的参与者越来越专业，发展中市场的客户期望也在提高，这些因素都将进一步推高货运的发展，从而增加碳排放量。运输除了会产生温室气体排放外，还会产生噪声和事故，对可持续性产生影响。但是，我们也不能忽视运输的积极作用，例如，运输使得商品可以更便捷地送达消费者，使我们有机会旅行和体验其他文化，参与社会活动。简言之，运输让我们的现代生活成为可能。

各种运输方式在碳排放量上有显著差异，一般来说，速度较慢的运输方式排放的二氧化碳当量较少。减少运输排放的策略可以包括避免运输（例如本地采购）、使用更环保的引擎和燃料、慢速航行，以及通过技术支持和协作实现的运营改进。

转向更环保的交通方式的主要动力来自公众压力和政府的倡导，比如政府会增加温室气体排放的成本。政府提供基础设施并支持绿色技术的发展和应用，这是有助于减少运输对环境影响的重要激励措施。

　　未来十年的挑战在于，哪些应用和技术将成为更可持续的未来交通的主流解决方案和标准。许多绿色技术从初始阶段转变为可行的选择，但其中许多可能在经济上不可行，可能会面临基础设施覆盖不足的"鸡生蛋、蛋生鸡"的困境，或者可能需要重新评估，甚至可能会因为使用某些资源和通过自动化替代人工，从而在其他方面的可持续性上产生问题。

第**4**章

可持续性仓储

4.1 简介

尽管现代供应链已经广泛实施了诸如准时制（Just-in-time）之类的以减少库存为目的的各种措施，仓库几乎在供应链的所有环节中都依然屡见不鲜。仓储在供应链中不仅起着缓解供给不均衡的作用，还担负着很多连带的功能性任务和角色，包括但不限于储存商品。我们将首先讨论仓库对环境的影响以及仓库的分类方式，然后详细阐述仓库的各种功能和设计原则，最后，我们将研究如何降低仓库对环境的影响，以及如何提高仓库在环境和社会可持续性方面的表现。

4.2 仓库对环境的影响

在环境影响方面，据世界经济论坛（2009 年）的估计，在所有供应链碳排放中，约有 13% 来自物流设施。据英国仓储协会（UKWA，2010 年）的计算，仓库产生的碳排放量约为英国总温室气体排放量的 3%。与占供应链总排放量 87% 的运输业务相比，仓库对环境的影响问题就显得微不足道。然而，通过提高仓库的运营效率，我们既可以改善环境问题，也可以实现大规模的成本节约。鉴于对减少碳足迹的监管压力以及在人口密集地区使用土地的高昂成本，我们有必要深入研究仓库设计和运营的环保问题。

仓库对环境的影响远远超出了它们产生的温室气体排放。仓库的存在增加了重型和轻型货运车辆的交通流量，同时产生了噪声，占用大片土地，对野生动物和雨水渗透地表带来干扰。但是从另一个角度，仓库提供了就业机会，对于让产品能够被消费者获取，保持工厂和其他商业活动的运转都是必不可少的。

4.3　仓库的角色和功能

在角色和功能方面，仓库是支持公司供应链战略的重要运营部分，通常是供应链网络中的节点，极大地影响着公司服务水平和网络成本。如果不能在适当的时间、数量和质量上有效地调配库存，就会导致客户满意度下降。然而，仓库和库存本身也会产生成本。仓库的成本包括建筑和设备的固定成本，以及运营成本，后者在很大程度上依赖于仓库的初始设计。环境成本则源自建设阶段和仓库的运营过程。

仓库的设计，包括其运营流程的设计，应当支持供应链整体业务和战略。在设计阶段，我们必须考虑仓库所在市场的状况——是正在增长、保持稳定，还是正在衰退？产品需求在何处？供应又来自何处？例如，"快时尚"在线零售商可能需要 24 小时到货的快捷送货服务作为支持其业务模式的关键特征。飞机备件仓库通常位于航线密集的机场附近，以便能够快速地将零件分发到全球各地的飞机。运营需要多大的灵活性？成本是否比敏捷性更重要？投资的预期期限是多少？仓库的所有权和运营权在谁手中？在成熟的物流市场中，会有许多服务提供商可供选择来运营仓库。然而，他们提供的服务选项众多，选择权在客户手中，需要根据客户的基本商业诉求来决定。

4.3.1　储存货物

仓库在供应链中担负着多重角色，其功能及重要性受其是否进行实质性储存的影响。越库配送，即商品在被收入、处理和发送出去的过程中不进行储存，这是一种重要的仓库运营策略。该策略适用于那些需要快速运输的商品，例如易腐品。通过减少库存和降低库存成本，越库配送成为供应链中重要的一环。

随着仓库数量的减少，通过"平方根法则"可以降低所需的安全库存。该法则基于经验观察：在集中库存的情况下，分散系统持有的库存与集中系统持有的库存的比例等于初始位置数量的平方根。然而，这一理论在实际应用中并不总是有效的，需要深入理解网络各处的需求模式才能准确估计通过集中化可以减少多少库存。简单来说，仓库数量取决于运输成本与库存成本的权衡，但实际决策过程更复杂，需要考虑更多因素。

当然，仓库也受到供应链重大事件的影响。比如，新冠疫情使人们重新思考优先级，从而更倾向于增强抗压能力和库存储备，而非节省库存成本。英国脱欧也改变了仓储策略，增加了对额外仓库空间的需求，以应对由于供应链网络瓦解带来的高风险和低效率。此外，更快的在线零售总体趋势，要求增加更靠近消费者的仓库和分销设施。

4.3.2　履约中心

履约中心是另一种形式的仓库，在这里可进行大量的操作活动。履约中心的物品要么由工人挑选，要么由自动化系统挑选，然后按订单组合在一起，打包并发送给客户。由于处理退货需要大量的手动操作，因此那些面临高退货率的在线零售商促使履约中心对退货处理设施进行了升级和专业化改进。减少退货将减少不必要的操作和处理。

4.3.3　增值活动

仓库还可以涵盖产品的最终加工和定制的增值活动，这些增值活动可能是产品组装和包装操作的一部分。在零售业的配送中心，我们还可以看到为零售店准备货物的过程（例如将物品挂在衣架上或添加价格标签）。但是仓库也更加专注于自身的"分内"业务，例如配送中心将小型货物打包成大货物。这在以出口为导向的地方经常出现，以确保运输集装箱中装满来自多个供应商的货物；这也常见于以港口为主要服务对象的仓库中，这些仓库往往需要将到达港口的货物打包合并，以方便运输。

在"按需生产型"供应链中，要尽量避免在供应链的顾客端使用仓库。库存设置在供应商处（或理想情况下仅在需要时生产）较为理想，并在需要时运输到装配线。这个概念在汽车制造业中特别普遍。由于高度的定制化，按需生产的概念发展成了"按需序列"，即按照需求排产，按生产计划安排需交付的产品。这些概念非常复杂、脆弱，并需要高水平的物流能力和所有供应链节点的精密操作协调，包括仓库。这些供应链中的仓库主要用来缓冲供应商生产计划和顾客需求之间的不匹配问题，同时也为装配线生产做好供货准备。

尽管仓库设计发生了各种趋势和变化，但大多数仓库仍然承担着经典的仓库功能：接收货物，储存货物，然后在将来的某个时间点发出。大多数仓库还同时承担了多个角色和运营任务，例如，一些仓库在储存商品的同时，也设有越库配送区。

4.3.4 外包

物流业务在很大程度上已经依赖于第三方服务供应商。在欧洲，逾三分之一的仓储市场和同样比例的合同物流市场已经外包，其中合同物流是将所有分销功能，包括仓储、订单执行和配送，在单一合同中委托给第三方。从可持续性的角度来看，这种趋势对于仓库的所有权和运营模式有重要的影响。实际上，仓库所有者的长期视角在决定是否投资可持续性措施（可能回报期长）方面很重要。此外，使用第三方服务提供商可以便于与其他客户合作或使用共享设施，从而带来更高的利用率和规模经济。物流房地产开发商也会在不知道最终需求具体要求的情况下投建物流基础设施，这使得估计未来客户是否愿意为此类设施的可持续性特征付费变得困难。

4.4　仓库位置

在物流网络中，仓库的数量和位置大大影响了所需的运输量。理论上，仓库应该位于其服务区域内运输路径的"重心"。在整个网络中，仓库的数量和服务范围应该是运输成本和仓库（包括库存等）成本之间的最优折中。

随着时间的推移，我们注意到库存持有点的减少，这使得安全库存下降，从而减少库存成本。几十年来种种迹象表明，中央化配送更高效但是可能产生更多的运输里程数。库存集中化的主要原因是运输成本的降低，同时，欧洲边境管制的取消也鼓励了公司将分销集中到更少的站点，通常是一个单一的欧洲站点。同时，准时生产和在线零售的发展也导致了更频繁的小批量交付。

然而，仓库位置的确定要比简单优化运输网络的重心位置复杂得多，可能会遇到获取绿地开发规划许可的困难，或者受到土地使用法规的限制。这时，选择一个次优的位置就变成了一个实用的选择。特定的运输模式，比如铁路或水上运输的接入，也可能影响位置的选择。随着国际贸易的增加，港口中心的物流业务也日益重要。如果仓库需要位于自由贸易区或需要连接到专门的海运服务提供商，选择港口等地点就变得更加有意义。此外，仓库的位置可能受到诸如"靠近客户或供应源"之类战略需求的影响，也可能受到大型单一客户合同要求的影响。劳动力的可获取性也是一个关键因素。随着仓库提供的增值服务越来越多，以及物流过程和处理设备的复杂度提高，拥有适当技能的员工变得越来越重要。

4.5　搬运设备

在仓库的运营过程中，物料搬运设备起着决定性的作用，同时也成为能源消耗的重要环节。决定采用何种搬运设备通常取决于仓库的设计目标以及待处理货物的特性。仓库的自动化水平在不同的仓库间可能存在较大的差异。通常，名为

AS/RS（自动储存/检索系统）的全自动化仓库设备可以提升处理效率和空间使用效率，然而，这也需要较大的初始投资，并可能在一定程度上减少操作的灵活性。人工操作能更有效地应对较大的流量，特别是在那些依赖于手动包装和判断退货是否可再销售的零售履行中心。在恶劣的环境条件（如冷库或低氧环境）下，自动化可能是一个更优的选择。散装货物的搬运通常会用到如传送带、起重机和挖泥船等设备。另外，叉车等常见的搬运设备被广泛应用于托盘化货物的处理，其型号和动力方式多样，如电池驱动、柴油驱动或氢能源驱动。

在选取搬运设备时，需要充分考虑设备的特性，以及仓库的战略目标，包括投资的长期性、灵活性、处理能力、货物特性及场地条件。若预期仓库将面临高流量处理需求，则货物需要更密集的储存方式，否则从接收、储存、拣选到派送的流程可能过于复杂。同时，场地和成本的限制可能会影响土地的有效利用。自动化仓库设备能够处理更高的吞吐量，并由于其可以达到仓库的更高层次，且需要的通道空间比叉车更少，因此可以实现更高的储存密度。

4.6　评估对环境的影响

仓库对环境的影响主要由建筑过程和运营过程的排放构成。若想减少这些影响，则需要先了解当前用于评估仓库环境性能的标准。现在，最常见的评估仓库设计可持续性的标准包括美国绿色建筑委员会的能源与环境设计领导力（LEED）框架和英国建筑研究机构的建筑环境评估方法（BREEAM）。

这两个评估体系都通过在多个加权类别中打分来评估仓库的可持续性。仓库的可持续性等级取决于总分：BREEAM 的等级从"合格"到"卓越"，LEED 的等级从"认证"到"白金"。两种评估体系中的评估类别以及各个类别的权重比例如图 4.1 和图 4.2 所示。

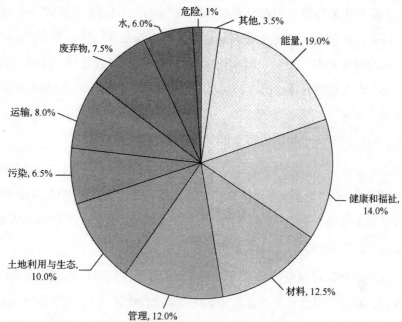

注意，BREEAM允许额外的10%类别用于"创新"。

图 4.1　新建建筑 BREEAM 权重因素

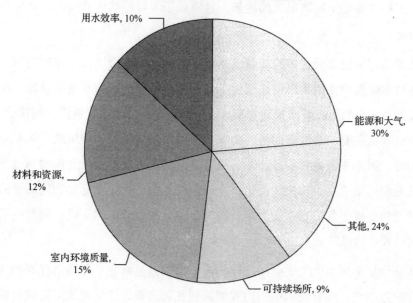

图 4.2　新建建筑 LEED 加权因素

每个类别中的得分是根据仓库的实际表现与评估体系设定的基准标准进行比较得出的；而评估基准对于仓库和其他用途的建筑是不同的。每个类别的得分会和该类别的权重相乘。在某一国家首次使用该方案进行评估时，评估类别和各类别权重会考虑当地的具体情况进行调整。举例来说，按照 BREEAM 评估方案，若要被评为"卓越"，则需要达到 85% 的分数；若要被评为"优秀"，则需要达到 70% 的分数。同时，部分子类别也有最低分数要求。

位于英国查特利谷的 G Park 蓝色星球配送中心是首个在 BREEAM 评估体系下达到"卓越"标准的仓库。其开发商 Gazeley 预计，由于其设计中包含的环保特性，每年可节省运营成本 30 万英镑。此配送中心采用了不粘的、自清洁的天窗，以及太阳能光伏层压板和能从到达车辆中回收能量的动能板。

尽管达标环保评级可以节省运营成本，但并不一定会导致获得更高的租金或价值收益。最近一项研究发现，含金量高的能源性能证书（EPC）评级所展示出的能源节省并没有导致相应的租金增加，而且仅有少量证据表明仓库获得含金量高的 EPC 评级对收益有影响。尽管调查显示租户愿意为运营节省支付额外费用，但也显示出租户倾向于短期租赁的趋势，这降低了对可持续性措施进行长期投资的吸引力。

优秀的环保性能所带来的运营成本降低与低迷的租金增长之间的差距，可能可以通过在建筑物使用期限内涉及的众多利益相关者的不同利益来解释。房地产开发商主要关心的是投资回报和短期风险，而对仓库的功能质量只有间接的关注。金融投资者也主要关心投资回报、物业价值的预期增长及预期风险。如果仓库由用户拥有，则未来租金并不是其考虑因素，他们更多的是关注仓库的功能性、风险以及寿命周期成本。相比较而言，仓库租赁方关于租金和仓库功能质量的性价比的考量就变成了其主要关注因素。而对于公众和政府机构来说，则对仓库建设和使用过程中的风险更关注一些。

认证计划最初主要关注仓库设计阶段，但最近也制定了评估已存在场地的可持续性改进指南。现有建筑中的内置能源往往被忽视，这是建筑可持续性的一个方面。对建筑的整个生命周期进行评估，考虑到已嵌入的能源、碳排放和其他排放物，是一种更完善的方法。这适用于考虑废弃物处理和拆除过程中消耗的能量等末端问题。总体而言，生命周期分析应考虑从原材料开采、制造、建筑、使用到处理的输入和输出。整体环境平衡取决于仓库整个生命周期各阶段的碳排放总量。因此，尽管仓库运营性能不佳，但使用现有场地对环境的破坏力度可能较小，因为已经产生了内置能源和排放物。

只有对仓库进行完整的生命周期评估才能明确实现可持续性的最佳选择。运营影响与内置影响的比例在仓库之间存在显著差异，并且十分依赖于仓库的寿命。Rai 等人在比较不同天窗比例和绝缘材料选项时发现，在仓库的 25 年寿命内，内置和运营二氧化碳排放的综合影响并没有显示出巨大的总二氧化碳影响差异。该研究比较了在传统配送中心（面积为 8000 平方米）的设计阶段，关于天窗和绝缘材料的决策方案，并分析它们对仓库运营阶段的供暖效果的影响。由于绝缘材料和天窗中的碳嵌入更高，提高材料绝缘水平对仓库整个生命周期的环境平衡只有非常微弱的积极影响。然而，运营影响与内置影响的比例在生命周期评估中至关重要。Gregori 和 Wimmer 假设物流建筑 80%的成本发生在运营阶段，这使得设计阶段更加强调可持续性考虑。他们还指出，在一个仓库的 25 年生命周期内，人们需要假设能源成本上升。当看到物流场地的租户经常更替时，评估变得更加困难。这意味着仓库通常不能充分利用，导致使用效率低下。这也可能意味着调整仓库以适应新租户需求时发生了额外的施工活动的碳排放。

4.7　减少对环境的影响

根据生命周期的概念，对于建筑物，我们通常可以区分运营阶段的碳排放（或等效碳排放）和内置碳当量排放。对仓库可持续性的运营改进投资通常发生在建设阶段，因此了解建筑物的目的和预期寿命周期非常重要。RICS 认为，仓库总二氧化碳排放中约有 60%是内置碳当量排放。然而，如果假设仅有 10 年的寿命周期，内置碳当量排放的占比将飙升至 95%，将减排重点从运营阶段转移到建筑本身的施工过程上。相比之下，超市在其寿命周期内，通常会有 10%的内置能源和 90%的运营能源的比例，因为超市通常比仓库使用更多能源。

在讨论应实现的碳减排水平时，区分变得至关重要。对于短期仓库的建造，几乎可以忽略运营阶段的碳排放，更应强调避免施工操作和材料中的二氧化碳。对于长期使用的仓库，即使它们会在建设阶段导致碳排放（例如由于额外的绝缘），运营节能也变得更加值得。

4.7.1 建筑施工阶段的内嵌碳排放

在建筑施工阶段，碳排放是由建筑材料和工艺引起的。建筑材料中所包含的碳排放量各不相同，但它们的使用寿命也不尽相同。例如，铝幕墙每平方米含有约 1000 兆焦耳的能量，预期寿命不到 40 年。而带有铝贴面的木质框架的使用寿命与铝幕墙相当，但内置能量仅为 400 兆焦耳每平方米。比较铝幕墙和混凝土板时，使用寿命的重要性显而易见。混凝土墙含有略高于 800 兆焦耳每平方米的能量，比铝幕墙低不到 20%，但其使用寿命几乎是铝幕墙的两倍。如果一座建筑真正使用超过 40 年，节约的能源将变得非常显著，因为铝幕墙需要完全更换。对于木材而言，本地采购的重要性变得显而易见。进口木材的能量通常为 7540 千瓦时/立方米（远高于混凝土的 800 千瓦时/立方米），而本地替代木材的能量只有 110 千瓦时/立方米。

然而，对于仓库建筑而言，人们可能会怀疑是否真的能够将其完整使用 40 年。储存和物流需求会随着时间的推移发生变化，特别是多用户场地的布局需要灵活性，以适应门数的调整、更高的高度、承受重货物的额外楼板强度或特殊的储存安排，如洁净室或冷藏设施。

4.7.2 地点

许多物流站点聚集在靠近其所服务的市场的交通重心区域附近，或者聚集在港口和机场周围。因此，在合适地区获得合适的仓储空间成为一个问题，最受欢迎的位置通常位于人口相对密集、空间本来就稀缺且昂贵的地区。此外，交通拥堵、当地对交通和营业时间的限制也对仓库运营造成了限制。空间昂贵的限制还可能导致建造较高的建筑物，并安装占用空间较少的处理设备。在仓库建设空间有限的地区，房地产开发商自然也会考虑废弃土地的开发和已经建立的场地的（再）开发。尽管这会产生拆除费用，但它可能对可持续性有益，因为升级现有结构避免了新建仓库所需的建筑材料所带来的内在碳增加。

土地的使用本身会导致碳排放，新建的仓库会对环境造成干扰。这可能涉及雨水无法再渗入地下、对当地野生动植物有干扰和破坏，以及对景观的视觉影响。该区域还无法吸收任何碳，如果该场地之前被用于植被覆盖或农业利用，这将具有永久性影响。在过去十年中，英国的仓储空间使用的土地面积显著增加，现在超过了办公室或零售店所占的土地面积。

4.7.3　建筑施工阶段的碳排放

建筑施工阶段也是碳排放的一个重要来源。建筑施工过程需要依赖重型机械和发动机来搬运建筑材料、土壤和碎石。研究显示，伦敦市中心一栋十层办公楼的建设过程中产生的碳排放量占据了其整个生命周期碳足迹的 13%，而拆除过程则占据 2%。虽然仓库的结构通常比办公楼轻，但这仍显示出，不论是办公楼还是仓库，其建筑过程都显著地增加了建筑物的碳足迹。

然而，建筑业的供应链受到许多利益相关者的影响，其各自的利益诉求也不尽相同。将建筑全生命周期涉及的所有利益相关者都考虑进来是极为复杂的，我们必须借助"客户–承包商–供应商"的关系框架来分析。建筑行业向可持续性的转变，依赖于有影响力的买家的购买力以及他们对特定性能标准的需求。随着越来越多的组织承诺实现净零排放目标，更多的利益相关者群体可能会提出改善可持续性绩效的要求。

在施工阶段的运输操作中，大部分建筑材料直接从制造商运送到施工现场，而制造商、承包商和运输商之间的沟通却非常少。运输效率也受到地理位置、可达性以及绿地（未经开发的土地）场所的基础设施缺乏的负面影响。

4.7.4　运营阶段的碳排放

除源自建筑材料和施工过程的碳排放外，仓库运营阶段的碳排放也需要被考虑在内。尽管我们的讨论主要集中在降低场地的能源消耗层面，但仓库运营的可持续性还包括了其他考量，例如更高效地利用所有资源以及减少场地产生的废弃物。

对仓库的节能性能进行基准化和比较很有挑战，因为仓库是在不同的环境、背景中建造的，具有不同的设计寿命，服务于不同的产品，有不同的设计目的。此外，环境审计的界限会根据不同的方案而变化，可能会倾向于某些特定的解决方案。例如，PAS 2050 的碳审计指南将员工的通勤排除在审计范围之外，这就使得采用更多人工劳动和较少技术的仓库享有优势，并且忽视了当仓库位于公共交通不便地或离员工居住地较远时，通勤旅行产生的额外碳排放。

4.7.5　温度

在冷冻商品仓库的运营成本中，约有 20% 来源于温度控制。制冷设备运行依赖电力，因此，电力的产生方式在很大程度上决定了其碳足迹。通常情况下，供暖系统的运作基于燃烧化石燃料或使用可再生资源。热量损失则受制于仓库内外温差、绝热性及建筑材质，并受控制及非控制的空气通风影响。

除此之外，仓库可能需要对储存环境的湿度甚至氧气含量进行控制。以新鲜水果为例，通常将其储存在充满二氧化碳的环境中以减缓其成熟过程。然而，同时也必须考虑到仓库员工的舒适度。比如即便储存区需要冷藏条件，但邻近的公共区域需要升温处理。法规对员工在低温环境中工作的时间有所限制，且对工作服的规定也限制了这类仓库的操作。同时，处理设备、照明和机器产生的热量将增大制冷所需的功率。因此，温控仓库的运行不仅依赖于达到所需温度的能力，同时也需要能维持所达到的温度。

无论仓库需要加热还是制冷，热保温以及防热/防冷损失的屏障都可以降低运营能源的消耗，尽管可能会增加潜在的碳排放，如前所述。需要一定的通风来保障空气交换，以保持一个可以安全操作的环境。然而，我们需要对受控和非受控的空气通风进行区分。空气交换意味着不断的温度调整。一个具有高比例非受控通风（也称为空气渗透）系统的仓库将导致加热/制冷能源的大量浪费。数据显示，空气泄漏导致了工业建筑热量损失约 25%。可通过有效划分温度区域、安装快速动作闸门、使用密闭的门、使用恒温器，以及仅在必要时打开闸门，来预防由于空气交换导致的温控空气的不必要损失。仓库的顶棚通常很高，热空气会自然上升，这可能导致地面与靠近天花板处的温度差达到 10℃。天花板循环风扇可将热量再分配到操作员工所在的地面，通常情况下，由于热量回收而节省的能源将超过风扇所消耗的能源。

另外，增加保温层厚度可以减少温度损失，因此也会降低恒温所需的能源。但是，保温材料的厚度增加会导致其自身能量消耗增加，因此存在最佳的保温厚度。仓库可以分区，且每个区域之间设置屏障以限制空气交换至更小的单位并更精确地调节温度。所需的温度越低，制冷所需的功率和电力消耗就越高。因此，可以将需要相同储存温度的产品归为一类，以避免在温度低于所需的情况下储存产品。

温控仓储在防止食品浪费方面功不可没，这引出了在降低温度与延长食品质量之间的能源消耗权衡问题。鉴于食品行业规模庞大，优化仓储操作，尤其是关于温度控制及其他物流因素（如批量大小）等方面的考量，有巨大的潜力实现可持续性收益。

4.7.6　灯光

根据 UKWA（2010）的数据，中等规模的常温仓库，照明用电约占总电力消耗的三分之二。因此，优化照明设备和策略是降低电力消耗的重要途径，这包括采用更高效的照明技术，如安装天窗，以及只在需要时开启灯光。

相较于传统的照明方式，新型的节能照明设备，如 LED 或荧光灯，可以将更大比例的电能转化为光能，同时将更少的能量转化为热能。这种照明设备的维护成本也较低，且投资回收期只需数年。此外，研究发现，通过在灯源上方安装反射器，可以减少约 30% 的照明设备数量。

然而，值得注意的是，仓库的照明需求通常由在特定区域所开展的具体工作任务决定。例如，储存区的照明需求取决于货架通道的宽度和高度。因此，为不同的仓库设计和功能应用适当的照明解决方案十分重要。

允许自然光线进入建筑内，例如通过安装天窗，可以显著降低对人工照明的需求。人们通常认为自然光比电灯更为舒适。然而，引入天窗可能会对建筑的保温性能产生负面影响，因此在设计时需要全面考虑这种影响。此外，无论是天窗还是电灯，都需要定期进行清理，因为经过两年的运行时间后，灰尘可能会将照明水平降低 50%，进而导致能源消耗增加 15%。

通过有针对性地布局照明设备，并通过手动或者自动（如安装移动传感器或定时开关）的方式关闭不必要的灯光，可以节省大量的电力。由于改善仓库照明设备和照明方案通常可以在较短的时间内回收投资成本，因此，即使是短期租赁的仓库，也有可能通过改进照明设备和照明方案来实现可持续性的改进。

4.7.7 搬运设备

仓库能源消耗的另一个重要领域是物料搬运设备的使用。这类设备包括自动化储存系统，它们不仅消耗电力用于搬运货物，也需要用于控制物品移动和储存的计算机系统。根据货物和场地的特性，仓库的叉车种类众多，而它们的运行需要各种类型的燃料或电力（有关替代燃料的更多信息，请参见第 3 章）。

与照明设备相似，物料搬运设备在消耗能源的同时，也会释放出热量，从而增加了温控仓库的能源消耗。另外，燃料驱动的搬运设备所排放的废气也增加了通风需求，从而降低了建筑的整体热效率。

尽管转向低排放燃料和电动叉车可以降低仓库运营的二氧化碳排放，但是根据以往的研究，我们并不能明确断定哪种叉车的能源类型能产生最少的排放。在评估中，由于各个环节如"从油井到泵""从油井到车轮""从电源插座到电池""从电池到车轮"及"从车轮到排放口"的定义不同，这使得对各种替代选项的比较变得困难。要全面比较这些选项，就需要考虑包括维护、使用寿命、处置及能源消耗在内的全生命周期评估。但是，这样的评估相当复杂，使得比较各种替代方案变得困难，因此，在实际操作中，人们往往更倾向于采用所有权成本的方法，而不是总体排放评估。

随着电池技术和电池能量使用效率的提高，电动叉车的可持续性和吸引力也在不断提升。电动叉车由电网充电，因此仓库使用者可以明确电力的来源。现代电动叉车还能在卸载或制动时回收能源。这种能源回收，加上电池续航能力的提高、更快的充电模式及更好的能源使用效率，可以延长叉车的运行时间，从而减少所需的电池或叉车的总数。随着技术的进步，电动叉车已经成为室内使用的主要方式。

与优化其他运输网络相似，我们可以通过应用信息技术及仓库管理系统（WMS）来优化仓库内部由叉车或其他机械搬运系统进行的流动路径。叉车如果能与 WMS 进行通信，也有助于减少行程次数，例如，可以避免不必要的绕行以前往计算机站录入数据。在仓库内部，还有一些其他电力消耗的技术应用，如拣选系统，包括语音拣选或灯光拣选。

4.7.8　其他操作层影响因素

要想降低仓库总体排放，还需要从更全面的角度考虑其他操作层因素的影响。例如，我们可以调整营业和交货时间，以避开交通高峰期；另外，选择避开交通拥挤的区域设立仓库，也能减少卡车在交通阻塞中的等待时间。

此外，仓库的运营过程也会消耗水资源。这包括员工的生活用水、清洁仓库和卡车用水，以及商品的加工过程（如果在仓库现场进行增值活动）所需的水。制冷装置也会消耗水。由于仓库通常具有较大的屋顶面积，许多仓库很适合进行雨水收集，并将收集到的雨水在仓库的灰水（可再利用废水）区域进行再利用。

根据在仓库进行的增值活动和包装过程，仓库也会像其他工业场地一样产生废物。进货可能需要拆分、解包或重新包装，然后再进行储存。出货则需要包装，可能会放在一次性托盘上或以其他方式包装。减少和避免包装，并回收包装材料，都可以有效减小仓库废物对环境的影响。

4.7.9 绿色能源

由于许多运营排放与能源消耗有关，因此，仓库可以利用绿色能源来改善整体的运营可持续性。仓库通常位于远离居民区的地方或工业园区，靠近港口、高速公路和其他交通基础设施。因此，仓库一般不会遇到居民反对在住宅区设立绿色能源设施的问题，这使得仓库非常适合进行绿色能源的开发。对于新的非住宅建筑的可持续性解决方案，需要从建筑的生命周期的三个阶段进行考量：建造、运营和报废。理想的情况是，建筑能从现场的可再生能源中获取所需的能源。在现场发电并减少现场排放的能力，将极大地取决于场地的具体环境和条件。

现场产生的绿色能源可以直接使用，也可以并入电网，或是两者结合，即场地自消耗所产生的绿色能源，同时接入电网以平衡电力供需。尽管如此，从能源供应商那里购买的电力也可以来自"绿色"电力发电形式。

仓库场地的能源可以通过生物质或低碳燃料（虽非完全碳中和，但可能相较于先前使用的燃料有更小的碳排放影响）、风力涡轮机、太阳能电池板、废弃物能源回收及热交换装置产生。

仓库场地的能源产生与获取方式根据场地的需求、环境和背景各异。对于使用哪种类型的电力和能源，取决于运营、法规、环境及市场因素。决策中的主要问题包括：在现场消耗与产生能源的运营模式之间的平衡、能源生成技术的成本及其合理成本下能生成的能源的规模（以及是否有足够的需求来建设必要规模的发电设施）、技术的可用性与成熟程度，以及法规和市场条件。

在场地现场产生能源供给提高了能源管理的复杂度，既需要在能源需求与供应之间找到平衡，也需要应对能源市场价格波动及基于当地地理环境和气候的能源现场生产波动，还需要考虑附近其他能源消费者的远近程度和接入国家电网的基础设施等问题。所有这些因素都使得能源管理和投资决策变得更为复杂。虽然现场产电，但是仓库仍需要接入电网，以将电力输送至更广阔的网络，并从中获取电力。

世界各国政府正在采取各种方法来鼓励甚至强制增加低碳和零碳能源的发

电。例如，通过购电补贴和优先购买可再生能源提供的能源为在现场安装可再生能源设备提供了激励，同时也有法规要求场地达到最低能源效率水平，购买和交易可再生能源责任证书或排放许可，以及要求从可再生能源中获取一定比例的能源，或在新建筑的规划许可中包含现场能源发电。获取和产生"绿色"能源的成本因可用选项而异。从可持续性的角度来看，现场解决方案被视为优于从场外购买绿色能源的首选方案。

可持续性发展的配送中心——Alnatura

Alnatura 于 1984 年创立，如今已成为德国最大的有机和可持续性产品专业连锁超市。该连锁店在德国 60 多个城市运营着 135 家店面，每家店面通常占地约 550 平方米，每家店内均列出约 6000 种有机 SKU，包括约 1400 种自有品牌产品。该公司还通过其他零售商网络销售有机产品，由其创始人拥有和运营。

除在环境可持续性和有机农业领域的成就外，该公司采用多重底线方法运营，即在常规的社会、经济和环境的三重底线方法基础上增加了精神/文化维度。

2009 年，该公司在德国中部的洛希为其商店和零售客户建立了一个新的干货配送站点。2014 年，该基地进行了扩建，配备了世界上最大的木制高架货架。该站点包括 32,000 个托盘位和 1400 平方米的办公空间。该建筑与周围环境和谐共融，周围留有大量的绿色空间，为员工和过路人提供舒适的环境。建筑周围的空间还被用来将屋顶的雨水引导至地下，以维持地下水位。该建筑在德国可持续性建筑委员会的评级中获得了最高级别——金奖。

新站点也在运输网络中节省了碳排放量。以前，配送网络是以分散的方式运行的，供应商需要向多个位置交付货物。现在，易腐产品由本地供应商直接交付给各店面，全国范围内的供货则由中心配送，这样可以节省运输里程。

建筑的外壳由当地采购的落叶松木制成，这些木材来自附近的森林，而扩建部分的木材全部来自 PEFC 认证的供应源。同样，为了节省嵌入在材料中的碳排放，大多数其他建筑材料也是在本地采购的。甚至开始建设工作的传统德国仪式所用的铲子也是本地制造的。

建筑的屋顶覆盖着 7821 平方米的光伏设施，其峰值能产生 1100 千瓦的电力——这足以为约 260 户家庭提供电力，并且每年节省 918 吨二氧化碳排放。

通过使用空气热泵，实现了仓库区域的加热和冷却；而办公楼的能源则通过使用地热站来产生。当现场能源供应不足时，则购买由水力发电产生的能源。

除配送仓库的可持续性外，仓库中储存的所有有机产品都是在可持续性的前提下生产的，例如使用天然肥料以避免非有机食品生产中常用的化学肥料所产生的碳排放。

4.8　仓储业的可持续性社会维度

在仓储环节，可持续性的社会维度也必须得到关注。随着更多的任务和流程转移到物流服务提供商，仓库和分销中心就需要招聘更多具备各种技能的员工。由于科技的发展和供应链的日益复杂化，仓库运营商需要具备新的技能和知识。

在设计仓库和工作场所时，需要考虑到员工健康和安全的问题。许多发达国家的人口老龄化正在加剧，因此，人体工程学的工作场所设计和员工福利的重要性正在逐步提升。在老龄化劳动力的背景下，我们需要重新审视搬运设备的使用和支持性技术应用。此外，仓库的员工总数在逐渐减少，这使得留住员工并提供一个吸引人的工作场所变得更加重要。

Sports Direct

自 1982 年创立以来，Sports Direct 已经发展成为英国最大的体育用品零售商。如今，它仍然由创始人迈克·阿什利管理。他不仅是英国最富有的人之一，也因曾经拥有足球俱乐部纽卡斯尔联队而成为人们熟知的人物。

Sports Direct 的零售业务依赖于位于德比郡的 Shirebook 的全国配送中心。在该地区最后一座煤矿关闭后，这个配送中心成为当地重要的就业来源。配送中心的面积巨大，相当于 13 个奥林匹克游泳池，全年无休，每天 24 小时运营，有约 2000 名员工；这无疑对该地区的就业机会起到了重要的保障作用。

然而，2015 年，英国全国性报纸《卫报》进行了一项卧底调查，使得该配送中心突然受到了媒体的强烈关注。

其中的工人大部分为近期移民的，通过所谓的零工合同就职，这种合同使得雇主可以在非常短的通知期内调动员工，而无须承担任何责任。工人们面临着巨大的压力，必须以足够快的速度处理订单，否则就可能面临被羞辱和被解雇。据报道，工人们被要求打卡下班后继续工作，排队等待安全检查的时间并未得到工资支付。新闻报道还显示，在不到 4 年的时间里，有 110 辆救护车和急救车被叫到了仓库现场，其中 50 起被归类为危及生命的情况，还有一些工人在怀孕期间遇到了困难。

在公众对零售商劳工状况表示愤慨后，一个议会特别委员会着手调查了这个案件。公司的创始人及首席执行官迈克·阿什利起初拒绝遵从议会的命令，但他最终在委员会前作证，阐述了他作为公司的"船长"，无法了解公司"引擎室"内部发生的所有事情。他进一步解释，Sports Direct 有相应政策以保护员工的尊严，外部劳动力提供商是问题的部分原因，而他对这些实践并不知情。

议会特别委员会将这些劳动条件贴上了"维多利亚工作场所"的标签，并描述这种情况为无法接受。委员会进一步指控迈克·阿什利以牺牲 Sports Direct 的劳动条件来最大化利润，并违反了国家最低工资法规。公司对使用恶劣和非法手段的外部劳工机构保持了高度的控制，并被发现在向特别委员会提交的声明中提供了误导性的证据。Sports Direct 承诺改善工作环境和做法，并接受了特别委员会的访问，委员会也指示农民工牌照管理局调查 Sports Direct 及其劳工机构所使用的做法。

4.9　仓储中的风险和脆弱性

在可持续性的经济层面中，风险和供应链中断的问题变得愈加重要。全球化、极端精益的供应链（配备低库存水平）和库存集中化的趋势均加重了供应链的脆弱性，一旦仓库无法正常运行，后果就是严重的。仓库是供应链中必不可少的节点，仓库的损坏或丢失会对企业造成严重的中断，进而威胁其经济福祉。为供应链中断做好准备并不一定需要提高库存水平，而更多地依赖于风险评估、能见度和正确的供应链设计。

自然灾害和人为灾害可能会干扰公司的供应链。仓库在这种情况下可以起到缓冲的作用，有助于降低供应链风险；然而，即使位于相对安全的地方，它们本身也有可能面临风险。例如，分销中心或仓库的火灾将立即对业务运营产生重大影响。英国 Buncefield 油库的火灾就是一个很好的供应链中断的例子。2005 年的圣诞节前夕，Buncefield 油库突然爆炸起火，这对英格兰的石油分销产生了严重影响。另外，由于浓烟和油库爆炸导致的建筑结构损坏，附近的商业区的分销中心几天内无法进入。大部分库存不仅被爆炸破坏，还被灭火用的水淋湿。消防队用了几天时间才扑灭火灾。

在此期间，作为增长最快的在线时尚零售商之一的 ASOS 无法使用其中央仓库和配送站，也无法发出商品。该公司刚刚在几个月前搬进了其全球唯一的配送站。在圣诞节前，这件事对业务产生的重大影响使得其股票被暂停交易。尽管 ASOS 最后从这次交易中断中恢复了过来，但这个案例显示了仓库对一个企业可持续性的经济维度的重要性。

数据中心

随着计算机和互联网技术的出现和快速发展，一种新型的仓储形式出现了：电子数据存储。尽管在过去，实体文件通常被存储在归档建筑（实质上是仓库）中，但电子文件的引入并没有消除存储的需求。尽管纸质文档的存储可能会减少，但数据存储仍然对环境产生影响。存储电子数据的设施通常被称为数据中心。在数据中心内，大量的服务器执行计算操作以存储和处理数据。

尽管在建设阶段结束后，通过物理交通进出该场地的数量很少，但是通过通信技术在内外"传输"的数据流量却很大。需要处理和存储的数据量不断增加。数据中心和数据传输网络消耗了全球超过 2% 的电力，这比航空工业的电力消耗还要大。尽管能源效率有所提高，但过去数据中心能源使用量的增长极大，而且仍在高速增长。如果能源效率水平没有改善，并保持在 2010 年的水平，那么 2014 年的能源使用量将增加额外的 400 亿千瓦时。

由于互联网流量持续强劲增长，数据中心已成为节省能源的有价值目标。尽管大型数据中心的运营商已在采购可再生电力方面取得了进展，但这通常依赖于购买基于信用点的系统。数据中心需要连续运行，尤其在办公时间后的高峰期，即使在可再生能源发电量无法满足需求的时候，也必须能获取电力。

在数据中心，我们可以在四个主要点找到提高能源使用效率的机会：冷却系统、服务器负载和计算设备、电力转换与分配，以及替代能源发电。

数据中心的电力消耗主要包括两部分：供应侧（例如冷却、照明等辅助系统）和需求侧（如服务器电源、处理器和通信设备等计算设备）。因此，更加高效的服务器组件对整个数据中心的能源消耗产生了杠杆效应，因为它们不仅节省了"生产"过程中的能源，还减少了辅助系统所需的能源。

通过改进空气管理，可以减少冷却所需的能源。优化冷空气的分布和废热的收集用于能源生产，可以在数据中心的设计和运营阶段进行解决。平均来看，冷却过程大约占据了数据中心能源消耗的 43%。冷却需求是 Facebook 在 2013 年在瑞典建立自己的 30,000 平方米数据中心的原因之一。由于该地区大部分时间气温较低，即使在夏季也不超过 20℃，所以每年有 10 个月可以使用室外空气进行冷却。

此外，Facebook 可以从附近的水电站为该数据中心主要获取能源，这进一步减少了其碳排放量。

对于数据中心性能基准测试的一个主要指标是功耗效率（PUE），即数据中心的总电力使用量除以 IT 系统的能源消耗。数据中心的效率越高，意味着其能源消耗越少。像 Facebook 在瑞典的那种尖端数据中心达到了 1.07 的 PUE 得分，而 Google 声称其所有数据中心的平均 PUE 达到了 1.12。另一方面，苹果公司在北卡罗来纳州建立了大型太阳能阵列公园，以构建其自有的绿色能源供应系统，并为其附近的数据中心提供可再生能源。

4.10　小结

仓库作为物流网络的核心节点，在物流网络设计中，其数量与位置对运输需求产生深远影响。同时，仓库建筑和运营活动也会对环境产生影响，这些影响分为建设和运营两个主要部分。施工阶段的排放通常与运营阶段的排放相互抵消。在建设过程中采用更多的隔热材料，意味着建筑物需要更多的能源，但在日常运营过程中消耗的能源却更少。因此，预期的仓库建筑寿命是这种固有能源和运营能源之间权衡的关键组成部分。

尽管仓库能源消耗的大部分在设计阶段确定，但后续的能源和水资源节约措施，如温度控制或照明系统的升级，可以进一步减少其能源消耗和降低对环境的影响。值得注意的是，仓库可能由多方（如物流服务提供商或房地产投资者）共享，它们的利益差异可能导致最终实际应用的解决方案不太理想，并不是最有利于减少碳排放量的方案。

另一方面，作为就业场所，仓库也属于可持续性"三重底线"（经济、环境和社会）的社会维度的范畴，因此，员工福祉也是可持续性问题需要考虑的重要一环。

第 **5** 章

产品设计、清洁生产和包装

5.1 背景

传统意义上产品设计、生产和包装的主要目的是在满足产品定价策略、规格和客户需求的同时降低成本。此外，还必须遵守卫生、安全和环境法规。过去，人们对自然资源、能源、化学品的使用及其对工人健康的负面影响，以及产品生产和使用中排污量的关注度相对较低。在线性经济模型的指导下，人们对于创建可以回收和再利用产品、部件和材料系统的努力相对有限。然而，现如今有越来越多的证据显示，供应链在管理产品设计、生产和包装方面的操作，是导致各种环境可持续性、健康、安全和社会问题的主要原因之一。过度依赖提取初级材料的生产系统也导致了大量的碳排放和环境破坏。

2001 年夏季，美国西部和加拿大的社区因长期干旱和火灾受到严重冲击。水资源短缺问题看似与供应链无关，但实际上，仅生产一条牛仔裤所需要的棉花就要平均消耗 8500 升水（世界自然基金会，2012 年）。相比之下，一个人一天大约只需要消耗两升水。水资源也用于生产食品、饮料、工业作物、牲畜和鱼类，以及发电。此外，牛仔裤的印刷和染色过程涉及有害物质，如镉、铬、铅和汞，这些物质被发现在很多国家非法排放到河流中，导致影响了许多工人的健康。作为消费者，我们可以通过选择更环保的材料，并支持那些在供应链中优先考虑环境和社会责任的公司来改变这种情况。

一些发展中国家，例如印度尼西亚、越南和土耳其等，工业废水或排泄物的排放管理执行力度不足。这导致大量的有害物质被排放到水体系统，例如印度尼西亚的奇塔隆河，土耳其的埃尔根河和比约克·门德雷斯盆地。这些污染不仅对水生生物和其他食物来源造成威胁，还破坏了食物和农业生产的主要水源。全球70%的河流和地下水被用于农产品的生产（联合国粮食及农业组织，2011年）。许多水体系统面临着被严重污染的风险，同时，许多国家的农业产业受到水资源短缺的威胁。此外，上游地区大坝的建设严重影响了下游国家的水供应。水资源短缺现象已经波及全球大约12亿人口，几乎占世界人口的五分之一（联合国教科文组织，2012年）。预计到2050年，将有18亿人口生活在水资源绝对匮乏的状态下，即人均每年可用水资源少于500立方米（联合国粮食及农业组织，2011年）。

基于自然资源基础理论，Hart于1995年和1997年提出了一种可持续发展的框架。这个框架可用于指导我们在管理产品设计、生产和包装的过程中转变方式。根据这个框架，第一个阶段是实现污染预防，即从污染控制转向污染预防。虽然一些发展中国家的工厂仍存在污染控制问题，但这些国家要真正实施达到发达国家标准的环保法规可能需要很长的时间。来自非政府组织（NGOs）、监管机构及发达国家买家的压力可能会推动一些积极的变化。一些公司已经开始不再依赖端到端的解决方案来控制污染，而是重塑他们的产品并采取减少污染、减少能源和材料消耗的生产过程。然而，投资于污染预防可能导致某些国家失去成本竞争力，进而可能造成就业机会的损失。为了解决谁应该支付污染预防措施的问题，我们需要寻找新的可持续发展的融资方式。

下一个阶段的重点是产品监管，将更多的努力投入到最小化产品全生命周期内的环境影响上。这一阶段将通过减少从原材料提取到产品生命周期管理末端管理的自然资源和能源的使用来进一步实施污染预防工作。这意味着我们需要重新审视产品设计，采用更环保的设计。在产品设计阶段，公司将审查与产品设计相关的关键决策，以便使用更环保的原材料和包装材料，并采用更有利于环保的产品设计，如可回收或可恢复设计，而不是依赖未经处理的原材料和填埋。产品的设计可能会被调整，使得拆解和分类更容易，以方便产品、零部件和原材料的逆向流动、循环或恢复。这也意味着公司需要扩大其环境管理工作，与供应商、客户、政府和 NGOs 合作。在这个阶段，公司可以抓住机会在行业中制定新的环境标准，以获取可持续性发展优势。

在第三个阶段，公司应鼓励投资规划和开发清洁技术，以实现整个供应链的可持续性发展。这是因为我们现今的生产方式仍对环境有害，消耗了大量的能源和自然资源。许多发展中国家的部门过于依赖低工资的工人和非可再生的能源和材料。发电厂、农场和工厂消耗了大量的水和化学物质。我们需要新技术，如生物技术、更清洁的化学工程、农业技术和可再生能源。例如，已有大量研究致力于开发无须水清洗的衣物和洗衣机。根据自然资源观，我们需要共享的愿景来解决上述社会和环境问题，并实现可持续性发展。

5.2　环境友好的产品设计和可持续性物流

通常而言，工业设计师主要关注如何通过降低成本、提高易用性以及提升产品美观度和独特性来实现产品的改进。而现在，环保设计（DfE）或生态设计正在成为工业设计师和原始设备制造商（OEMs）的主要关注点，他们认识到产品对环境的影响有 80%以上在设计阶段就已经决定了。因而，环保设计应遵循可持续发展的原则，其目标是同时实现环境可持续性、经济安全和社会福祉。另外一个可以用于指导环保设计的概念是循环经济。根据艾伦·麦克阿瑟基金会对循环经济的定义，循环经济强调通过设计实现恢复（技术层面）和再生（生物层面），旨在最大限度地利用和提高产品、零部件和材料的价值。在这些原则的指导下，工业设计师开始解决由材料和资源获取、制造过程、产品包装和产品处理所造成的生态破坏问题。

环境设计、生态设计和循环经济设计可以通过关注原材料的选择、最小化水和碳足迹、面向更为清洁的生产和可持续性消费的设计，以及可持续性物流和环境来实现。如图 5.1 所示，这些关键原则可以应用于解决价值链或产品生命周期中的 5 个主要阶段的可持续性问题：原材料、制造（工厂）、运输（分销）、使用和终端管理。两组半圆代表再生和恢复；前者代表将生命周期结束的废弃产品转化为有用的生物化学品或生物燃料的技术，后者代表延长、重复使用、翻新、再制造和回收废弃产品、其组件和材料的方法。

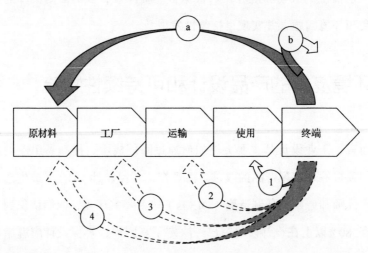

恢复循环较低的虚线箭头：1-共享、维护、延长；2-重新使用/再分配；3-翻新/再制造；4-回收。再生循环上部箭头：a-生物化学原料；b-沼气。

图 5.1　环境设计

5.3　材料选择

产品设计中的材料选择是一项具有挑战性的任务。我们使用的大部分关键原材料都是有限资源。例如无烟煤、铝土矿、铍、橡胶、铬、煤、钴、钻石、金、铟、铁、锰、镍、铂、硅、银、钛、钒、水、原油和天然气等材料对人类生活至关重要。其中有些材料非常丰富，但其他的则不然。假如这些材料无法被重复使用和回收，则将会有一天变得稀缺。因此，使用回收材料有助于减少对环境的破坏。矿业开采往往涉及对劳动力的剥削和有害化学物质的使用。此外，像钽石(钽)、锡石（锡）、金和钨石（钨）等开采于刚果民主共和国或其邻近国家的矿物被用于资助犯罪或战争，因此，它们被称为冲突矿物。同样地，在钻石供应链中也存在冲突钻石或血钻。

用于制造电子设备的材料，如砷、汞、铅和酞酸盐，现在正在被许多制造商逐步淘汰，因为它们在生产或处置过程中对人类和环境有害。用于处理不同原材料的制造技术可能消耗大量的水和能源，并产生大量的空气、液体和固体污染物。材料的选择取决于可用的制造技术。在各种行业中，管理者可能知道某些物质有助于满足产品规格，但它们也可能具有危害性。有许多类型的有害物质：

- 爆炸物
- 易燃物
- 氧化剂和过氧化物
- 有毒物质
- 引起疾病的物质
- 放射性物质
- 致突变物质
- 腐蚀性物质
- 刺激性物质

这些物质（无论是化学物质还是其他类型的物质）可能会对人类、动物、植物、财产或环境造成伤害。

表 5.1 提供了一份精选的有害物质清单，其中大部分物质已被纳入有关有害物质的核心指令和法规中。有些物质的危害程度极高，我们应尽量避免使用。值得注意的是，其中一些物质在某些国家被禁用，但在其他国家则被允许使用。

表 5.1　有害物质清单

材料	常见用途	环境和社会影响
酸和碱	用于各种清洁过程和化学品生产	在工业中使用的高腐蚀性液体，可侵蚀金属并破坏生物组织
砷	用作铅弹和电路的合金，作为农药和木材防腐剂，也用于微芯片产业和铜生产业	有高度毒性和致癌性。接触农药和木材防腐剂的工作人员可能会接触到砷。可能导致不育、流产、皮肤问题和脑损伤
石棉	曾广泛用于建筑中，主要用于绝缘。仍用于制造垫圈、刹车、屋顶和其他材料	吸入后可能导致肺癌和间皮瘤
镉	用于电池、颜料、金属涂层和塑料中。也用于核电站。由锌冶炼产生	暴露风险来自金属冶炼厂、香烟烟雾和被污染的食物。吸入镉会损伤肺部和肾脏，并可能导致不育和癌症。它可能污染地表水，毒死蚯蚓和土壤生物
铬	用作防锈涂层，作为涂料颜料，还用于木材防腐剂和制皮革的液体。也用于皮革和纺织品生产	吸烟的人或在钢铁和纺织工业工作的人可能会接触到铬化合物。他们可能会出现皮肤和呼吸道问题，肾脏和肝脏损伤以及肺癌。铬对生物可能有毒
临床废弃物	医院必须处理大量的注射器、药物瓶和其他材料	可能传染病、传播病原体和有害微生物
氰化物	压缩的氰化氢气体用于船舶上灭鼠和杀虫，也用于树木上杀虫	大剂量可导致麻痹、痉挛和呼吸停止。长期暴露于低剂量可以导致疲劳和虚弱
二甲基呋喃（DMFu）	用作家具和鞋中的杀生物剂，防止运输过程中发霉	皮肤过敏
铅	用于生产电池、弹药、油漆、金属产品如焊料和管道，以及用于防护 X 射线的设备	如若摄入或吸入，则可能损害神经系统、肾脏和生殖系统
汞	用于生产氯气、烧碱、温度计、牙齿填充物和电池	可通过污染的空气、水和食物，以及牙科和医疗治疗暴露。高浓度可能损伤大脑、肾脏和发育中的胎儿
PBB 和 PBDE	多溴联苯（PBB）用于生产诸如电脑显示器、电视、纺织品、塑料泡沫等产品，使其难以燃烧。多溴联苯醚（PBDE）也有相同的功能	可能导致恶心、腹痛、食欲减退、关节痛、疲劳和虚弱，也可能出现皮肤问题
PCBs	这些化合物在工业中用作热交换液，用于电力变压器和电容器，也作为油漆、无碳复写纸、密封剂和塑料的添加剂	对神经系统、生殖系统、免疫系统和肝脏构成风险

材料	常见用途	环境和社会影响
POPs	持久性有机污染物包括敌百虫、克百克、克洛地酮、狄氏杀虫剂、滴滴涕（DDT）、敌杀础、七氯、六氯苯、六氯环己烷、林丹、米瑞司和杀线虫剂，通常用于农业中控制害虫	POPs 是一类化学物质和农药，它们在环境中存在多年，从释放点远距离传播，生物富集（因此对食物链顶端的人类和动物构成威胁），并引起一系列健康影响

在法规和可持续性发展的双重推动下，如今大多数制造商已经制定了禁用和限制使用的物料清单，以及优选物料清单。像惠普（HP）和戴尔（Dell）这样的具有前瞻眼光的制造商，一直在更新危险物质监控清单，并对可能在未来被阶段性淘汰的物料进行评估，这些都超出了当前强制性法规的标准要求。这些清单已被整合到公司及其供应链的环境管理流程和协议中。

ISO/IEC 17050-1:2004 等标准，为供应商的符合性声明设定了通用要求，适用于需要或必须提供此类声明的情况。目前，许多制造商都有自己的供应商行为规范。

同时，我们需要一个高效、集成的信息系统，以便应用和遵守这些物料清单，以此推动企业设计出无危害且对环境无损害的物质，同时也能减少能源和其他自然资源的消耗。下面的案例研究将详细解释如何实现这些目标。

走向一体化环境产品设计：绿色电子产品

2017 年，绿色和平组织发布了修订版的《绿色电子产品指南》（*Guide to Greener Electronics*）。该指南研究了三个可持续性指标领域：可再生能源与气候变化、可持续设计与资源使用，以及有害化学品的消除（产品和供应链）。在接受评估的 17 家公司中，只有 4 家公司（Fairphone、苹果、戴尔、惠普）在这些指标上获得了 A-、B 或 B-的评级，这表明全球大多数电子制造商还需要做出显著的改进。

Fairphone 是一家主要面向欧洲市场的移动电话或手机的小型制造商。其主要目标是设计一款既不会剥削工人也不损害地球的手机和供应链。通过采用模块化设计，该公司证明了修复和升级手机是可能的。Fairphone 提供的独特解决方案是通过为所有欧盟客户推出回收计划来延长产品寿命、回收和再利用闭环材料。据报道，Fairphone 使用了 50% 的回收塑料和钨。为了发布详细的实质性评估报告，电子行业被迫直面 10 种优先材料的社会和环境影响：铜、钴、镓、金、铟、镍、钽、锡、钨和稀土。其中一些材料是"冲突矿物"，可能直接或间接支持采矿国家的非国家武装组织，威胁采矿工人在开采和加工过程中的健康，并涉及童工或强制劳动。这些问题需要更多的透明度。Fairphone 提供了关于其供应链的信息地图、详细的生命周期分析以及对其手机内有害化学物质的限制。Fairphone 已经消除了一些有害物质，例如 PVC 和《有害物质限制指令》（the Restriction of Hazardous Substances Directive，RoHS）所要求的物质。绿色和平组织敦促 Fairphone 公布一个完整的产品和工艺化学品的受限物质列表。同时，Fairphone 成为"清洁电子生产网络"（the Clean Electronics Production Network，CEPN）的成员也意味着其承诺在电子产品生产过程中将工人暴露于有毒化学品的风险降至零。

苹果公司大力投资，以实现其数据中心使用 100% 的可再生能源，并且成为首家将此承诺向上游供应商扩展的公司之一。苹果公司宣布的一个重大目标是，通过使用 100% 的闭环来源，消除对新矿物开采的依赖。苹果公司面临的一个大挑战是，其设备的设计使得修理或升级变得困难，这意味着设备的寿命不易延长。这种策略使其更容易选择和采用最新的技术，但这也可能冒着破坏苹果公司的环保声誉以及转向可维修和模块化手机设计的风险。尽管苹果公司提供了回收方案，但它未能完全公开其回收的使用材料以及这些材料的再循环内容。显然，与合作伙伴的"必须销毁"协议意味着一些回收的手机是被销毁而不是被修复或翻新。苹果公司需要通过公开其所消耗的总资源和从闭环物料流中获取和使用的材料数量，更透明地展示其实现闭环利用的进度。此外，还需要重新考虑设备设计，而不是仅依赖使用专有螺丝和黏合剂，这会使设备更难拆卸。在美国的几个州，"维修权"立法的压力正在增加。在欧盟，最初的关注点在于冰箱、冰柜、洗碗机、洗衣机和电视的维修权，但现在这一权利也可能扩展到手机和电脑。苹果公司需要重新考虑其手机的设计、修理、升级以及为了回收利用而进行的拆卸方式。苹果公司在设计其笔记本电脑方面拥有丰富的经验。尽管它设计了可以拆卸一个 iPhone 型号的 LIAM 机器人，但许多新的 iPhone 是无法拆卸的设计。

苹果公司公开了其前 200 名制造供应商名单，同时发布了产品限制物质清单

（ Product Restricted Substances List， PRSL ） 和 制 造 限 制 物 质 清 单
（ManufacturingRestricted Substances List，MRSL）。苹果是最早淘汰 PVC 使用的公
司之一，并已经超过了 RoHS 的要求。与此相比，许多其他电子制造商在绿色和平
组织的评估中未能公布详细信息，或者只提供了选定供应商名单。在绿色和平组
织评级为 "D" 或 "F" 的公司中，亚马逊公司（Amazon）作为电子制造商需要在
所有的能源、设计和化学标准方面做出重大改进，因为其市场规模巨大，生产 Kindle
电子阅读器、Fire 平板电脑和 Echo 等产品。由于亚马逊公司在温室气体排放透明
度和有害化学物质限制方面没有达到法律要求，绿色和平组织给予其差评。此外，
亚马逊公司发布的关于冲突矿物的报告，虽然符合美国 "多德-弗兰克法案的" 要
求，但被认为付出的努力不够，因为报告中几乎没有详细的信息或分析。亚马逊
公司被批评没有宣布其设备重新设计以使用再生或闭环材料，亚马逊本可以利用
其广泛的退货网络来促进维修、再利用和回收，然而，由于缺乏透明度，不知道
哪些设备正在维修、升级，以及哪些材料正在被回收或再利用。像苹果公司一样，
亚马逊公司也参与了一个联盟，以阻止一些州的 "维修权法案"。这种对污染预防
的抵制在电子行业仍然普遍存在。

在产品设计上，我们应倾向于使用清洁、可重复使用和可回收的材料，这需
要我们熟知众多材料和法规。举例来说，存在 58 个塑料家族，而针对不同应用使
用的塑料种类则超过 1000 种。随着科技的进步，所使用的原材料也在增加，例如
金属基质、先进复合材料、纳米材料、特种聚合物、柔性陶瓷和记忆金属。在纺
织工业中，理想的材料应无致癌物质、突变原、持久性毒素、重金属、内分泌干
扰物和生物累积物，这样的织物可以在使用结束后被安全地堆肥。但我们需要考
虑这些材料的成本和可用性，以及它们在生产和处理过程中对环境的影响。

这些织物的持续供应可能难以实现，对于非技术后勤人员和供应链专业人员
来说，理解这种科学知识也颇为困难。在选择设计可持续性产品的材料方面，有
一些对后勤和供应链专业人员有用的指导方针。比如，可以参考有害物质数据库。

- 有害物质数据库，美国国家医学图书馆。
- 优先危险物质清单，毒物与疾病登记机构。

- 欧洲化学品管理局发布的受 REACH 限制的物质清单。

- 美国环境保护署（Environmental Protection Agency）发布的受多项法规
管制的物质清单，详情请参阅其官网。

- 其他材料选择标准和工具，例如 Okala 生态设计，剑桥材料选择软件等。

尽管制造商可能会努力选择更为环保的材料和制造工艺，但它们还需要考虑
其他诸如供应可用性、供应可靠性、材料和工艺质量、交货周期以及成本等因素。
特别是从农业活动中获取的原材料供应，由于受到气候变化、过度捕捞、污染和
自然灾害的影响，可能会变得相当不可预测。从低成本生产国采购原材料虽可以
降低材料投入的成本，但可能延长交货周期和提高供应的不确定性。在某些情况
下，低成本采购甚至可能提高供应商使用不良劳动实践和对环境造成破坏的技
术的风险。

5.4　清洁生产

"清洁生产"与"污染防治"这两个术语在很多情况下具有相同的含义。在北
美，"污染防治"更为常用，而在世界其他地区，人们更倾向于使用"清洁生产"。
联合国环境规划署（UNEP，2022）给出了清洁生产一个经常被引用的定义：

"清洁生产是指对过程、产品和服务进行持续的综合预防性环境策略应用，以
提高效率并减少对人类和环境的风险。"

图 5.2 展示了清洁生产的主要原则，并阐释了它是如何提高成本效益、额外收
入以及优化环境性能的。清洁生产致力于提高能源、水和原材料的利用效率，在
生产过程以及向客户提供产品和服务的过程中预防不良污染。通过采用价值链生
命周期的方法，清洁生产寻求优化危险和非危险材料的再利用和回收。例如，水
果皮被用来制作动物饲料。清洁生产是一种综合战略，持续保护环境、消费者和
工人，同时提高企业的工业效率、盈利能力和竞争力。哈特（1995）的自然资源
基础理论支持了清洁生产的基本原则，他认为，为人类消费生产可持续性的产品
和服务是企业可持续性竞争力的基础。

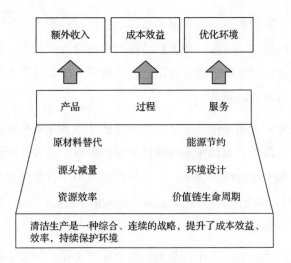

图 5.2　清洁生产

清洁生产要求行业转变思维模式。行业必须从忽视污染、稀释或散布污染，或者仅为了符合规定而关注末端处理或污染控制解决方案，转向认识到仅仅使用末端处理技术只是将废物或污染物从一个环境介质转移到另一个环境介质。

政府环境机构必须认识到命令和控制政策的弊端，因为这些政策可能会增加合规成本，并鼓励公司寻找其他更便宜但仍然污染的解决方案。为了实施清洁生产，需要理解以下概念。

- **生态效益**：1992 年，世界可持续发展工商理事会首次提出了"生态效益"这一概念，定义为"在至少达到地球预计承载能力的水平上，提供满足人类需求、提高生活质量的商品和服务，同时在整个生命周期中逐渐降低生态影响和资源密集度。"生态效益是指用较少的能源和自然资源生产出更多的商品和服务。生态效益型企业能够更有效地利用其原材料，同时减少废物和污染的产生。

- **废物最小化**：这个概念由美国环保署在 1988 年提出，强调采取预防性的废物管理策略。该策略通过改变原材料的输入、改进技术、调整操作实践以及优化产品设计，从源头上实现废物的减量。同时，它也推崇将经过回收处理后的废物进行再利用，从而实现现场内和现场外的废物最小化。

- **零废弃**：零废弃是一种设定废物最小化目标的策略，其核心目标是不将废物送往填埋场。这一理念鼓励我们重新设计产品或资源的生命周期，使生产过程无废物，或者利用新技术将所有废物转化为可回收材料、能源或其他有用的物品。

- **污染预防**：美国环保署定义，污染预防注重的是源头减排。这意味着我们需要在污染发源地预防或降低废物的生成。此外，应提高原材料、能源、水和土地的使用效率，污染预防也致力于自然资源的保护。美国的《1990 年污染预防法》（*Pollution Prevention Act of 1990*）将污染预防作为其国家环保政策的一部分。

- **绿色生产力**：与清洁生产相似，绿色生产力是一种旨在提升生产效率和环境绩效的策略，以推动社会经济的全面发展。亚洲生产力组织（the Asian Productivity Organization，APO）利用绿色生产力的理念来应对可持续性生产的挑战。与此类似，例如欧洲委员会等机构采用了"资源效率"这个概念。

- **工业共生**：工业共生是一种生态工业发展方式，它将工业生态学的概念应用于实践，让一个产业生成的副产品资源（例如废物、热量和水）能被其他产业使用。工业共生重视能源和材料的交换，推动不同产业间共享信息、服务、设施及副产品，以此提升价值、降低成本并改善环境绩效。Kalundborg 共生是世界上第一个实际运行的工业共生系统，其中的公私企业通过相互购买和销售废物，构建了一个工业生产的闭环系统。该系统通过回收和再利用，帮助节约了数百万立方米的水。

清洁生产强调运用"综合"和"预防性"策略，而非典型的末端处理手段。基于清洁生产的相关概念，以下一般性原则可适用于整个生产周期：

- 降低生产单一产品所需的原材料和能源消耗。

- 确保更高效地利用原材料、能源和水，提升生产力。

- 从源头减少废弃物和排放物，改善环境绩效。

- 设计环保且具有成本效益的产品，以减轻产品在其生命周期中对环境的影响。

● 从源头减少产生并释放的所有排放物和废物的数量和毒性。

● 尽可能减少有毒和危险材料的使用。

实际上，公司可以根据自身情况制定清洁生产的原则。以下是针对清洁农业生产的典型原则示例：

● 最小化农作物保护措施的有害影响。

● 最小化促进作物生长做法对环境的不利影响。

● 高效利用水资源，并重视水资源的长期可用性。

● 关注土壤健康。

● 保护自然栖息地。

● 关注和维护农产品的质量和健康效益。

● 回收和再利用包装材料。

● 推动公平劳动和良好的工作环境。

为了有效实施以上原则，公司需要寻找实施清洁生产的机会。许多机会与精益生产工作有关。采用 ISO 9001 标准通常为有效接纳 ISO 14001 以及废物减量工作奠定基础。采用 5S（整理（sort）、整顿（set in order）、清扫（shine）、标准化（standardize）和持续保持（sustain））或良好的作业环境，可确保生产材料标签清晰、放置正确，从而实现更有效的使用。良好的作业环境有助于防止危险材料的泄漏和溢出，同时也为标准化的操作和维护程序、实践以及全面预防性维护（Total Preventive Maintenance，TPM）的有效实施打下基础。运用统计过程控制（Statistical Process Control，SPC）等更好的过程控制技术，有助于减少过程变化，进而降低废品和返工率。利用有用的副产品进行生产，有助于减少原材料的消耗，同时节省成本。其他副产品可以收集进行现场回收利用，有的甚至可以作为另一种收入来源出售。通过被称为"产业共生"的概念，可以交换副产品和能源。工人在不需要时应关闭照明和空调。实施这些机会中的一些可能需要最小的财务投资。其他可能需要一些初始投资的机会包括物料替代和产品修改，这将需要改变产品设计和制造过程。产品设备可以通过采用最新的技术（如传感器）进行改进，以实现预防性和预测性维护。此外，生产专家还可以考虑改进设备和变革技术。

5.5 技术创新

通过技术创新，我们可以实现清洁生产。在纺织染色过程中，这种创新可以通过以下几种方式实现。

- 瑞典研究员玛丽亚·琼斯特鲁普为改善纺织染色过程废水的净化技术进行了实验。她利用了来自纺织和市政废水处理厂排水系统中的真菌酶和细菌，并结合了生物和化学净化技术。她还与瑞典服装公司 Indiska Magasinet 及其供应商一起，对新技术进行了大规模的测试。

- 2012 年，一家名为 DyeCoo 的荷兰公司研发出一种新型设备，这种设备可以在工业规模上使用二氧化碳替代水来染涤纶。这种染色过程被称为 Drydye，经此过程染色的织物与传统染色织物在质量上无异，但不使用水。此过程的能源和化学品消耗量减少了一半。全球知名品牌如耐克和阿迪达斯已与 DyeCoo 公司建立了合作伙伴关系。2013 年，一家为耐克代工的中国台湾公司开始采用 DyeCoo 的技术。

- 2012 年，一家名为 ColorZen 的公司开发了一种可以改变棉花分子构造的处理方式，使棉花更易于接受染料，且不产生有毒废水。他们在大约 400 磅的棉纤维上测试了这种配方，成功地减少了 95% 的化学品、90% 的水、75% 的能源和 50% 的染料的使用，在不到标准 8 小时的三分之一的时间内完成了染色。

- Novozymes 是一家专注于开发生产酶的公司，其产品广泛应用于食品、衣物洗涤剂、生物能源产品、农业食品产品和药品等领域。2014 年，该公司因其专利的 Combi 工艺，获得了染色家和色彩家协会（the Society of Dyers and Colourists，SDC）的创新奖。Combi 工艺采用中性纤维素酶代替酸性纤维素酶，使纺织制造商能够在染色阶段同时进行生物抛光和漂白清洁过程。这种新工艺节省了时间、水、能源，最终也降低了成本。

更清洁生产纺织物的趋势

纺织工业是许多发展经济体重要的就业和经济增长贡献者。然而，通过农业和聚合物生产活动生成纤维的过程产生了约 8%～10%的全球碳排放，这比所有的航班和海上运输加起来还要多。

纺织业是继石油工业后的第二大污染源。纺织业也被认为是最"脏"的行业之一，因为其湿法加工过程需要大量的化学品和水。在纺织工业中使用了数以千计的不同化学品，如汞、镉、铅、铬、漂白剂、洗涤剂、增白剂等。其中一些化学品用于将棉花等天然纤维制成纱线，但大量的化学品用于染色和清洗面料。纺织工人，特别是参与湿法加工的工人，暴露在可能导致急性中毒、呼吸问题、哮喘甚至癌症的有害化学品中。有些对环境有害的化学品甚至存在于最终的纺织产品中。

正如之前提到的，生产一条牛仔裤所需的 1 千克棉花需要大量的清洁水，同时需要大量的化学品并排放有害的废水，这都对自然环境造成了破坏。据估计，2016 年英国制造衣物纤维消耗了约 80 亿立方米的水。一项针对 15 个欧洲国家的研究将意大利排在第一位，意大利生成约 465,925 吨纺织废料，其中 265,582 吨被填埋，146,934 吨被出口。Ellen MacArthur Foundation（2017）指出，仅有 1%的用于生产衣物的材料被回收再生，87%的材料在使用后被填埋或焚烧。许多非洲国家过去曾是出口纺织废料的热门目的地，现在这些国家为了保护自己的纺织产业，已经停止进口二手衣物。

然而，据 WRAP（2017）估计，到 2050 年，为满足英国市场生产纺织产品所需的原材料的需求将增加两倍。纺织业需要大大提高生产的清洁度，建立循环纺织品供应链，并大幅减少消费。

以上的问题是纺织品和服装零售商及贸易公司制定受限物质清单（Restricted Substance List，RSL）的原因之一。这些公司通常在特定品牌名下进行交易。RSL 是一份公司希望在其产品中消除或将含量控制在规定以下的化学物质清单。清单的有效性依赖于如何选择、监督和管理供应商。然而，这种努力并未能阻止工厂使用有害物质并将它们排放到自然环境中。这是一种被动的方法，供应商只有在被客户严格要求时才会提供信息。

为了控制化学品的选择和使用，一些公司采用了诸如全球有机纺织品标准（Global Organic Textile Standard，GOTS）和 Oeko-Tex 标准 100 等生态标签或标准。Oeko-Tex 要求供应商公开生产过程中使用的原材料和每个生产阶段使用的每种化学品的详细信息，并通过第三方测试和认证进行验证。Greenpeace 的 Detox 运动进一步向纺织行业施压，要求参与零有害化学物质排放（the Zero Discharge of Hazardous Chemicals，ZDHC）制造受限物质清单（Manufacturing Restricted Substances List，MRSL）。

在纺织生产中使用的大多数化学品并不环保。尽管存在一些已通过 Oeko-Tex 系统认证的知名化学品制造商（如 Dyestar、BASF、Clariante），但许多工厂通过交易代理或当地化学品制造商获取化学品，对于所使用的化学品并不透明，有时，主要问题在于没有对化学品使用做出适当的记录，以及供应商对满足文件记录要求的被动态度。在"竞争到底"政策的鼓舞下，新的纺织工厂在废水排放透明度要求更低的国家建立。例如，印度尼西亚的西爪哇地区，尤其是 Rancaekek 地区，被 Greenpeace 描述为"污染天堂"，因为他们发现为许多全球知名品牌供应服装的不负责任的工厂，将铅、汞和砷排放到了 Citarum 河中。

虽然 GOTS 和 Oeko-Tex 等标准和认证主要集中在原材料和半成品上，但也有其他标准覆盖整个供应链。例如，Bluesign 系统旨在整合整个供应链，以减少其对人类和地球的影响。Bluesign 为纺织企业开发了"了解你的投入"的输入流管理方法。重点是在生产的每个阶段而不仅仅是在成品阶段，检测化学品投入并确定风险。Bluesign 系统物质清单（the Bluesign System Substances List，BSSL）限制了化学品的使用，该标准确保生产设施采用最佳可用技术（the Best Available Technique，BAT）来适当使用化学品。

重视透明度，以便生产设施可以受到联合国全球契约（the UN Global Impac）的观察。只有在供应链所有生产阶段都符合这些标准的公司，才能获得 Bluesign 标准。通过云计算解决方案，Bluesign 允许标识化学品的使用，直到第三层次的化学品供应商。

在 Greenpeace 于 2011 年发布两份《不可告人的秘密》（*Dirty Laundry*）的报告和"排毒"（Detox）运动后，据《目标零排放》（*Destination Zero*）（Greenpeace，2018）报告，约 72%的 80 个服装品牌和供应商（包括耐克、彪马、阿迪达斯和 H&M）已在其整个供应链和产品生命周期中消除了所有危险化学物质的排放。报告强调，尽管还需要解决一些技术难题，但制造业国家的政策制定者需要将最佳实践转化为法规，并且化学工业需要更加透明，开发更安全的替代品。在发达国家被禁止的一些持久性化学物质，如全氟化学物质（PFC），甚至在发展中国家的现代化处理设施中也未被处理，这意味着只能选择零使用。这促成了"清洁水运动"和对危险化学物质零排放（Zero Discharges of Hazardous Chemicals，ZDHC）小组的依赖。

清洁生产应该被纳入环境管理系统（Environmental Management System，EMS）之中，以实现环保管理工作的整合。EMS 是一个正式的系统和数据库，用于整合人员培训、监测、总结以及向公司内外相关方报告环保绩效信息的程序和流程。它为管理者提供了一套正式的规则和资源框架，用于建立推动创新并有助于实现公司环保目标的组织惯例。同时，EMS 也是创建环保意识并提供员工培训的主要机制。

ISO 14001: 2015 是一种 EMS 的国际标准，也是全球最为广泛使用的 EMS 标准之一。另一种主流的 EMS 标准是欧洲的环境管理和审计方案（Eco-Management and Audit Scheme，EMAS）。这两个标准在结构上相似，但在某些关键要素上存在差异。例如，采用 EMAS 标准的公司必须符合相关的环境法规，而 ISO 14001: 2015 只要求对法规的遵守，这并非保证其认证的必要条件。此外，EMAS 标准的执行由每三年进行的强制性审计来确保，审计过程涵盖所有要求，并公开发表审计声明。而 ISO 14001:2015 的审计则只需检查环境系统绩效与内部基准的一致性；如果没有改进，并不会受到处罚，审计频率由各个企业自行决定。ISO 14001:2015 的最新修订版在组织的战略规划过程中加大了环境管理的重要性，强调领导的角色在推动环境管理中的重要性，希望组织能更积极地保护环境，从仅仅改进管理系统转向实际改善环境绩效，增加对产品设计和开发所带来的环境影响的控制和影响力，以应对生命周期各个阶段的问题，提高沟通和文件记录的实践。ISO 标准每 5 年进行一次审查。虽然 ISO 1400 和 EMAS 构成了集成管理系统的基础，但是领先企业通常还会获取纺织行业最严格的自愿性标准认证，比如 GOTS、Bluesign和 ZDHC。

针对环境改善目标的设定，国家和企业正面临一项挑战。虽然设定像实现净零排放或淘汰特定化学物质使用这样的目标是常态，但实际上，以净零排放为例，尽管它现在正逐渐被各行业作为基准，但由于它依赖于可能实施或可能不会实施的抵消措施，因此并不能真正减少温室气体排放。更为有效的方式是基于资源使用来设定目标。

举例来说，"4 倍因子"（Factor 4）理念提倡用一半的资源产出两倍的效益（Weizsacker 等人，1998）。也就是说，只需用四分之一的资源，就能实现产品提供的同样功能。为了达成这个 "4 倍因子" 目标，Weizsacker 等人（1998）依据 "服务单位的物质输入量"（Material Input per Service，MIPS）这个观念，提出了一个七步提高资源效率的过程。这个理念与 "价值工程" 非常相似，价值工程的目标是在为消费者创造相同价值（即功能或感知到的益处）的同时，减少产品部件的数量或使用的材料数量。

类似地，"4 倍因子"（Factor 10）理念提倡在相同的投入下获得 10 倍的产出，这个目标更雄心勃勃。另外，还有一些公司，比如 Patagonia，设定了大胆的计划，计划在其大部分产品中使用回收材料。这些计划的主要动机是推动环境创新。

总的来说，无论是 "4 倍因子""10 倍因子"，还是用回收材料等理念，都已经开始被各国政府和商业公司采纳并付诸实践，这些理念都代表了在环保上的创新探索和实践。

5.6 环保包装

全球范围内，包装行业的营业额超过 1 万亿美元，且包装的产值一直在增长。包装在支持生产、物流、供应链和市场营销活动中起着关键的作用，因为它可以保护商品，以标准装载单位（如纸箱、托盘和集装箱）包装和运输商品，同时还能为营销人员提供传达商品信息的途径。无论是食品、饮料、医疗保健、化妆品、电子产品还是服装等，几乎所有商品都需要包装。对某些饮料产品而言，包装甚至成为最昂贵的部分。

通常，商品的包装材料包括玻璃、塑料、纸张、纸板、木材和金属等。玻璃常用于饮料和液体的包装；纸张则用于轻质商品，而瓦楞纸板则适用于较重的商品；木材一般用于制作木箱和托盘；金属箱和罐则适用于装载和运输散装产品。其中，纸张和纸板是最常用的包装材料。

塑料正在日趋广泛地被用作包装材料。由于塑料的轻量特性，它既减少了运输的重量，又减少了包装物的浪费，这两者都有助于减少二氧化碳的排放。如果没有塑料包装，估计替代包装材料的总量将增加 4 倍，温室气体排放将增加 2 倍，成本将增加 1.9 倍，能源使用将增加 1.5 倍，废物体积将增加 1.9 倍。如果弃用塑料包装，将导致废弃物重量的显著增加，制作替代品的能源消耗增加，因此，包装成本也会随之增加。从超市的角度来看，到底应该给消费者提供纸袋还是塑料袋，这个问题仍存在争议。

例如，美国每年使用 1000 亿个塑料袋，约需 1200 万桶石油。如果每年只使用 100 亿个纸袋，则需要 1400 万棵树。每生产一吨纸袋所消耗的能源是生产塑料袋的 4 倍，纸袋的生产会比塑料袋产生更多的空气和水污染，而且回收纸袋所消耗的能源是回收塑料袋的 85 倍。

利用创新技术和适当的材料，包装还可以帮助节约资源，减少碳排放，使供应链成本降低。例如，包装在食品从农场到超市、再到我们的厨房的过程中起到了保护作用，从而减少了供应链中的浪费。这个原则同样适用于延长预制三明治和餐点的寿命。在超市，散装的水果和蔬菜比预包装的产品产生更多的浪费。塑料薄膜可将蔬菜的货架寿命从几天延长到两周左右。采用了改良气氛包装（Modified Atmospheric Packaging，MAP）的多层薄膜可将肉类的保质期从几天延长到一周以上。从生命周期的角度来看，生产一份肉类所使用的二氧化碳几乎是生产多层薄膜所使用的二氧化碳的 100 倍。

从技术上讲，所有包装材料都可以被重复使用、回收和再利用。然而，如果管理不善，包装也可能成为对环境有害的主要废物来源。这是因为，并非所有的包装材料（例如塑料）都是可生物降解的，而且有科学研究证明，这些材料可能会影响生物多样性。当塑料成为消费后的废弃物时，它们就变得有害了。由于塑料废弃物比较难以收集和回收，数百万吨的塑料制成的包装材料被管理得不善。大约79%的塑料最终会被填埋、倾倒或者进入自然环境，而它们需要数百年才能降解。据欧洲塑料工业联合会（PlasticsEurope）2019年的数据，在2018年全球生产的3.59亿吨塑料中，有40%被用于包装。同年，在欧洲回收的2900万吨塑料废弃物中，约25%被填埋，46%用于能源回收，32%被送去回收（部分出口）。许多发达国家只是简单地出口难以回收或代价高昂的回收或再加工的污染塑料废弃物。然而，自从中国禁止进口低质量塑料废弃物以来，许多发达国家不得不重新考虑他们使用和回收塑料包装的方式。

考虑到很多国家在有效回收和回收参与度方面存在缺陷，包装行业正面临着开发更多可生物降解包装材料或可用于无副作用能源回收包装材料的压力。例如，某些包装制造商研发了食品级可回收材料，如用于牛奶容器的r-HDPE。这种牛奶容器可被回收再制成塑料颗粒，以便再次制作牛奶容器。

对制造商而言，下列环保包装设计、生产和商业化的原则格外重要。这些原则构成了欧盟关于包装和包装废物的指令（94/62/EC）的一部分：

- 在满足包装产品和消费者所需的安全、卫生及可接受水平的最低要求的基础上，尽可能减小包装的体积和重量。

- 包装的设计、生产和商业化应考虑到重复使用、回收和再利用的可能性，以及在处理时对环境的最小影响。

- 在制作包装时，应确保在包装材料被焚烧或填埋时，有害物质和其他危险物质的含量最小。

- 为了能源回收而设计的包装应具有最低的热值，以优化能源回收。

- 为了堆肥处理而设计的包装应为生物可降解的，以不影响分离、收集和堆肥过程。

● 生物降解的包装应能够经受物理、化学、热力或生物分解，最终能够将
完成的堆肥分解为二氧化碳、生物质和水。

包装材料必须轻便但又足够坚固，以便装载商品。当前，研究和技术开发着
力于优化现有的包装材料，如轻质瓦楞纸板。对于网络商业存在与过度包装有关
的问题，需要进一步研究。而回收利用包装材料以及使用便于回收的标签，是尤
为重要的一个发展趋势。

食品杂货供应链的可持续性包装

全球对包装的需求显著增加，导致家庭垃圾增多，最终被送往垃圾填埋场，
或被丢弃在河流和海洋中。食品杂货零售商和消费品包装（CPGs）制造商为了广
告宣传、保护产品以及延长产品保质期，使用了大量包装材料。这就需要我们进
行重大改革，以减少包装和原材料的使用，并防止包装垃圾被送往垃圾填埋场或
被遗弃在自然环境中。

英国主要的杂货零售商 Sainsbury's 于 1869 年创立，至 2012 年已经运营了超
过 1400 家商店。其主营业务包括超市、便利店以及基于网络的家庭送货服务。
Sainsbury's 里的愿景是成为最值得信赖的零售商，人们乐于在此工作和购物。其
使命是以公正的价格为客户提供健康、安全、新鲜且美味的食品。Sainsbury's 的
运营方式主要基于 5 个价值观：1）过健康的生活；2）诚信采购；3）尊重环境；
4）为社区做出积极贡献；5）成为一个优秀的工作场所。

2010 年 9 月，Sainsbury's 是众多因使用过度包装而被起诉的公司之一，这基
于 1999 年引入的过度包装法案。他们在其产品"Taste The Difference Slow Matured
Ultimate Beef Roasting Joint"中使用了过量包装，将产品放入塑料热收缩膜中，然
后放入带有透明塑料盖的塑料托盘中，并用纸板套管包围。然而，过度包装的罚
款过低，无法对整个行业产生重大影响。尽管如此，塞恩斯伯里还是以减少其"Taste
the Difference"产品 70% 的包装来应对这个挑战。

自从 2018 年中国禁止进口塑料废料，以及家庭垃圾所导致的严重海洋污染被
充分认知之后，来自 NGO 和监管机构的压力与日俱增。Sainsbury's 是英国最早采
取可持续性倡议以减少环境破坏的超市之一。Sainsbury's 加入了与 Waste &

Resources Action Programme（WRAP）达成的自愿协议（Courtauld Commitment），目标是提高资源使用效率，减少碳排放以及降低杂货零售对环境的广泛影响。其"Plan for Better"（为更好而计划）倡议了三个相互关联的行动准则："Better for you"（更适合您）、"Better for the planet"（更适合地球）以及"Better for everyone"（更适合每个人）。Sainsbury's 计划在 2025 年前将塑料包装使用量减半。他们已经推出了一种在斯堪的纳维亚国家广泛使用的押金回收计划。截至 2021 年 6 月，Sainsbury's 已在其 520 个超市中试行了一项方案，成功地让客户回收了所有柔性塑料包装，而这些包装当地政府通常不会在日常生活场景中做街头回收。使用可生物降解的包装材料是另一个重大的发展方向。Sainsbury's 已经开始研究使用家庭可堆肥包装。Sainsbury's 用由玉米、甘蔗或淀粉制成的包装替代了塑料。这些包装材料可以自然分解。一个花园堆肥堆可以消除垃圾填埋或回收的需要。Sainsbury's 在 2001 年首次在少量食品上测试了这种家庭可堆肥包装的使用。它计划利用规模使"家庭可堆肥包装"成为主流。

英国的 Aldi 是一家折扣连锁店，该公司在 2020 年 7 月承诺截至 2020 年年底，会从其核心产品线中淘汰所有有问题的塑料包装，包括黑色塑料、PVC 和 EPS。此外，该公司计划到 2022 年实现其 100% 自有品牌包装可以重复使用、可回收和可堆肥，以及到 2025 年在 2019 年的基准上，减少 50% 的塑料包装使用。在商品运输方面，Aldi 已经使用可重复使用的板条箱取代纸箱，并取消塑料封盖。新鲜水果和蔬菜不再用塑料包装，而是以散装形式销售。

然而，许多商品还是需要包装的。有一些杂货超市向顾客提供重复装填购买商品的机会，以进一步减少对包装的需求。英国的另一家折扣连锁店 ASDA 在其部分商店中设立了补充装填区。他们通过与家庭食品品牌如 Yorkshire Tea、Kellogg's、雀巢、Napolina、Tilda 等合作，扩大了可以补充装填的核心产品种类，这甚至包括 Unilever 的 Radox 和 Persil 等非食品类产品，以及 Whiskas 和 Pedigree 等宠物食品。在约克最大的补充装填店，涵盖了超过 70 个品牌和自有品牌的产品。

这场包装"革命"也在很大程度上依赖于制造商所做出的承诺。例如，联合利华宣布了一个计划：到 2025 年通过加速使用回收塑料，使其对初级塑料的使用量减少一半。然而，可口可乐被绿色和平组织连续三年评为全球最严重的塑料污染者，因为其所有的软饮料瓶都是一次性使用的。过去，使用玻璃瓶进行再次装填是更好的选择。虽然如此，可口可乐已经承诺到 2025 年让全球范围内的 100% 的包装可回收，并且到 2030 年至少使用 50% 的回收材料。这将增加对回收塑料的需求，从而向地方政府施加压力，要求他们改善当前的塑料回收系统。然而，大多数地方政府并没有资金以及有效的系统来在源头（家庭）收集干净的塑料废弃物。制造商，例如联合利华，已经意识到他们需要帮助收集和处理比他们销售的更多的塑料包装。

5.7 可持续性消费与物流

2012 年，世界可持续发展峰会（World Summit on Sustainable Development, WSSD）承认并采纳了可持续性消费和生产的概念。1999 年的奥斯陆可持续性消费研讨会将其定义为："在满足基本需求和提升生活质量的同时，最大程度地减少对自然资源和有毒物质的使用，以及在产品或服务的生命周期内排放的废物和污染物，以保证不会危及未来几代人的需求。"这个呼吁旨在提升消费效率，改变消费模式，并减少消费。

经济合作与发展组织（Organisation for Economic Co-operation and Development, OECD）在全球范围内推动了可持续性消费和生产的马拉喀什进程，通过与各国政府及企业合作，鼓励对可持续性消费的采纳。政府采取了强制措施推动可持续性消费，并设立了确认能源效率的标准，还有一些自发性的可持续性标准限制制造商的能源使用。现如今，家电制造商，如冰箱、空调、洗衣机和烘干机、加热器、烤箱和照明设备制造商都必须符合能源效率标准，相关产品也被赋予特殊的标签，以指导消费者履行回收义务，并鼓励他们更广泛地参与产品的收集和回收。此外，政府也鼓励通过税收和收费来提高那些不太具备可持续性特点产品的价格。

然而，税收和收费常常不足以改变消费者行为。例如，税收和费用可以被用来限制汽车尾气排放（比如拥堵费、道路税）、家庭能源使用、用水和家庭废物的产生以及减少烟草和酒精的消费。反之，补贴和激励措施已经被用来鼓励购买并使用更加节能的车辆、太阳能电池板、太阳能和热水器，以及鼓励垃圾的分类和回收。

一些制造商为了开发在使用过程中更少消耗能源和水的新产品，已加大了研发投资。这种倡议可以从自然资源基础视角去解读。当一家公司研发更环保的新产品时，也同步设立了新的标准，以此作为一种竞争优势。例如，由美国环保局（the US Environmental Protection Agency，EPA）赞助、施乐和HP等领军企业创建的"能源之星"能源效率项目。这样的创新为公司创造新的收入流，部分公司成功地转变了其产品组合，使得更多的收入来源于让消费者能实现能源、水和成本节约的可持续性产品。

另一种策略是一些公司选择生产耐用产品以延长其寿命，减少浪费。对多数公司来说，这是一个颇具争议的商业或产品策略。生产并销售更耐用的产品可能意味着产品销售量的降低，即使这些产品能以更高的价格售出，但由于耐用性导致的价格溢价并不总能吸引消费者。例如，快时尚模式依赖于售出大量便宜且不太耐用的衣物，这与可持续性消费理念背道而驰。服装公司Patagonia的目标是制造出对环境无不必要伤害的最优质产品，并以此商业模式来启发和执行应对环境危机的解决方案。部分服装尽可能地使用回收材料制作，以提升耐用性。他们在2011年发起的广告"不要买这件夹克"解释了因为水源、土壤、渔业和湿地短缺而可能导致"环境破产"的情况，因为这些自然系统基本上是企业赖以运转的主要支持资源。Patagonia在广告中提到其最畅销的每件夹克消耗了足以满足45人日常需求的135升水，即使这些夹克由60%的回收聚酯纤维制成，但仍然存在重大的环境影响，例如三分之二的产品重量最终成为废物。该广告宣称这些夹克非常耐用，因此无须频繁更换。该广告是推广"减少、修复、重复使用和回收"理念的共同纽带倡议（Common Threads Initiative）的一部分。通过倡导"少买，多买旧的"理念，鼓励消费者通过eBay出售已经使用过的Patagonia产品。

然而，还有一些产品的耐用性或者可延长使用并不吸引消费者，要么是因为他们觉得负担不起，要么是因为他们对此并不了解。像手机这样的高科技设备由于新技术的不断推陈出新而频繁被淘汰，这就意味着，尽管这些设备可以被设计为可回收、翻新、再制造和再利用的，但我们仍然需要一个有效的回收计划，通过提供租赁、回购和押金选项来鼓励收集旧设备。

洗衣机也是一种如果制造得更耐用则能更有效地利用资源的产品。家庭人口规模的差异会导致单台洗衣机每年的使用次数差异巨大，例如，有些单人家庭每年的洗衣机使用次数仅为 110，而公共洗衣房每台洗衣机的使用次数则高达 1500 至 3000。消费者可能会选择购买一台能持续 2000 次洗衣寿命的入门级洗衣机，而不是一台能运行 10 000 次的高端洗衣机。因为保修期短（一至两年），普通消费者往往更倾向于购买质量较差的机器，尽管现在市场上有更加节能、节水的洗衣机。这种情况导致了洗衣机被频繁更换，从而产生大量废弃的洗衣机。为解决这一问题，制造商们重新设计了洗衣机，使得泵、电机和管道等易损部件可以被更换。新一代的洗衣机通过使用更耐用的部件和增强能源效率的功能（例如多样化的程序、传感器技术、自动配药系统）可以进行升级，以延长其使用寿命。新的设计理念甚至意味着洗衣机能通过简单地加载新的软件来实现升级。

然而，面向低成本洗衣机市场的问题不能通过提高机器价格的技术手段来解决。另一种可能的方式是，公司可以设计产品-服务系统，鼓励产品的长期使用和再利用。例如，消费者可能会被吸引到洗衣机的租赁服务，退回的洗衣机可以被修理、翻新，以便可以重复使用长达 20 年。对于消费者来说，他们贡献了一部分的长期现金流，从而促进了商业的可持续性（包括租赁公司、维修公司和制造商），同时也对材料和能源产生了积极的影响。甚至有一些实验采用智能电表实现"按次付费"计划。另一些公司则将翻新过的工业洗衣机销售给家庭市场。

传统上，可持续性或逆向物流的支持者一直专注于对废弃产品物理流的有效管理。产品部件可能被设计得易于识别和拆解以便回收，以此减少拆解产品所需的时间。有多种方式可以最小化空间和重量以减少对燃料的需求和降低运输成本，或者减少对材料和包装材料的需求。前文讨论的各种产品-服务系统基本上创建了不同的闭环逆向物流流程，以管理废弃产品。在循环经济词典中，这些被称为技术（修复）循环。为了开发工业材料的技术代谢流，仍需要考虑自然的生物代谢。因此，我们需要考虑一个摇篮到摇篮的设计理念，以完全消除废物。在这里，废物就等同于食物和能源。这意味着，工业领袖们应该创建并参与到系统中，以收集并回收所有材料在使用后的价值。

5.8 监管框架

监管框架的价值一直是一个热议的话题。部分企业将监管视为额外的负担，而另一些人则坚称，监管是保证公平竞争的必要条件。值得一提的是，有一种被称为"波特假设"（the Porter Hypothesis）的著名理论，对"严格的环保法规会带来额外成本并伤害竞争力"这一观点提出挑战。波特假设认为，若以经济激励的形式实行更严格的环保法规，则可带来创新和市场竞争力的双赢局面。这种竞争力可能会超越监管合规所带来的初始或短期成本。随着时间的推移，管理者的关注焦点将从对环境成本与其他经济因素的权衡转向如何将严格的监管变为针对突破性技术的投资，以大幅提升环境绩效和竞争优势。虽然支持波特假设的证据尚不充分，但联合国及多国政府已在各自承诺的环保目标推动下，制定并实施了新的、更严格的环保法规。

因此，从事物流和供应链专业的人士需要理解与产品设计、生产及包装相关的法规框架。在全球层面上，巴塞尔公约、鹿特丹公约、斯德哥尔摩公约、京都议定书、巴黎协定以及马拉喀什协定等对于建立与处理危险废弃物和其他废弃物的跨境运输和环保管理的立法框架起到了关键作用。一些早在 20 世纪 80 年代就已设立的法规，主要关注的是高度危险物质的受控使用及污染控制。当今，也有一些可以自愿遵守的认证体系。以下将介绍一些主要的法规。

5.8.1 自愿性规制

组织可选择自愿遵守某些标准或获得某些认证。例如，欧盟生态标签，电子废物和回收流程处理设施的认证，回收计划，产品环境足迹（Product Environmental Footprint, PEF）以及组织环境足迹（Organizational Environmental Footprint, OEF）。2011 年，欧盟委员会（the European Commission, EC）推荐使用 PEF 和 OEF。这两种方法基于通用且协调的方式来测量和传达产品和组织的生命周期环境性能。基于多维度的、覆盖整个供应链的生命周期评估范式（ISO 14040-44），它们可用于评估从原材料、制造、维修到最终处理的环境足迹。2013 年至 2016 年间，PEF/OEF 方法经过了测试，目的是为不同的工业部门制定适用的类别规则。

5.8.2　生态设计指令

生态设计是指在产品设计的初期阶段就开始考虑其对环境的影响，它指导并贯穿产品设计和规划过程，以确保在去除有毒物质的过程中，不会增加在材料开采、生产和回收过程中的能源消耗。当前的欧盟生态设计指令演变自 2009/125/EC 能源相关产品（the Energy Related Products，ErP）指令（2012 年合并），这是一个主要关注产品使用能源的框架性指令。该指令通过为某些能耗产品设定最低要求来实施，它适用于所有能源使用产品（Energy Using Products，EuPs），包括许多家电和电子设备，如洗衣机、电视、计算机，以及诸如窗户、绝缘材料和卫浴设备等能源相关产品（Energy Related Products，ERPs）。尽管其目标是尽可能减少能源消耗，但该指令并不意味着要降低产品的功能、安全性，或对其价格可承受性或消费者健康产生负面影响。产品必须在保持成本效益的同时满足要求。在欧洲，只有符合生态设计指令并带有 CE 标志的产品才能被销售，这导致了大量的能源节省。然而，该指令仅适用于在欧盟内销售量较大（超过 200,000 个单位）、环境影响明显且有改进空间的公司。生态设计指令与其他政策工具（如能源标签指令、欧盟生态标签和绿色公共采购（Green Public Procurement，GPP）等）共同使用。

2019 年，欧盟采纳了欧洲绿色协议。该协议的主要目标是在 2050 年之前实现温室气体的零排放，使经济增长与资源使用脱钩，并确保没有任何个人或地方被遗忘。这个绿色协议的一部分是新的循环经济行动计划，旨在提高电子、信息通信技术、电池、汽车、包装、塑料、纺织、建筑和食品等行业的循环性。这个行动计划提供了开发规章制度的框架，以激励企业提高产品的耐用性、可重复使用性、可升级性、可修复性和可回收性，并限制提取原始材料和一次性产品。如"维修权"就是这类规章制度的一个例子。目前正在进行的欧盟生态设计指令和欧盟生态标签法规的审查，将循环经济的原则纳入其中。

5.8.3　限制使用有害物质指令

计算机、笔记本电脑、显示器、手机、平板电脑以及其他电子设备都含有铅、镉、铬、PBB 和 PBDE 等有害物质。由于新产品更新换代速度加快，越来越多的废弃产品被丢弃，最终被送至巴基斯坦、加纳等发展中国家进行回收处理。这些电子废物的收集和回收者（包括成年人和儿童），都因这些重金属而遭受毒害。这些问题正是欧盟发布"限制有害物质指令"（Restrictiow of Hazardous Substawces Directive，RoHS，也被称为 Directive 2011/65/EU）和"电子电气设备废弃物指令"（Waste from Electric and Electronic Equipment，WEEE，也被称为 Directive 2002/96/EC）的主要动因。

欧洲议会和理事会于 2011 年 6 月 8 日发布的 RoHS 指令限制了电子电气设备中特定有害物质的使用。该指令于 2003 年 2 月在欧盟生效，自 2006 年 7 月 1 日起，每个成员国都必须将其执行并入法。该指令限制了 6 种有害物质（铅、汞、镉、六价铬、多溴联苯、多溴二苯醚）在各类电子电气设备制造中的使用。最大允许的含量是六价铬为 0.01%，其他 5 种材料的最大允许浓度为 0.1%（按均质材料重量计）或 1000m。RoHS 指令与 WEEE 指令密切相关，为电子产品设定收集、回收和恢复目标，试图解决有毒电子废物的问题。其他地区也有类似或等同于 RoHS 的标准或法规。比如中国的《电子电气产品污染控制管理办法》（即中国 RoHS，或称第 39 号令），以及美国加利福尼亚州于 2003 年通过的《电子废弃物回收法案》（Electronic Waste Recycling Act，EWRA）。

新修订的 RoHS（RoHS 2）预计将分阶段涵盖其他设备，如医疗设备、控制和监测仪器，以及工业控制和监测仪器。RoHS 的影响范围包括油漆、颜料、PVC（乙烯基）电缆、焊料、印刷电路板、引线、电视、CRT 和相机镜头中的玻璃、金属部件、灯泡等。但电池不在 RoHS 的管辖范围内。RoHS 因引发高昂的合规成本而遭到诟病。一些人抱怨，对于使用较少限制物质的电子产品，RoHS 的规定并不公平。还有人对限制上述物质浓度可能对电子产品可靠性带来的负面影响表示担忧。但也有一些公司能够进行创新，既能符合 RoHS 的规定，又不会增加太多额外成本，同时维持产品的可靠性和质量。

5.8.4 化学品注册、评估、授权和限制法规

化学品注册、评估、授权和限制法规（Registratiow，Evaluatiow，AutLorizatiow awd Restrictiow of CLemicals，REACH）是欧洲社区关于化学品及其安全使用的法规。REACH 旨在通过更好、更早地识别化学物质的内在属性，来提升对人类健康和环境的保护。REACH 还旨在增强欧盟化学品行业的创新能力和竞争力。根据该法规，化学品行业有更大的责任来管理化学品的风险，并提供物质安全信息。对于年产量超过一吨的化学品的生产商和进口商，他们需要收集其化学物质的数量和属性信息，并将这些信息注册到位于赫尔辛基的欧洲化学品局（ECHA）。ECHA 作为中央注册机构管理化学品的注册数据库，协调对可疑化学品的评估，其目标是建立一个公共数据库，以便消费者和专业人员能够查找危害信息，从而确保欧洲的化学品安全使用。

根据 REACH 条例，制造商和进口商必须向下游用户传递安全信息，必须确保化学品在生产过程中不会对工人、最终消费者和环境造成风险。致癌化学品需要获得授权。与 RoHS 一样，还有一份受限物质清单——大约有 59 个类别涉及 1000 种这样的物质。例如，玩具中苯的含量和纺织品中的 PBB 受到限制。REACH 是推动制造商和进口商要求供应商披露其生产和产品中使用化学品的驱动因素之一。REACH 还要求逐步使用合适的替代品替换最危险的化学品。就像任何新的立法一样，人们抱怨收集和维护制造商和进口商所需的信息的成本高昂。欧盟认为，从宏观上长期来看，整个社会和商业公司都会获得更多的利益。REACH 在其他国家也有一定的影响力。2010 年，中国环境保护部发布了《新化学物质环境管理办法》第 7 号修订版。由于这项法规类似于 REACH，因此也被称为"中国 REACH"，这意味着化学品进口到中国也需要进行注册。

5.8.5 包装和包装废弃物法规

94/62/EC（包装和包装废弃物法规）是一项以环保目标为导向的单一市场措施。

该法规适用于在欧盟内市场上销售的所有包装及所有包装废弃物，无论这些废弃物来自工商业场所还是私人住宅。包装是指用于包装、保护、处理、交付和展示商品的任何材料制成的所有产品，从原材料到加工产品，从生产者到用户或消费者都有涵盖。此外，用于相同目的的一次性物品也被视为包装。

原则上，该法规主要推动以下几个方面的执行

● 减少包装量；

● 设计可恢复和重复使用的包装；

● 英国应实现对废弃包装的回收目标；

● 对包装中的重金属进行限制。

该法规的三个基本要求为：

● 包装的体积和重量必须最小化，同时满足包装产品所需的安全、卫生标准和消费者接受度的基本水平。

● 包装必须制造得易于依照特定要求进行重复使用或回收。

● 包装中有毒或有害物质在焚烧或填埋过程中产生的排放、灰烬或渗滤液必须最小化。

此外，对于包装或包装组件中的镉、汞、铅和六价铬，存在相关的重金属总限量规定。该法规旨在防止包装废弃物的产生，并为欧盟成员国设定了废弃物回收和再利用的目标，但采取适当措施的责任（包括制定国家计划和引入生产者的责任），则归属于各相关政府。以英国为例，该国制定了《2007年生产者责任义务（包装废弃物）法规》(the Producer Responsibility Obligations (Packaging Waste) Regulations 2007)。该法规主要规定了生产者的集体责任，要求包装生产者通过承担一部分回收和再利用其包装的成本，来负责他们的环境影响。根据这项立法，包装供应链被划分为四个环节，每个环节负有不同比例的责任：

● 包装原材料制造商占比6%；

● 转换器（如包装罐、瓶制造商）占比9%；

● 填充包装或将包装应用于产品一方（即包装商/填充商）占比37%；

● 销售者或将包装提供给终端用户的供应商（如超市或批发商）占比 48%。

进口商可能需要承担全部责任，也就是承担以上所有环节的成本。生产者或进口商通过购买由持有发行许可的再处理者发出的包装废弃物回收证书（Packaging Waste Recovery Note，PRN）来完成他们的责任。对于包装废弃物的出口，使用出口版本的证书（PERN）。这项法规适用于年营业额超过 200 万英镑并在上一年处理超过 50 吨包装的公司。

然而，PRN 系统存在一个主要缺陷，因为出口废弃物比处理废弃物更具成本效益，所以 PRN 应用来资助英国内部的回收能力。更为严重的是，出口的废弃物可能并未被回收，但所有出口的废弃物都计入回收率。

包装和包装废弃物法规也在不断更新。2015 年，为塑料手提袋加入了可持续性消费减少措施。2018 年，该法规增加了作为循环经济包装立法提案一部分的包装生产者延伸责任（EPR）制度的强制设立。

5.9　小结

越来越多的人意识到，我们设计产品以及其生产和交付过程的方式需要改变。为了确保产品盈利，我们需要减少使用自然资源和化学物质，同时确保工人不受到不良健康影响，并最大限度地减少对环境的损害。我们必须考虑的不仅是碳足迹，还包括水足迹、化学废物、能源消耗、生物代谢、工人的健康和安全以及对社会的影响。设计更环保的产品，使用更环保的生产技术和包装，对于防止污染、保护自然资源和推动循环利用至关重要。循环经济的原则就是要设计出能减少使用初级材料、注重耐用性和重复利用的产品。现在已经有许多创新的解决方案和方法，产品设计应在生产和使用过程中减少能源和材料的消耗。一个重要的起点就是选择和发现更环保的材料，许多法规已经出台，旨在控制最危险的物质的使用，并追踪化学品的生产和使用。

此外，我们也可以设计出更环保的生产和物流流程。这不仅仅是为了防止污染。更全面、更环保的生产计划应考虑到废物最小化、环保包装、绿色生产力、能源、生态效益和循环性。那些投资开发新的、更环保的生产技术的公司可以引领行业，甚至把这种努力变成新的商业机会。其他开发新的包装材料或与供应商合作减少包装重量的公司正在成为环保领导者，以赢得更多的商业机会和声誉。很明显，要成功实施生态或循环设计、更环保的生产和包装，就需要一个集成的环境管理系统，以及将环境改进努力延伸到供应链的能力。那些处于前线的公司正在接受诸如 Factor 4、Factor 10 以及绝对零碳排放等挑战。尽管公司付出很多努力，但他们仍然依赖消费者来推动对环保产品的需求。尽管最终是消费者支付产品费用，但公司应该更多地与消费者合作，共同减少他们购买产品的环境影响，以便他们能像供应链中的其他人一样分担责任。

第 **6** 章

可持续性采购和供应管理

6.1 简介

现在人们已经普遍理解，真正的竞争并不是单一产品之间的竞争，而是整个供应链之间的竞争，这也转变了我们对于可持续性管理的认知视角：即我们需要将之从单一组织内部扩展到供应商、次级供应商、客户和服务提供商。企业并不是孤立存在的，因而对其可持续性表现的评价应基于其供应链的最终总体影响。消费者会基于企业所处供应链带来的整体效果来评价企业是否靠谱，无论这其中企业的供应商对企业品牌的影响程度如何。通常，环境和社会影响主要源于供应链的早期阶段，而供应商和客户的运营也会对可持续性均衡造成影响。

对于那些致力于可持续发展的组织而言，采购活动在减少环境和社会足迹上起着关键作用。采购活动通过选择供应商、进行广泛的采购决策以及确定与供应商的合作与交互方式，主要控制来自上游供应链的碳排放。

本章首先会讨论采购功能的发展，探索什么是可持续性采购，为何它对企业的可持续性努力至关重要，以及推动和阻碍可持续性采购的主要因素。我们关注的不仅仅是"绿色"（或环保）采购，也包括日益重要的社会责任领域。虽然在早期阶段企业对可持续性的关注主要集中在环境维度（这是由于在西方国家可持续性在社会方面的因素受到了相对较好的保护），然而随着对现代全球供应链全面理解的深化，我们开始更加关注从世界其他地区购买的商品带来的社会影响。

在深入探讨绿色采购和社会责任采购之后，本章还将详细讨论它们的具体实施方式，以及它们如何支持供应链中的可持续性改进。

6.2 供应链中的采购角色

采购在供应链中的角色定位随着供应链竞争观念的形成而发生了显著变化。采购已经从简单的选料和购买行为发展成将公司与下游供应商连接起来的跨界链接部门。由于专业化程度的提升、全球竞争以及对核心竞争力的关注，供应链开始涉及更多的国际供应商，从而提高了复杂性，需要以结构化的方式协调和管理供应商。如今，供应链中通常有很大比例的支出是用于从外部购买服务和产品的。

随着外包活动的增加，供应商的选择和管理对于供应链的成功变得更为重要。在绘制供应链时，供应商会按照层级进行结构化拆分：第一层的供应商是指最靠近核心组织的供应商，他们的供应商则被称为第二层供应商，以此类推。针对特定产品或服务选择"正确"的供应商有其战略意义。供应链的成熟度、产品生命周期的阶段、采购风险、采购商品的重要性等因素，都需要在战略框架中予以考量。

你的啤酒有多环保？Muntons 麦芽厂

麦芽是啤酒酿造的关键原料之一，是由烘烤大麦制成的。像其他谷物一样，它是在农田上种植的食品产品。农业本身是温室气体排放的主要贡献者，而谷物种植在全球土地利用中占据了 5%。随着世界人口的迅速增长，农业占用的土地将大大增加。与此同时，全球变暖引起的温度升高使作物更容易受到病虫害的伤害，这意味着需要使用更多的杀虫剂，或者需要进一步扩大用于农业种植的土地。

尽管在英国，农业只占总二氧化碳排放量的 1%，但它却导致了 7%的氮氧化物和甲烷排放，这对全球变暖有更强烈的影响。一吨甲烷对大气的温室效应等同于 25 吨二氧化碳的影响，而一吨氮氧化物排放的温室效应的影响相当于 295 吨二氧化碳。

食品生产的另一个主要排放源是淡水的消耗。麦芽生产产生的废水经过处理可以达到人类饮用的标准，因此可以节约 70%的加工用水。但是，水处理会与二氧化碳排放产生权衡，因为处理每吨水需要排放 1.23 千克的二氧化碳。

Muntons Maltings 对他们的麦芽供应链进行了分析，从种植农场到销售的麦芽，他们发现整体碳足迹的大约三分之二源自最初的大麦种植阶段，其中氮肥贡献了近一半的整体碳足迹，而来自土壤氮损失的 N_2O 也对此有一定的影响。在麦芽的生产过程中，能源消耗（如天然气和电力）是最大的碳排放来源，这主要发生在一个名为"窑烧"的过程中，即在类似烤箱的设备中烘干麦芽。通常，客户要求最终的湿度水平应在 3%左右。然而，达到 3%的湿度水平比维持在 6%的水平产生了超过 45%的碳排放；即使是 4%的湿度水平，也需要比 6%的水平多 25%的排放。虽然这意味着需要更多的运输量以运送相同重量的干燥物，但相较于窑烧过程中潜在的大量碳节约，这种运输所增加的碳排放可忽略不计。

变得更环保的一个必要步骤就是与上游供应链中的农民进行沟通，让他们将之前使用的化肥替换为生物肥料。而在供应链的下游方向，Muntons 需要与客户就是否可以接受更高湿度水平的麦芽进行咨询。事实证明，客户实际上并不需要在他们的操作中维持如此低的湿度水平，并且他们愿意接受更高的湿度水平（也因为节省的能源意味着产品价格可以降低）。以前，人们从未考虑过超过 3%的湿度水平，而客户一直习惯于使用他们熟悉的 3%标准湿度水平。

通过对碳足迹的分析和与供应链合作伙伴的协作，Muntons 成功地在其致力于成为世界上最绿色的麦芽生产商的使命中，显著减少了麦芽的碳足迹。

随着供应链层级和供应商数量的增加，其复杂性随之提高，包括所有子供应商在内的供应链监控变得异常困难。然而，客户和消费者倾向于将公司"负责任"的表现视为对供应链更深处发生的事情负责。此外，供应链活动的很大一部分位于组织核心边界之外，这也意味着，为了提高可持续性，组织必须将所有供应商和供应链活动纳入其范畴，无论这些活动是否在其直接控制范围内。因为企业往往会因其供应链中的任何不可持续行为被追究责任。

6.3　什么是可持续性采购

可持续性采购实践的目标是在采购策略和采购决策中（例如在采购源选择或供应商选择中）纳入可持续性议题。这并不只是关注"绿色"议题，而是扩展到更广泛的供应链视角。本书不仅讨论自然环境这个维度，而是涵盖了"三重底线"（经济、环境和社会）的所有部分。此外，可持续性采购也日益关注伦理角度。

社会不公平现象会引发消费者的两种反应：避免购买特定品牌和零售商的产品，或选择支持如公平贸易标签的咖啡等"好产品"。除消费者以此方式对企业的不良或良好行为进行惩罚或奖励之外，企业还需要遵循让他们负责任行为的法律法规。

例如，立法会覆盖如贿赂、腐败和现代奴隶制等议题，但也包括对某些产品的禁运，或禁止与某些国家和个人进行商业交易，或要求企业进行尽职调查。这类立法可能由国家政府出台，如德国的供应链法，该法要求企业进行尽职调查，并解决其供应链中的人权侵犯问题。欧盟也正在考虑类似的做法，要求在其境内运营的公司对人权实施尽职调查。由于立法通常伴随着对违法行为的惩罚，这可能涉及财务罚款，甚至有时是对决策者的刑事处罚，因此，这成为企业必须遵守的法规。

尽管在文献中"采购"和"购买"这两个词经常可以互换使用，但它们实际上有明显的区别。采购更具战略性的定位，涵盖了获取商品或服务的所有活动，包括购买功能，而购买则更狭义地描述为购买过程的功能和活动。因此，我们需要区分战略层面的采购和操作层面的购买活动。

强调采购作为使供应链更加环保和社会责任化的关键功能，是基于利益相关者理论和消费者在供应链中通常占据更强大地位，因此可以推动供应链走向更可持续的发展。然而，认为买方在供应链关系中总是占据更强大的权力地位是一种普遍的误解。在供需侧市场力量分散、购买力微弱的市场中，这种理论并不成立。企业也处于全球资源竞争之中，如果某个地区的公司对其供应商施加了严格的可持续性要求，那么这些供应商可能会将目光转向其他地区的客户。另外，如果没有合适的外部供应商，内部采购往往更多地只是理论上的选择。

然而，在许多情况下，推动供应链走向更可持续的发展的力量源自客户或消费者。下游供应链支持可持续性倡议的压力通常需要来自更大、更有影响力的参与者。公共采购在引领绿色和可持续性采购方面发挥决定性作用。在欧盟内部，大约有七分之一的总 GDP 是由各级公共机构通过公共采购支出的，无论是市政府、州政府还是欧盟自身的预算。然而，大量的公共支出用于建筑和基础设施的建设与维护，因此，可持续性在公共采购中的重要性和影响力主要体现在这些领域。即使在公共机构不是主要买家的领域，公共机构对可持续性实践的坚持也可以刺激更可持续性产品和服务市场的形成。因此，公共支出可以为新产品的开发提供基本需求，这些新产品随后也可能被商业买家采购。

英国建筑业反现代奴隶制的全行业倡议

英国的建筑和设施管理公司一直都处于媒体和公众的监督之下，主要针对其供应链中的劳动力状况问题。特别是关于海外工地，尤其是在海湾地区以及卡塔尔世界杯相关的奴役劳动力的报道，这些都对公司的声誉及投资者对公司风险概念的认识构成了威胁。

尽管这些公司并不直接向终端消费者销售产品，因此在品牌损失成本方面的担忧相对较小，但如果这些公司在公众眼中被视为不道德的，那么机构投资者可能会更不愿投资和合作，潜在的员工也可能更不愿意加入。

2015 年，英国通过了《现代奴隶制法案》，这一法案实际上有效地整合了一系列早前相关的法律和措施，制定了一部专门针对打击现代奴隶制的法律。虽然奴隶制已经被视为非法行为，但《现代奴隶制法案》却进一步规定了对奴隶制行为的处理，明确了对商业活动中防止现代奴隶制的受害者保护和报告义务。

该法案的通过使得对奴隶制和其他伦理劳工问题的回应变得更为迫切。因此，建筑、设施管理和建筑供应商决定联合应对，由一个名为 "Action Sustainability" 的全行业机构带头并协调，因为他们在供应链中面临着许多共享的伦理问题。这个行业中市场领先的大公司都在供应链的下游，他们在自身的活动中使用了许多规模较小的承包商和供应商。

这些小型承包商通常还会使用更多的分包商和他们自己的材料供应商，这导致供应链的碎片化，通常几乎没有端到端的透明度。然而，奴隶制和不道德劳工行为的最大风险位于供应链的上游，这使得大型的下游公司在消除奴隶制的努力上需要依赖他们的承包商和供应商的支持。

承包商和供应商的选择及其关系自然是由采购部门管理的，因此，他们的主要任务就是引入采购准则，让该行业中的公司能够识别现代奴隶制风险，并在选择承包商和供应商的过程中考虑到现代奴隶制的问题。这种合作也为供应链中的承包商和供应商提供了信息和教育材料。大公司明白，规模较小的承包商和供应商无法自行提升能力，因此，如果他们想要在法律合规性的基础上取得实质性的改善，就有必要、也有责任去教育供应链，而不是将问题"推给"供应链。

6.4 可持续性采购的动因和阻碍

可持续性采购的动因与阻碍通常可分为外部驱动与内部驱动两大类。外部驱动除受到客户的压力外，还包括来自公众舆论、政府法规、投资者的压力，以及通过塑造积极的可持续性发展形象而获得竞争优势的愿望。

而内部驱动主要源于管理者和投资者的个人承诺，以及通过减少浪费、污染、品牌损害或诉讼费用等方式降低成本的期望。这些驱动因素在某种程度上是相互关联的，例如，政府法规将排放成本内部化，从而倒逼组织通过可持续性实践来节省成本。供应链中的可持续性违规行为本质上已经成为商业组织面临的商业风险，因此，采购部门在选择供应商的过程中，必然需要充分考虑这些风险因素，从而推动了可持续性采购的发展。

可持续性采购实践的采用与提高供应链可视性和透明度的需求紧密相连。不仅是为了监测可持续性，也是为了监控供应链中的其他风险和可能的中断。而供应链的可视化也是进行供应链审计和保持低库存等运营改进所必需的。

虽然可持续性采购需要高级管理层的战略决策支持，但在采购层面上，它更多地与公司创始人的个人道德价值观相联系，这些价值观会影响到整个组织，特别是中级管理层。随着供应链可持续性要求的提高，供应商的选择过程（也是采购部门）在企业组织中的战略和运营地位也随之提高。

组织在可持续性实践方面的内部适应可以分为四类：抵抗性适应、反应性适应、接受性适应和建设性适应。

● 抵抗性适应：当没有其他选择时，组织才会选择执行可持续性实践。在这种情况下，组织视可持续性问题为"反商业"行为。尽管它们遵守了有关可持续性的法律，但并未将这些法律纳入组织的政策或战略中。

● 反应性适应：主要出于遵守环保法和社会责任法，以及避免罚款的需要。这些解决方案通常集中在减轻排放污染物的危害，例如回收和处理废物，而不是首先降低排放水平。环境和社会问题虽然得到重视，但不会改变当前的流程，解决方案通常在供应链的末端实施并获得适度的改善。

● 接受性适应：开始考虑来自可持续性改进的可能竞争优势，但将这些优势转化为运营过程和程序的努力还十分有限。

● 建设性适应：欣然接受将产品和流程设计融入可持续性规划的价值。这些公司也会最大化利用环保举措以及提高资源效率带来的好处。

然而，这四类内部适应环境与社会责任实践并未突破组织的边界。如果要实现真正的环保和社会责任实践，更多供应链成员的参与至关重要。实现可持续性采购可能常常从运营层面开始启动，但是必须以发展的眼光将可持续性思考纳入战略层面。从一开始重点关注供应商与客户关系的运营方面，进而逐渐包括更多的供应链利益相关方，并将讨论深化到下游和上游供应链，以使整个供应链管理更具可持续性。

虽然降低成本的愿望是可持续性采购的主要内部驱动因素，但成本问题也是主要的阻碍。客户可能会追求尽可能低的价格，而不愿为更具可持续性的产品支付更高的价格。对于资源有限的中小企业来说，实现可持续性实践所需的成本更为显著。如果管理层把生态和社会责任看作与经济利益的权衡，那么这个成本障碍就会进一步加大。

不了解如何才能令采购更具可持续性也是内部阻碍之一。即使许多管理者接受了在他们的采购活动中需要体现更多可持续性的观念，但在具体的实践层面融入可持续性问题对他们来说往往困难重重。管理者通常擅长在与供应商的交互中解决效率或治理问题，但在如何处理可持续性问题上，他们往往处于"不懈怠"的状态。在这种情况下，培养供应商可能是提高可持续性表现的途径，而供应商的发展目标也可以纳入供应合同中。

我们已经提到在供应链的可持续性改进中包含其他供应链参与者的重要性。在深入探讨这个问题之前，我们将讨论哪些外部驱动因素和阻碍因素决定了组织是否会启动实施可持续性的供应链实践。

规定

规定可以被视为推动组织进行环境和社会合规工作的主要动力。尽管合规不能保证环境和社会绩效的改善，但它确实与采购中的可持续性实践有关。那些将可持续性融入供应链并进行整合的公司，更有可能提升可持续性绩效，而不是仅仅采用被动的适应策略。然而，规定也是促使以低成本减小环境和社会影响的新解决方案的激励因素。规定可以触发对减少浪费活动和提高生产产量的新思考方式。

客户可以从很多方面推动供应链和采购可持续性的发展。这种压力可能源自最终消费者，并沿着供应链传递。面向消费者的公司特别容易受到压力团体和环保活动者的影响。具有大量购买力的大型知名企业，通常被视为推动上游供应链可持续性改进的领导者，因此最容易受到媒体和活动的关注，以及负面宣传的威胁。

在商业社会中，竞争者也是更好的供应链实践推动者之一。竞争者可能会成为技术领导者，引导行业走向规范和法律框架，从而驱动其他公司走同样的道路。在竞争者中，解决方案和创新的领导地位可能意味着竞争优势，因为开创者通常会为未来的发展设定行业标准。当竞争者因为其供应链的可持续性获得竞争优势时，公司必须通过自身实施可持续性改进来应对这一挑战。

公众意识的提高和非政府活动组织的影响力也是推动可持续性供应链实践的社会驱动因素。压力团体和活动者往往有可能公开羞辱公司，从而影响消费者和立法者。供应商作为推动可持续性供应链的可能驱动力，在学术研究中并未得到太多关注。一些人认为，供应商通常不是推动可持续性供应链实践的主导力量，但可以支持实践并提供有价值的知识。此外，供应链集成和与客户协作的可能性是可持续性改进的重要突破方向。与其他客户共同开发的新产品和服务，也可能使供应商在可持续性实践方面成为更有知识的合作伙伴。

许多外部驱动因素也可能成为外部障碍。规定可能会抑制创新或导致企业只是为满足法律要求而做出改变，而不是实现实质性的可持续性改进。这些障碍也可能因行业而异。例如，为确保自由市场而制定的监管重点可能会阻止组织在采购时选择最环保和最具社会责任的选项。

供应商可能不愿在供应商与客户的合作关系中分享更多信息，这阻碍了为实现供应链更大的可持续性所必需的进一步整合。依赖于关系中的权力平衡，客户可能无法说服供应商接受建议并做出改变，因此供应商变成了改进的障碍。驱动因素、障碍及实践方式在不同行业之间存在差异。各行业适应可持续性供应链实践的速度也不尽相同。市场结构、所有权、治理模式、特定行业的规定以及消费者和政府的需求等因素，会根据具体情况，使组织面临各种不同的挑战和机遇。

6.5　采购框架

在讨论企业如何实现可持续性采购时，首先要理解内外部驱动力及阻碍。显然，随着采购和供应职能转变为供应链管理，可持续性采购也必然要演变为可持续性供应链（或供应网络）管理。Kraljic 在 1983 年提出的一种主要的管理模式，将采购演化为供应链管理，他的矩阵框架（如图 6.1 所示）根据利润影响和供应风险将供应物品划分为四个部分：战略性物品（高利润影响-高供应风险）、瓶颈物品（低利润影响-高供应风险）、杠杆物品（高利润影响-低供应风险）和非关键性物品

（低利润影响-低供应风险）。

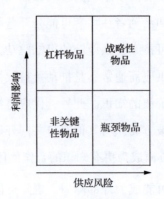

图 6.1　Kraljic 矩阵

对于战略性物品而言，其供应商的管理方式通常采取与供应链伙伴形成战略合作伙伴关系，大力促进双方之间的合作与创新。而对于瓶颈物品而言，其主要通过控制和保障其供应量来管理。杠杆物品的供应着重于充分利用购买力、进行短期或即时采购。非关键性物品的供应则致力于实现有效的订单流程和标准化。因此，客户与供应商之间的供应链关系因物品类别而异，这就要求在采购活动中整合可持续性的方式也应因物品而异。

对于战略物品，将可持续性纳入绩效评估标准，会促进与供应商进行新产品开发和创新，双方从彼此的知识中受益，以最小化供应链的环境和社会影响。由于密切的关系，可持续性也将成为供应商和供应商组织内部的优先事项。

而瓶颈物品则可能是最难实现可持续性采购的，因为购买公司往往缺乏强制供应商改进可持续性或更换供应商的能力，但可以尝试推动行业标准和规范，以提高瓶颈物品采购的可持续性。

对于杠杆物品而言，提高其可持续性相对比较简单，与供应商分享最佳实践能有效促进其可持续性改进，解决方案可能包括减少物料密度、使用可回收材料，以便降低成本。而对于非关键性物品，需要在供应商选择标准中纳入可持续性。为了保持流程的简单高效，可以利用认证来达成可持续性标准。只要潜在供应商数量充足，就能轻松替换不符合要求的供应商。

在所有物品中，如果剔除不满足可持续性标准或不愿积极响应可持续性议程的供应商，则可能会增加供应风险。虽然实现可持续性的行动方式依物品分类而异，但可持续性必须成为所有类别议程的一部分。随着可持续性日益成为常见的绩效标准，最终可能发展成为订单的限定条件。随着可持续性逐渐成为一种常态，采购组织将跟上这一发展趋势，可持续性绩效标准也将随之提高。

了解到可持续性必须成为采购决策制定的标准之一后，我们接下来需要了解如何真正评估所提供的产品或服务的可持续性，这在比较和选择供应商的过程中尤为重要。

6.6　可持续性标签和认证

为了使供应商认证和对标签的选择过程更为简洁，我们可以借助外部的、大多数情况下独立的机构。认证标明供应商正在遵循由认证颁发机构设定的某些标准。因此，监督和审计供应商的职责会转移到外部审计员，由供应商支付费用，同时颁发机构会对其颁发的标签收费。认证主要用于非关键性的和有影响力的物品的供应商，尽管它们也适用于其他类型的供应商。认证和标签也是防止活动家施压的一种方式，因为它们为公司遵循设定标准提供了证据。然而，这些标准是由颁发机构设定的，并且通常只关注特定的方面，而非产品或服务的全面可持续性。

近期的研究提出，我们需要更加严谨地审视认证和审计计划，因为它们可能并未达到预期的效果。这一点在采用批量平衡方式而非隔离供应链的认证计划中尤为重要。这类批量平衡计划只能确保买家选择了更加可持续的方案（即供应商采购了与更可持续选项等量的产品），但并不一定意味着买家得到了确切的更可持续的选项，它只是在供应链中追踪数量的平衡。在下文中，我们将详细介绍一些更知名的环境认证。

6.6.1　公平贸易

公平贸易标签由构成国际公平贸易组织一部分的国家机构颁发，它关注道德问题，并旨在帮助发展中国家的生产者摆脱贫困。主要获得此类认证的产品包括巧克力、咖啡、可可、糖、香蕉及其他农产品。在英国，2019 年公平贸易认证产品的零售价值超过了 16.7 亿英镑。这个认证保证农民能够进行长期供应并获得稳定和"公平"的价格。长期的合作使农民能够投资于他们农场的发展，并为他们提供比全球大宗商品现货价格更稳定的收入来源。农民还会因其产品而获得额外收入，这部分收入只能用于他们的工人和社区的社会经济利益。这样也有利于支持小规模农民和农业合作社，以支持农村社区的发展。

6.6.2　海洋管理委员会

海洋管理委员会（Marine Stewardship Council，MSC）的标签由环保机构世界自然基金会（WWF）与冷冻鱼类制造商联合利华（Unilever）在 2012 年共同创立。该标签主要致力于为野生捕捞行业设立可持续性标准，而非自行进行渔业业务审计。渔业及其供应链的可追溯性均需满足 MSC 设定的标准，如果一种产品能够依据 MSC 的标准追溯至 MSC 认证的渔场，则该产品有资格申请使用 MSC 标签。MSC 在设立标准时，会考虑到捕捞的库存水平、捕捞行为及管理过程对可持续性的影响。尽管 MSC 在环保效益方面得到了广泛认可，但也有人批评其标准过于宽松。

6.6.3　雨林联盟

雨林联盟（Rainforest Alliance）生态标签的关注焦点并不是某单一产品种类，而是产品生产过程中雨林的保护。该联盟也对森林社区的赋权和为社区中的中小企业提供可持续性商业机会有着更为深远的考虑。雨林联盟是一家非营利性的审计组织，专门负责审核其自身的青蛙主题生态标签以及森林管理委员会（Forest Stewardship Council，FSC）的生态标签。FSC 与 MSC 一样，仅为标准设定机构，并不直接参与审核过程。其认证目标是生产商以及供应链的可追溯性，以防止认证木材与其他木材混杂。

6.6.4　碳信托

碳信托（Carbon Trust）是一家成立于 2001 年的独立非股息有限组织，旨在协助各组织量化并削减二氧化碳排放。所有利润均再投资于该信托，信托的宗旨是通过与企业及公共部门的合作，"加速向全球低碳经济的过渡"。碳信托参与咨询决策者，支持新技术的开发以及碳足迹的评估。它会依据公众接受标准（Publicly Accepted Standard，PAS）2050 或世界可持续发展工商理事会的温室气体协议，量化并认证组织、产品和供应链的碳足迹。

与其他标签不同，碳信托不仅聚焦于某一特定领域或行业，还覆盖了组织的直接和间接排放。碳信托还设有多种不同的标签，表明该组织与碳信托在哪些活动中合作，如测量、减少或达成碳中和。

6.6.5　LEED

LEED（Leadership in Energy and Environmental Design，能源与环境设计领导力）是美国绿色建筑委员会的认证机构，专门设定建筑业的可持续性标准。其标准的范围和要求会根据建筑的类型和目的有所不同，对新建筑、已有建筑及翻新工程有着不同的区分。若申请认证则需提交他们的建筑详情，并支付审核和认证的费用。不同于其他的环保标签，LEED 设有不同的认证级别。表现最优秀的建筑会获得白金级别，接着是金级、银级及认证级。

6.6.6　ISO 14001（环境管理）和 ISO 20400（可持续性采购）

标签和认证的应用并非仅限于消费者面向的环境。制造商和其他商业客户也需要评估其供应商的环境绩效。针对这一需求，国际标准化组织（ISO）制定了环境管理系统的相关标准，它们是 ISO 14000 系列标准的一部分。

其中最具影响力的是 ISO 14001 标准，它为环境管理体系的建立和改进设立了标准，目标在于推动各类组织持续优化自身的环境管理。然而，ISO 本身并不负责进行任何审计或认证，而是在国际层面制定标准，并将认证过程交由独立审计机构完成。因此，14000 系列的认证常常与 ISO 9000 系列（质量管理）和 ISO 19000 系列（审计标准）的认证并行。生态标签图像展示了英国标准协会颁发的 ISO 14001 认证。

然而，与 ISO 认证相关的成本和时间资源投入以及对 ISO 14001 标准的应用，都引发了一些批评。采用 ISO 14001 标准并未明确环境目标，成果的取得完全取决于组织的自身意愿，这使得跨区域、单位及组织的比较具有挑战性。

实施 ISO 14001 可能过于强调正式结构、程序和政策的建立，而非提高效率和改进可持续性。正式的设置可能并不总是反映组织内部的真实运营情况。此外，ISO 14001 标准的全面性差异较大，从模糊的概括到详细的目标各不相同。目标及其实现过程可能被视为在固定规则制度内的机械化过程，限制了员工的选择空间，阻碍了他们利用个人技能进行改进。ISO 14001 亦未覆盖供应链和供应商的选择，其认证范围仅限于被认证的单位，有时会忽略产品碳排放的主要来源。

ISO 20400 为公司提供了关于可持续性采购的指导，并提供了一个框架用于在公司的管理系统中建立可持续性采购。它采用基于风险的方法，考虑了公司对供应商和供应链的影响、杠杆和控制力。在此方法下，每个采购类别都会对其对一系列可持续性问题的影响进行评估，使得公司能够优先考虑他们的努力。

这一标准研究采购过程，并研究如何在各阶段融入可持续性，包括：规划（制

定可持续性采购策略）、整合可持续性要求到规格中、供应商选择、合同管理以及
审查和从合同中学习。

　　一般来说，标签和认证存在诸多局限性和引发一些批评。由于关注的可持续
性方面具体且独立，使得比较和采购决策变得困难。在比较产品和供应商的采购
决策时，问题变为何种因素使得一个产品比另一个产品更具可持续性。评估采购
选项的环境平衡的广泛应用和接受的方式是使用生命周期评估。一个产品的制造
可能比另一个产品产生更多的排放，但在维护和处理方面更有优势，或者一个在
社会上更受欢迎的选择可能会导致更多的二氧化碳排放。因此，进行此类生命周
期评估的基础是要考虑从产品的生产到废弃的全过程中的所有排放和影响。

6.7　生命周期评估

　　全面的生命周期评估（Lifecycle Assessment，LCA）是对产品或服务影响进行
量化评价的一种最全面和最普遍的方式。依据被评估的产品及其供应链的复杂程
度，这个评估过程可能会涉及大量的研究工作。为了降低 LCA 的资源消耗，我们
通常采用平均值，比如，用一辆 40 吨重的柴油卡车每公里排放的碳量，或者主电
网单位电力的使用量。然而，平均值使用得越多，LCA 的结果就越不精确和具体。

　　一个 LCA 过程通常包含四个步骤。第一步，需要确定评估的范围，即被评估
的功能、系统或产品是什么；功能单位的定义；需要做出的假设；重要的评估边
界。这个评估过程是迭代的，评估边界可能在整个过程中做出调整。不过，如今
有一些标准，如 PAS 2050，已经为我们提供了评估边界的确定方法。尽管 LCA 最
初是为了评估环境排放，特别是温室气体排放而发展出来的，但其基本原理可以
应用于任何可能由供应链造成的影响。

　　功能单位的例子包括：对于一项服务，“每次访问”的碳排放量；产品的每千
克碳排放量；产品的预期使用寿命（例如，通过改进电器的能效节省的能源）；每
驾驶一公里的碳排放量。

第二步，在确定了评估范围后，所有的输入数据都会被记录在一个数据库中形成数据库存并依此进行评估，这是整个评估的基础。收集数据的任务通常比预期的要复杂，将输入转化为功能单位也需要慎重考量。

第三步，在分析了输入之后，所有的碳排放都会在影响评估中进行评定。这个过程与库存数据相关联，所有的库存数据都被归入不同的影响类别，然后在每个类别内进行处理。这样，对某一特定影响的贡献者可以被归为一组。根据它们的影响，它们可以有不同的权重。比如，在导致全球变暖的温室气体中，有些比其他气体的影响更大，因此需要用不同的方式来评估。

最后一步，解读阶段，我们将数据分析结果和影响评估的因素相结合，以了解被评估产品对环境的影响，并提出改进建议。

由于全面的 LCA 可能需要大量的资源，因此已经演变出不同层次的详尽及复杂的评估。最准确的调查可以在详细的 LCA 中找到，其中所有部分都会被详尽地评估。这需要专家对供应链各个阶段的过程和排放有深入的了解。它同时还区分了全球影响和区域影响。但详细 LCA 的主要缺点是，对供应链进行如此详细的评估需要大量的工作。因此，已经发展出了更为简化的方法，包括概念性 LCA 和简化或流程化的 LCA。相较于详细评估，概念性 LCA 处在另一极端：它定性地检查生命周期中需要关注的因素和领域，并仅对这些因素和领域进行评估，但由于其评估范围有限，并不符合 ISO 对 LCA 的标准，因此只能用作管理决策的指导。

简化的 LCA 则介于这两种方法之间，它可以进行全面的评估，但更多地使用通用数据，并不会单独测量每个方面。因此，它包含了所有相关方面，但并不需要像详细的 LCA 那样耗费大量资源。然而，使用通用数据意味着评估结果的准确性会有损失。简化也可以通过一个筛选阶段实现，此阶段会识别出对排放贡献不大的元素，然后在分析中忽略这些元素。通过这个过程，生命周期评估可以专注于关键的贡献元素，也就是环境改善潜力最大的地方。

在 LCA 中，确定评估边界的定义对产品的总体结果和环境表现有着至关重要的影响。关于 LCA 边界的最全面指导和定义主要集中在温室气体和碳足迹这一领域。

　　在温室气体和碳足迹的环境评估中，标准化指南对评估活动的偏差设有限制，并简化了碳足迹的评估过程。目前，最常见的碳足迹评估标准是 PAS 2050。例如，它设定了一个阈值，只有当基于数据库存分析中的某些输入对产品生命周期温室气体排放的贡献少于 1% 时，这些输入才被认为是不重要的。

　　在评估温室气体排放时，需要考虑到温室气体影响从时间维度对结果的影响。温室气体种类繁多，它们被释放后，可能产生短期或长期的影响。选择不同的时间维度，诸如二氧化碳当量这样的温室气体的影响将会发生变化。PAS 2050 标准设定了一个时间维度，即被排放温室气体的影响持续 100 年，这必须包含在生命周期评估中。此外，该标准也明确了如何考虑碳储存，并规定了在前 20 年内必须包含土地利用变化的考虑。

6.8　系统边界

　　系统边界的重要性在一项针对办公用纸碳足迹的研究中得到了体现。该研究应用了三种方法：ISO 14040/14044、PAS 2050 和欧洲造纸工业联合会（CEPI）的框架。毫无意外，行业框架在其系统边界中包含的材料最少，而 PAS 2050 标准中包含的材料明显超过 ISO 标准。在使用 CEPI 框架进行评估时，仅考虑了 90% 的温室气体排放，所设的截断规则相对较窄，例如，在应用 CEPI 框架进行运输考虑时，仅涵盖了到达分销平台的运程。

　　相较于使用 PAS 2050 标准的评估，ISO 14040/14044 标准考虑了 98% 的温室气体排放，然而，在数据收集上也需要较少的工作量。该研究为每吨办公用纸分配了碳足迹，CEPI 为 860 千克二氧化碳当量，ISO 14040/14044 为 930 千克二氧化碳当量，而 PAS 2050 为 950 千克二氧化碳当量。

　　然而，当涉及标注产品的碳足迹时，以"一张 A4 纸"作为功能单位可能更为准确，因为根据厚度和密度的不同，生产出的纸张可能属于不同的重量类别。

木炭烧烤与液化石油气烤肉的比对

烧烤是人们在阳光明媚的日子里所喜欢的一种休闲烹饪方式。随着时间的推移，我们有了可供烧烤的各种燃料选择，其中最常见的可能是传统的木炭和气瓶中的液化石油气（LPG）。大多数消费者可能只选择他们认为更便利或习惯的燃料。然而，即便在这样的选购决策中，也可以比较其环保性能。

约翰逊在一项生命周期评估中比较了这两种烧烤方式的碳足迹。考虑到系统边界包括燃料的生产、木炭的使用和处理，以及烧烤架和气瓶的生产、使用和处理。

木炭是在缺氧的环境中加热木材制成的。尽管有人认为用于木炭的木材是废弃的，但这些木材仍需要纳入存货分析，因为它们原本可以被用于生成能源或用于其他用途。在英国，木炭主要从欧洲联盟以外的国家进口。

而液化石油气则被液化并装入气瓶中，然后被运输到零售商和最终消费者手中。

通过一组经验丰富的业余烧烤师进行的烧烤测试程序，估计了烧烤中木炭或LPG 的消耗量。尽管燃料消耗量因烧烤肉量、烧烤架设计、烹饪方式和个人对木炭数量的喜好而在不同的个体之间有很大的差异，但对于木炭来说，这些变化的振幅比液化石油气大得多。对于液化石油气，大多数烧烤师的消耗量在食物重量的25%至45%之间，而木炭的消耗量则在30%至140%之间变化。在每次木炭烧烤中，起火剂的消耗量相对稳定。木炭灰则通过市政废物服务处理。根据计算，烧烤架的使用寿命假设为150 次烧烤，那么每次烤制1.5 千克的肉，就需要消耗525克的液化石油气或733 克的木炭，以及115 克的起火剂。

液化石油气烧烤炉的生产所产生的二氧化碳当量排放量要比木炭烧烤炉更多。此外，液化石油气需要装在气瓶中运输，这些气瓶需要生产，并且只能在一定的时间和重复装填次数内使用。另一方面，木炭烧烤炉在其使用寿命期间消耗的起火剂会累积产生74 千克的二氧化碳当量。

液化石油气的生产和燃烧所排放的二氧化碳当量远低于木炭，因此，气瓶系统所产生的排放得到了大幅度的补偿。只有当使用废弃木材生产木炭时，这两种燃料的碳排放量才几乎持平。

假设两种烧烤方式的寿命均为 150 次，总体来看，每次液化石油气烧烤会产生 2.3 千克的二氧化碳当量，这相当于一辆欧洲车行驶 13 千米所产生的碳排放量。相比之下，每次木炭烧烤会排放 6.7 千克的二氧化碳当量，其中近半来自木炭的燃烧。

从环保角度看，液化石油气烧烤似乎是更优选的解决方案，主要是因为其在生产和烹饪过程中的效率更高。

对于供应商来说，在采纳 LCA 标准时，客户的需求将是最重要的考虑因素。特别是对于中小企业，它们可能没有足够的资源来执行详细的 LCA，因此需要依赖一些允许他们进行简化的标准。对于供应商而言，了解其目标市场采用何种框架以及环境性能如何影响决策过程是至关重要的。

6.9　比较采购选项

我们需要清晰区分采购的战略视角（包括市场分析、供应商组合管理等）与操作视角。我们在本章前面部分已经讨论过战略视角。生命周期评价和供应商组合的使用则属于操作视角的一部分。量化供应商在可持续性上的优势以及评估改进的价值都是难题。

关于可持续性表现的考量可能会成为淘汰标准（例如，只有达到特定认证的供应商才会被首选）。它可以用货币价值进行衡量和比较，或者成为多准则分析决策的一部分（例如，20%的决策比重被分配给社会责任表现的评分）。

量化更可持续产品的货币价值是一项艰巨的任务。类似于环境生命周期评价，需要度量生命周期成本。生命周期成本的结果可以用于成本效益分析或成本效果分析。成本效益分析考虑对环境福利的正负影响。这种方法只考虑环境和其他可持续性成本，前提是这些外部效应可以货币化（例如，降低工厂排放所带来的医疗保健成本降低）。但是，它无法衡量像使用童工这样的不道德行为的成本，除非通过对品牌造成的损害或流失业务损失来衡量。因此，我们需要同供应商沟通道德期望，并且将未达标准的供应商排除在考虑范围之外。

成本效益分析将其焦点限定在项目上。成本效益方法可以用来研究和比较面向特定目标的解决方案。然而，目标本身往往不是用货币来衡量的，而是用一种环境影响的单位来衡量。如果考虑了几个影响类别，则每个类别都可以进行加权。

组织需要评估自己的可持续性供应链性能，以便将自己与竞争对手进行比较。供应链管理者通常对于衡量可持续性供应链的哪些指标和为什么感到困惑。这种困惑源于传统意义上对成本与产出（例如，服务绩效，如准时、全额交货）比例的关注。然而，环境性能的衡量主要看输入和碳排放，例如消耗的电力、燃料消耗、托盘移动数量和车辆利用率。经理们通常更喜欢用货币来衡量环境性能。然而，道德维度的考量通常而言是二元性的，譬如公司要么使用强迫劳动，要么不使用。

6.10 小结

采购是提升整个供应链可持续性的关键杠杆，尤其当供应链中对可持续性的大部分影响源自企业外部时，采购的重要性就愈发突出。通常，改善可持续性表现的压力主要来自供应链的客户端，这也解释了为何公共采购以及行业领导者的采购实践（这两者均集中了大量的购买力）在开发更可持续的产品和供应链实践中发挥着至关重要的作用。

各个行业、细分市场、国家和公司间的驱动因素和阻碍因素各不相同。然而，监管显然起到了关键作用，特别是对于那些缺乏内在动力去改善其可持续性的公司。将外部成本内部化，使得公司更便于在采购决策中考虑到可持续性问题。标签和认证以另一种方式简化了采购中可持续性的操作难度：从标准入手，将审计和监控的负担减轻，从而使得购买方负担较轻。

　　当更可持续的产品价格更高或者可持续性成就难以用货币价值衡量时，将可持续性纳入采购变得尤其困难。此时，就需要制定绩效目标和可持续性规范，以指导采购经理更好地完成任务。

第 7 章

逆向物流与回收

7.1 背景

逆向物流与回收在可持续性物流和供应链管理中是不可或缺的角色。过去，制造商和零售商普遍认为将产品或包装交付给消费者后的回收工作并非他们的责任。然而，联合利华投入资金并启动了伙伴关系，收集和处理塑料废弃物，购买回收塑料，并通过支付包装回收费用来支持扩展生产者责任计划。施乐公司则回收其复印机或部分零件以重复使用。逆向物流和回收不再仅仅局限于对废弃物的回收，还保持了材料的使用价值和能量含量，减少了对新原材料的需求。

当一个产品不再运作、不再需要或已过时的时候，拥有者可能希望将其处置或丢弃，却不必为此负责任。这种简单地"取、制、弃"自然材料的行为，遵循的是"线性经济模型"。这种模式导致原材料消费的增加，由于废物处理不当而导致的污染增加，以及可能用于生产更多产品或产生能源的生物养分的流失。反之，如果转向"循环经济模型"，那么供应链成员，如制造商、零售商甚至消费者，在产品生命周期结束后，将承担更多的责任。例如，如果产品仍然可用，那么可以将它转交给另一个用户。如果产品可修复或其部分可以被重用或翻新，那么它可以被再制造，并最终对另一个用户有用。在这种情况下，逆向物流和回收发挥了显著的作用。从循环经济的角度看，实现重复使用与再制造的各种逆向物流和回收系统，对于始终保持产品、材料和部件的最高利用率和最大价值是至关重要的。

我们当中的大多数人对每年处理多少废物都没有明确的概念。根据美国环保署（2021 年）的数据，2018 年美国家庭产生了 2.92 亿吨的城市固体废物。其中，大约 9400 万吨被回收和堆肥（占总量的 32%），3500 万吨用于能源回收，而令人震惊的是，1.46 亿吨（占总量的 50%）被送往了垃圾填埋场。在欧盟，每年有 30 亿吨的废物被丢弃，其中约有 9000 万吨是危险废物。发达国家产生的家庭废物通常是发展中国家的两倍，他们还更多地使用被过多包装的和复杂的耐用品，如汽车、家电和电子设备。一些国家已经成功地将大部分城市固体废物转化为能源（如芬兰）。一些国家甚至有较低的填埋率，如丹麦将其城市固体废物的 1% 送往填埋场，尽管该国的人均废物产生量在全球最高。数百万非正式废品回收者（包括儿童）为了每天赚几美元，不得不将自己暴露于有毒烟雾、有害材料和各种形式的剥削中。

在一个线性经济模型中，大部分城市垃圾最终都会在垃圾填埋场或焚烧炉中处理。没有适当防护的填埋场可能会污染地下水，并产生甲烷（这是一种温室气体）。发展中国家的人们焚烧从海外进口的电子废物以回收金属。通过焚烧废物产生能源的过程会产生大量的有毒气体和灰烬。只有富裕国家才能负担得起建设安全容纳这些有毒副产品的能源回收设施。而在产品变得无法使用之前就将其丢弃，并更频繁地购买新产品，这不仅会产生更多的空气和水体污染，还会要求工业生产消耗更多的能源，提取更多的材料，并产生更多的污染。并且由于快速增长的世界人口生活在城市地区，所以会产生更多的环境、社会和健康问题。根据经济合作与发展组织（OECD）的估计，到 2020 年，欧盟产生的废物会比 1995 年多 45%。减少废物的产生似乎是不可能的，这会对逆向物流和回收造成更大的压力。

地球上的自然资源和能源资源是有限的。面对自然资源需求的指数级增长，以及因此导致的资源消耗增加，我们亟须建立有效的逆向物流系统来减缓消耗并重复利用我们生产的产品。许多国家缺乏这样的系统，正日益深受"丢弃型社会"产生的后果的困扰。对人类活动产生的废物管理不当，可能引发严重的土地退化和自然资源枯竭，进而导致清洁水源和肥沃农田的匮乏。无论是发达国家还是发展中国家，垃圾填埋场的拥挤问题都日益严重。这个问题不仅给环境带来了破坏，同时也影响了我们的健康。人类活动产生的废物对土地造成了严重污染，导致大量土地不再适合居住。在许多国家，人们必须过滤河流和地下水才能饮用，污染的河流中捕捉的鱼类不宜食用，由交通和工业产生的城市雾霾正在导致严重的健康问题。根据联合国水资源组织的数据，全球有超过 40%的人口生活在没有改善卫生设施的环境中。2007 年世界卫生组织的数据显示，如果我们能够改善环境，则每年可以预防 1300 万人的死亡。

政府和商业机构日益认识到建立有效的逆向物流和废物回收系统的紧迫性。全球范围及国家层面的法规正被实施，以控制对自然资源的使用和对废物的处理。然而，全球废物贸易仍然是一个具有争议的问题，被标记为"有毒殖民主义"的推动者。在一些国家，政府使用激励政策以鼓励更环保的废物处理方法。现在，许多家庭必须为他们的废物处理付费。通过禁止将食物废物倒入垃圾填埋场、实行"废弃物税收"方案、强制堆肥收费以及采用强制性的食物废物生物降解回收袋等策略，韩国成功地将食物废物的回收率从 2%提升至 95%。美国的一些市政府正在实施废物处理的可变率价格政策。一些商业组织已开始减少他们产生的废物，这不仅受到政府监管压力的刺激，也受到企业公民行动或企业社会责任行动的驱动，同时也是节约处置、材料和能源成本的需要。此外，越来越多的公司开始寻找在收集、回收、再利用产品和材料中的商业机会。其他废物管理和第三方物流公司也将这一机会转化为盈利业务。然而，许多耐用产品，如电子电气、汽车、机器、家具、建筑材料和基础设施，依然需要更优化的废物管理和回收机制，这在很大程度上取决于逆向物流的设计。

7.2 循环经济与法规

逆向物流与回收系统的有效性部分依赖于相关法规。美国并未颁布全国性的回收法，但有一项名为《资源保护和恢复法案》（*Resource Conservation and Recovery Act*，RCRA）的全国固体废物管理法。在美国，主要的回收规定源自各州的立法。2019 年公布的《美国回收系统推进的全国框架》以及草拟中的《全国回收战略》，代表了在改善回收方面的一种更统一的努力。欧盟委员会（EC）借助诸如《废物框架指令》《WEEE 指令》《包装指令》《填埋指令》和《污泥指令》等，在推动欧洲逆向物流与回收行动方面发挥了关键作用。修订的《废物框架指令》要求成员国在 2025 年、2030 年和 2035 年分别实现 55%、60% 和 65% 的市政废物用于再利用或回收。《填埋指令》的目标是到 2030 年将市政废物填埋量限制在 10% 以下。除了回收,废物焚烧用于能量回收也是市政废物管理解决方案的主要贡献者之一。

2018 年,欧盟成员国一致同意一套全面的法规,旨在减少家庭垃圾并提高回收率,其中包括《废物框架指令》(2008/98/EC)、《填埋指令》(1999/31/EC)、《包装废物指令》(94/62/EC)、《废弃车辆指令》(2000/53/EC)、《电池与蓄电池以及废电池和废蓄电池指令》(2006/66/EC)、《电子和电气设备废弃物指令》(WEEE Directive,2012/19/EU)。除需要对塑料、玻璃、纸张、金属和废油进行分离外,预计欧盟成员国也将在 2025 年开始收集和分离纺织品、有害物质和有机废物。他们必须单独收集生物废物,不允许焚烧或填埋单独收集的废物。到 2023 年年底,他们必须单独收集生物废物,并禁止焚烧或填埋此类废物。他们有义务在 2025 年收集至少 77% 的塑料瓶,并在 2029 年达到 90% 的一次性塑料瓶收集率。

塑料污染被公认为会对环境,包括海洋生命,造成严重破坏。2021 年 7 月 2 日生效的欧盟关于单次使用塑料产品的指令规定,欧盟成员国不再允许将某些一次性塑料产品投放到成员国市场中。这些塑料产品包括棉签棒、餐具、盘子、吸管与搅拌棒、气球和气球棒、食品容器、饮料杯、饮料容器、烟蒂、塑料袋、包装袋和包装纸、湿巾和卫生用品。在美国,2021 年的《摆脱塑料污染法案》规定,某些产品(例如,包装、纸品、一次性产品、饮料容器或食品服务产品)的生产者在消费者使用产品后负责收集、管理并回收或堆肥处理这些产品。该法案还设置了:(1)产品必须再利用、回收或堆肥的最低百分比;(2)饮料容器中必须含有的逐步增加的回收内容百分比。该法案从 2023 年 1 月 1 日开始逐步淘汰各种一次性产品,如塑料餐具。此外,美国还在讨论为商业捕捞中使用的渔网和渔具的使用、收集、分离和回收设定新的法规,因为渔网是海洋污染的另一主要来源。

随着数字技术的日益普及,全球产生的电子废弃物(e-waste)也越来越多。这些废弃物中含有汞、溴化阻燃剂(Brominated Flame-Retardants,BFR)和氯氟烃(Chlorofluorocarbons,CFCs)等有毒有害物质。为应对此现象,欧盟推出了《电子和电气设备废弃物指令》(WEEE Directive),旨在减少电子电气设备的生产,并鼓励全体公众重复使用、回收和利用这些设备。此外，该指令也提出，希望通过提高制造、供应、使用、回收和处理电子电气设备的商业实体的环境表现，从而改善整体的环境状况。

在英国，经销商可以选择是否对回收 WEEE 收取费用。经销商回收计划（the Distributor Take Back Scheme，DTS）要求经销商记录收回的 WEEE 数量，以符合"第 34 条规定"。经销商也可以引导消费者前往最近的回收设施。生产商则被要求加入已批准的 WEEE 生产者合规计划（Producer Compliance Scheme，PCS），安排好 WEEE 的管理，并向经销商提供他们的注册编号。PCS 将会承担会员在财务上的义务，负责在英国范围内收集、处理、回收以及环保处理家用和非家用的 WEEE。

然而，根据巴塞尔行动网络的调查，一些国家被认定为严重违规者，他们将电子废弃物以低价电子废料的名义非法出口至加纳、尼日利亚、巴基斯坦、坦桑尼亚、泰国和乌克兰等国进行修复，这是巴塞尔公约中的一个漏洞。

在欧盟产生的所有废弃物中，市政废弃物只占 8.2%，建筑和拆除产生的废弃物占 35.7%，其次是采矿和采石业废弃物占 26.3%，制造业废弃物占 10.7%，废物和水务服务废弃物占 10.2%，以及服务业和能源等其他经济活动废弃物占 9.4%。目前，能够回收超过 50%建筑和拆除废弃物的欧盟成员国寥寥无几。其中主要的挑战在于，人们对回收材料的质量缺乏信心。矿业废弃物和尾矿（副产品）主要来源于提取和加工矿物资源的过程，其中许多是有毒的。与提取更多的原材料相比，从电子废弃物和废旧电器中开发出高效的城市矿业解决方案更具能源效益。

越来越多的生产商开始对他们生产的包装废物的全额净成本负责。过去，生产商只需向批发商和经销商提供关于其产品回收方法的信息，这是"集体生产者责任"计划的要求。一些生产商已经自愿建立了产品回收计划，他们主动提供并承担产品回收的费用。在英国，新的"扩展生产者责任"（Extended Producer Responsibility，EPR）计划通常将由监管机构定义的生产商视为唯一的行动主体，他们需要对产品终生的环境影响负责。例如，英国政府计划从 2023 年开始逐步改革英国的包装生产者责任体系，设定更高的回收目标，并要求包装生产者支付管理回收过程的全额净成本。这样的政策将推动生产商避免乱扔垃圾，发展回收计划，积极参与回收活动。

7.3 产品恢复选项

基于对产品的深入理解，企业可以学习管理废弃产品的回收与分发，以及在逆向物流中进行生产与库存计划和供应链管理。回收产品可以涵盖民用物品、消费品、工业品、矿物与化合物、原材料、分销物品及备件。针对不同种类的回收产品，需要适合的产品恢复选项。产品恢复管理（Product Recovery Management，PRM）涉及一个制造公司所有已使用和废弃的产品、组件和材料的管理。PRM 的目标是在合理的范围内最大化地回收产品的经济（和生态）价值，进一步地说，这样做有助于减少最终的废弃物总量。由于一直坚信 PRM 的成本不能超过其带来的收益，大多数制造商关注的重点是从工厂到最终消费者的正向物流过程，而非已使用产品的逆向回收过程。因此，许多制造商对待已使用产品的传统方式是忽略它们或让其他方处理它们。然而，近年来，制造商面临来自消费者和政府的双重压力，要求减少其产品产生的废物。总体而言，存在以下 5 种主要的产品回收选项。

1. 维修（Repair）

● 维修的目标是将已使用产品恢复至可正常使用的状态。

● 通常不需要对产品进行拆解，而是修复产品并可能更换部分零件，同时有些零件也可以被再次利用。

● 修复后的产品质量通常低于新产品。

● 维修工作可在零售店或维修中心进行。

● 诸如计算机、手机和洗衣机等产品适合进行维修。

2. 翻新（Refurbishing）

● 翻新的目标是将已使用的产品提升到预设的质量水平。

● 翻新需要类似于维修的流程，包括将已使用的产品拆解成模块，对模块进行检查，然后修复或更换一些模块，批准的模块随后被重新组装成翻新产品。

- 翻新产品的质量通常不如新产品。

- 像房屋和房车这样的产品适合翻新。

3. 再制造（Re-manufacturing）

- 再制造的目标是将已使用的产品提升至与新产品一样的质量标准。

- 再制造的流程类似于翻新，通常会完全拆解已使用的产品到模块和零件，进行广泛的模块检查，更换磨损部分或模块，修复并大量测试可修复的部分。最后，经批准的部件和模块将被重新组装成再制造的产品。

- 诸如复印机、引擎、汽车零部件和机床等产品适合再制造这种方式。

4. 旧零件拆解重用（Cannibalization）

指同类产品之间互相竞争以争夺市场份额的现象。

- 此类操作的目标是从废旧产品或部件中提取出有限的可重复使用部件。

- 在回收使用过的产品的过程中，只有极少数部件被提取出来，用于再使用、再制造或者修复其他产品和部件。

- 该过程包括对已使用的产品进行精选拆解，并对潜在可重用的部件进行检查。

- 其余部分会被回收或处理掉。

5. 回收利用（Recycling）

- 此操作的目标是重复利用废旧产品或部件中的材料。

- 回收的材料将被分类。

- 如果这些材料质量优秀，它们可以用于生产原有的产品和部件。反之，这些材料可以用于生产其他产品。

- 此类实例包括牛奶瓶、软饮料瓶等。

回收方式之间存在一些关键性的差异。从拆卸程度来看，维修需要将废旧产品拆卸至产品层级，翻新需要将其拆卸至模块层级，而再制造和拆解重用需要将其拆卸至部件层级，回收则需要将其拆卸至材料层级。再制造的产品质量最高，与新产品一致，而维修和翻新的产品质量会略低。在维修过程中，部分部件需要修复或替换。在翻新过程中，部分模块需要修复或替换，可能还需升级。在再制造过程中，使用过的和新的模块或部件被组装成新产品，并可能需要升级。拆解重用与上述方式不同，它只重复使用部分部件，其余产品则被回收或处理。回收工作在材料层级进行，也就是说，部件被重新加工成原材料形态。

有效发展产品恢复管理（PRM）的第一步是获取充足信息。首先，需要理解产品的构成。制造商应能根据材料清单和产品/材料的技术规格，辨识出产品的各个部分和组件。拥有有效的环境管理体系（Environmental Management System，EMS）的制造商，能拥有系统来收集制造每个部件或产品所用的材料，以及管理这些材料生命周期结束的相关处理法规的信息。基于这些信息，他们可以判断哪些部件/模块/产品适合重复使用、修复、翻新、再制造、回收和处理，这取决于退回产品的质量。

其次，可以提供不同的激励措施来鼓励客户退回已使用产品。例如，提供标有免费退货运费的墨盒盒子，就能方便用户将使用过的激光打印机墨盒退回。在产品回收方面，通过向用户提供购物积分等方式，来鼓励他们参与。对于具有不同残余质量水平的产品，通过提供滑动价格表，来鼓励用户更好地保养产品，从而提高回收产品的平均质量。一些公司为购买新产品的客户提供免费回收服务。例如，Lexmark 提供预付折扣，鼓励客户将其打印机墨盒退回到 Lexmark 再制造。宜家的客户可以使用回购和转售服务，在未来购买中以退款卡的形式获得高达50%的原始价值。这种策略不仅能提高退货回收率，还能积极提升品牌形象。许多公司通过与分销商和第三方物流服务提供商密切合作，开始提供免费回收服务。尽管设立自身的产品回收或逆向物流网络有助于保证退回产品的质量，但许多公司仍提供多个退货渠道以提高回收率。为零售公司提供收集废旧产品的激励，在某些情况下可以提高产品回收率，同时也可以促进新产品的销售。

在选择适宜的产品回收策略时，我们必须权衡多个因素。首先，不是所有使用过的产品在技术上都适合重复利用、修复、再制造或者回收。例如，食品包装可能无法重复使用，但却可以进行回收。其次，我们需要探讨在"处置市场"中是否存在持续可供回收的旧产品和部件。这取决于回收物流的效率、客户归还已使用产品的意愿，以及归还产品的品质。人们参与产品回收的动力可能来自金钱激励、相关规定以及参与的便利性。而参与的便利性取决于收集方案的设计（如表 7.1 所示）。收集方案的设计以及收集中心的位置将决定回收流程的效率。归还产品的品质在很大程度上依赖于产品和部件的设计，以及鼓励消费者在使用期间保养产品的措施。

表 7.1　收集方案的设计

收集方案及激励	定义及运作原则
预收定金	当客户购买产品时，会先行收取产品的预付定金。当使用过的产品或包装材料以正确的状态返回到收集中心时，这笔定金会返还给客户。这是一种有效的方案，可以确保回收使用过的产品或包装材料。在一些欧洲国家，对瓶装饮料收取定金非常常见
回收服务	零售公司或原始设备制造商提供对回收旧产品进行修复、再制造、翻新等服务。此项服务可能免费，也可能涉及费用。此方案展示了生产商承诺客户在进行购买决策时，存在一个反向物流系统的责任。客户、原始设备制造商或第三方服务提供商可能参与实际退还产品的过程。回收服务在复印机、打印机、电池、汽车等产品中非常流行。租赁协议下购买的产品往往提供回收服务
折价交换（返利）	使用过的产品可以退还到零售店进行折价交换，即客户需要以此换购其他产品。对于旧产品有一个约定的价值，因此客户无须为新产品支付全额价格。折价交换方案通常用于汽车和手机
上门收取	可以上门收取客户使用过的产品，通常需要收取费用。这种收集方案通常由地方政府（市政）和慈善机构为家庭操作，也由商业垃圾管理公司为工业操作
公共回收中心	由地方政府（市政）提供，家庭可以将使用过的产品带到公共回收中心。这种方案通常是免费的，但客户必须愿意亲自返回使用过的产品

第三个需要考虑的因素是对再处理产品、部件和材料持续的需求，这对提升检查和处理活动的效率至关重要。这通常需要在一个中心节点处累积回收的产品。虽然最佳策略是将回收的产品重新导入前向物流中进行再利用，但是部分回收的产品需要进行修复、翻新和再制造。有时，由于再处理产品的次级市场可能距离使用过的产品的源头有数千英里远，而且在先进的经济体中，再处理的成本较高，这将涉及进出口贸易。例如，欧洲收集的电子废物、旧衣物以及塑料包装材料被运送到其他发展中国家进行修复、再处理和再销售。尽管有像"巴塞尔公约"这样的法规存在，但在全球废弃物和回收交易中仍然存在着法规的漏洞和显著的短板。

最后要考量的是经济和环境的成本效益，即产品、部件和材料的价值能否对建立或投资于 PRM 产生经济效益。大多数逆向物流系统包含众多参与者，具有碎片化的结构并缺乏供应链领导，其效率通常被链条中最不赚钱的部分所限制。因此，理解整个逆向物流系统中每个参与者的成本和收益极其重要。为了理解 PRM 的经济价值，引入了一个新的概念——价值回收（Value Recovery，VR）。收集、检查/分类、预处理、物流和分销网络设计是价值回收中四个重要的功能方面。用于表征价值环境的维度包括退货数量、退货时间、退货质量（等级）、产品复杂度、测试和评估复杂度以及再制造复杂度。价值回收策略和计划可能导致收入增加、成本降低、盈利能力提高和客户服务水平提升，从而改善公司形象。

选择正确的回收选项并开发高效的 PRM 是繁重的任务，并非每个人都能使其经济可行。一些企业的目标是在其所在行业中成为产品回收和环境的领导者。例如，施乐公司（Xerox）尝试实现环境领导力。施乐公司的案例展示了生产商在实现环境可持续发展的前提下如何又能显著提升逆向物流系统的效率。

施乐公司的环境领导力

施乐公司是文档技术与服务领域的引领者，被誉为全球企业流程和文档管理的佼佼者。施乐的服务领域涵盖了办公打印解决方案、商业服务、生产打印解决方案、数字化流程、采购解决方案、智能工作场所服务、数字文档共享等多个方向。

作为欧盟成像设备自愿协议的签署方，施乐公司参与定义了涵盖产品全生命周期的环境属性，比如电子产品环境评估工具（EPEAT）。图 7.1 展示了施乐公司所采用的闭环供应链模式，考虑了打印产品的全生命周期。施乐公司使用 ISO 标准的全生命周期分析法，来识别环境影响的主要来源。通过执行耗材回收及再循环计划，施乐公司成功避免了墨盒被送至垃圾填埋场。2019 年，施乐公司用回收再利用的墨盒来制造的新墨盒约占总量的 50%。该回收计划还进一步延伸至供应商，供应商的回收计划已避免了 1.45 亿磅废物被送至填埋场。

施乐绿色世界联盟（Green World Alliance，GWA）项目协调了这个多层次的回收和再制造计划。其中包括合作伙伴 Close the Loop（美国）、Greiner Associates

（欧洲）和 SCI（加拿大），他们共同负责收集、检查、分解、清洗墨盒，并将用完的墨盒退回施乐公司。设备回收和再循环计划旨在利用旧设备和部件重新制造设备。通过此计划，施乐公司利用一部分旧零部件成功地生产出新设备，并且节约了成本。

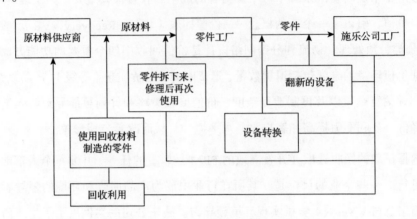

图 7.1　施乐公司闭环供应链模式

在产品设计中，施乐公司特别关注减少有害物质的使用及提升材料利用效率，它将零部件和组件的再使用与回收作为重要因素来考虑。通过延长部件的使用寿命、方便拆卸、部件可重复利用和材料可回收，估算并降低产品生命周期成本。产品设计考虑到一些主要部件（如机架）用得更持久，并可用于重新制造其他产品或进行修复。为了有效实现这一目标，产品设计团队开发了一种产品生命周期成本模型、材料指南和处理编码。在产品设计过程中，每个部件和组件的生命周期成本、材料使用和回收选项都将在强制性审查中进行讨论。为确保所有参与人员都能执行这种严格的产品设计流程，他们都会接受相关培训。

施乐公司的制造流程也旨在创建无废弃物的工厂。施乐公司关注生产过程中的低碳排放和能源高效利用，并在产品设计阶段就考虑使用低排放和低能耗的生产流程。施乐公司工厂的另一独特之处在于，它的生产线不仅能够利用回收的旧零部件制造新产品，还可以翻新使用过的产品。

更为重要的是，施乐公司认识到客户使用过程中能源的重要性。除节省纸张的功能外，施乐公司投入大量研究，设计能在使用或节能模式下最小化能耗的复印机。施乐公司坚信，待机模式是一种能源浪费。当复印机不使用时，可以使用更好的节能选项，如"低功耗""休眠"和"自动关闭"。

施乐公司也认识到复印过程（即将墨粉熔合到纸张上）需要一定的热量，因此进行了大量的研究，以使打印过程在更低的温度下运作，从而在使用和节能模式下实现能源的最优利用。结果显示，80%的时间可以使用节能模式。自1993年以来，施乐公司一直与美国环保署（EPA）及行业共同合作，为节能复印机设定标准。施乐公司是一家专注于设计可持续性产品的公司，其能源之星产品在国际上获得了广泛认可。对施乐公司而言，可持续性设计已经成为其商业经营的方式。2019年，施乐公司的所有新产品都达到了 Energy Star®标准，同时满足了于2019年10月生效的更为严格的 Energy Star Imaging Equipment 3.0 标准。此成就的实现，是通过削减基于激光的打印产品的功耗、对定影器设计的调整、对调色剂性质的改变以及对更高效电子控制和静电复印系统性能的研发等多重手段完成的。

此外，改进客户退货过程也是施乐公司关注的重点之一。通过施乐公司 Green World Alliance 的优化，退货体验得到了显著改善。退货方式主要有两种：（1）单品退货项目；（2）生态盒子。单品退货项目适用于客户退回少于5件物品的情况，如墨盒。客户可以提交墨盒退货标签请求，免费通过邮寄方式退回墨盒。根据退回产品的种类和客户的地理位置，施乐公司会选择合适的回收中心接收退回的产品。而对于5个以上物品的退回，客户可以选择使用生态盒子项目。客户可免费订购每套三个盒子的回收包，将物品打包在盒子里，下载预付邮寄标签，然后将其退回到施乐公司的退货合作伙伴处。在欧洲，有一家名为 Close the Loop 的公司，与施乐公司一样，专注于零填埋废物回收。该公司接收施乐公司无法再次使用的墨盒，通过其专有的回收流程，将墨盒分离为塑料、碳粉、金属和其他材料，然后进行清洗和处理，使其可以作为原材料或新产品重新投入市场。

由于复印机中含有化学物质（如墨粉），因此清洁过程具有一定的危险性。为此，施乐公司开发出了先进的清洁技术和部件可靠性预测方法。相较于传统的基于溶剂的清洁方法和无害的松节油，施乐公司选择使用自动化的二氧化碳喷砂技术进行部件清洗，其还开发出了先进的技术，用以确定产品使用过程中的噪声、热量和振动范围，从而筛选出可再次使用的退回部件进行再加工和再使用。同时，施乐公司还采用了平台化设计，并强调了部件的通用性。这些特性提高了产品退回的可预测性。施乐公司还进一步将再制造的理念扩展到产品转换上。新的再制造流程与产品转换流程完全整合。例如，废旧机器的可重复使用部件和机架被用于构建新的或"再制造"的机器，比如 Document Centre 220 就可以被转换成 Document Centre 440。

施乐公司还通过参与部件供应商和原材料供应商的业务，进一步扩展了其回收渠道。需要进行再制造和转换的机器被送回施乐公司工厂。可以再次使用的部件被送至部件工厂进行拆解、修复和再利用。不能再次使用但可回收的部件被送至部件工厂作为原材料。回收的材料被送至原材料供应商那里进行再利用。2019年，施乐公司成功将 10100 吨的废物转移出填埋场。

其他逆向物流解决方案的案例示例

以下是关于逆向物流解决方案的一些其他案例示例。许多公司，如宜家、宝马、奔驰、富士胶片、柯达、戴尔等，一直在不断改进他们的逆向物流系统，以实现环境可持续性：

- 宜家通过网站提供回购服务，使顾客能够为其所拥有的旧宜家家具获得报价。顾客可以将完全装配的家具带到宜家商店进行条件检查和最终评估。顾客将获得一张退款卡，其价值最高可达退回家具的 50%，可在未来在宜家商店购物时使用。他们已建立了一个新的循环中心（线上及线下），用于销售来自回购服务的回收家具、停产产品和展示产品。2019年，宜家赋予了 4700 万个回收产品以二次生命。

- 宝马自 1990 年以来，在德国兰茨胡特的试点汽车拆解工厂进行回收研究。研究主要集中在三个方面：回收现有汽车的材料，目标是再利用所有塑料的 80%；重新使用现有汽车的高价值部件，如发动机、起动电机和发电机，这些重新制造的部件作为"交换部件"销售，价格为新产品价格的 50%～70%；避免使用复合材料、标记部件和组件以简化分拣任务，设计出未来的汽车。另外，他们采用了方便拆卸的设计，使部件能在 20 分钟内被拆卸，并考虑使用双向紧固件代替螺钉和胶水。

- 奔驰接收并拆解报废的奔驰车辆，将收集的可用配件以极好的折扣出售给消费者和商业客户（Toffel，2004）。在英国，奔驰与 Autogreen Ltd 合作，提供一个由政府认证的全国范围内用于处理报废车辆的拆解设施网络。

- 富士胶片和柯达等销售一次性相机的公司实施了一项回收计划，回收了90%以上的一次性相机，扭转了这类产品对环境不利的影响。Grant 和 Banomyong（2010）详细描述了富士 Quicksnap 相机的产品退回策略。

- 戴尔通过支持全球电子工业行为准则（Electronics Industrial Code of Conduct，EICC）来提供低成本甚至无成本的便捷回收计划，以及与森林产品管理（Forest Products Stewardship，FPS）倡议合作，提高产品回收率和产品生命周期终结时的能源效率。

- 惠普、印度 Infosys、喷气发动机零部件制造商以及手机制造商等都提供了不同行业中逆向物流和回收系统发展的优秀案例。

如施乐公司案例所示，某些产品的逆向物流过程必须处理危险物质，这是主要问题之一。阴极射线管（Cathode Ray Tube，CRT）和液晶显示器（Liquid Crystal Display，LCD）被归类为危险物质，因为它们含有铅和汞。个人电脑包含带有重金属和可充电锂电池的印刷电路板。电子产品的另一大废弃物是塑料，燃烧时可能产生毒性。复印机的一个问题是排放废弃的挥发性有机化合物（VOC）和其他危险物质，因此需要开发和传播针对产品开发的环境手册，并为员工、顾客和废物管理者提供教育计划和信息。

7.4 逆向物流和回收利用

基本上，负责妥善、高效、可持续地处理废物的系统可被广泛地称为逆向物流系统。与正向物流的概念有所不同，逆向物流主要关注供应链的逆向运作，涉及将产品或材料从消费者处回收并进行重新利用或处理的问题。逆向物流涉及货物从消费者向生产者的分销渠道的逆向运动，这几乎等同于物料回收和废物管理。

它的目标在于尽量减少成本，从逆向物流中提取价值，并满足法规和环境要求。逆向物流是整体供应链优化的更广义概念，它通过影响产品设计、供应链设计和产品回收等活动，以支持供应链的闭环特性。逆向物流在产品退货、源削减、材料重复使用、材料替代、废物处理、回收、翻新、维修和再制造等方面发挥着重要作用。从流程的角度来看，逆向物流被定义为"规划、实施和控制从消费点到起点的材料、在制品库存、成品以及相关信息的有效流动，以便重新获得价值或进行适当的处理"（Rogers and Tibben-Lembke，2001: 130）。另一种定义是"规划、实施和控制从消费点到起点的原材料、在制品库存、成品以及相关信息的有效、成本效益的流动，以便重新获取价值或进行适当的处置"。

对于组织回收系统的公司以及必须支付破旧或废弃产品处置费用的公司，逆向物流是一个重要的概念。它有时被视为"可持续性发展"的支柱，因为它在经济和环境方面对企业实践产生了影响。逆向物流被认为是实现可持续性发展的一种手段，是维护经济和环境的驱动力。逆向物流是封闭式供应链和循环经济中的关键元素。封闭式供应链包括从供应商到终端客户的物料正向流动，以及产品消费后回到制造或分销供应链的逆向流动。逆向物流阻止了废弃产品进入如填埋和焚烧等不环保的渠道。如图 7.2 所示，可以从以下废物管理的层次结构确定环境友好性：做减法、重复使用（再利用、再制造等）、回收、能源回收、处置。

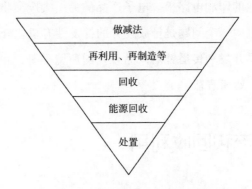

图 7.2　废物管理的层次结构

- 针对环保的优先选项，首推的便是"做减法"。做减法主要涉及减少使用有害原材料及能源，借助清洁生产能够降低能源消耗。此外，我们还可以对工业生产进行调整以减少危险废弃物和其他材料的产生，这一策略被称为源削减，主要涉及改进制造技术、原材料输入和产品配方。我们可以替代性地使用回收材料（如废金属、玻璃、纸张等）以减少对原材料的使用。消费者的行为也能助力于"减少"这一环保行动。我们消耗的自然资源越少，产生的废弃物也就越少。

- "再利用、再制造"是另一种环保策略，指的是对使用过的产品部分或者整个产品（经过修理或再制造）的重复使用，如施乐公司的实践。再利用可以被视为一种直接的资源回收手段。并非所有物品都应被丢弃，它们往往还可以再次利用。例如，逆向物流系统——包括回收或回购计划、二手物品交换、销售等——都有助于促进物品的再利用，从而减少填埋垃圾的数量。

- "回收"策略则有助于将废物分离成可重新用于制造新产品的材料。通常，回收过程需要消耗能量来改变材料的物理属性。回收是一种需要再处理的资源恢复方式。例如，堆肥处理或者对空饮料容器和包装材料的再处理都属于回收活动。

- "能源回收"通常指的是从废弃有机物质焚烧过程中产生电能或热能的过程，也可以被称为"垃圾转能"。

- 最后，如果上述策略都无法实施，我们只能选择处置（处理或填埋）。但这是最不理想的选项，因为有些材料不易降解，且有些材料可能含有有毒物质。

逆向物流管理需要一些特定的知识和技能。首先，需要理解涉及的产品、参与者、回收过程，以及不同参与者参与的驱动因素或原因。回收过程的典型参与者如下。

- 零售公司主要提供逆向物流服务，以便于管理产品退货、维修和保修。这些服务常常与原始设备制造商（Original Equipment Manufacturer, OEM）提供的产品保修服务关联。服务内容可能包括未售出产品和产品保修的再销售和再分发。一些零售公司根据政府的要求或自愿提供消费品包装的回收设施。在分销过程中，零售公司可回收大量的可回收材料。

- OEM 也可能提供产品退货、维修和保修的服务。制造商通常没有零售门店，因此他们可能自有或将退货中心外包给第三方物流服务提供商，或者为消费者提供退回使用过的产品的途径，如零售商店或邮寄服务。

- 政府机构或地方政府通常向家庭和商店提供垃圾收集和处理服务。在许多国家，大部分家庭垃圾由政府机构或地方政府收集。然而，逆向物流系统对于促进再利用、回收和处理的效果会因提供的收集和再处理系统的不同而有很大的差异。

- 私人废物管理和产品回收公司是专门为零售公司、原始设备制造商和政府机构进行退货管理的第三方物流服务提供商。在一些国家，还有个别公司（拾荒者）从垃圾场收集可再利用的材料或产品。这些公司通常还会对收集的产品进行分类，有时还会进行再处理。

- 交易商购买并销售由政府机构、零售公司、废物管理公司和拾荒者收集的回收产品或可回收材料。他们在汇总和分发回收产品给再加工商方面发挥着重要作用。

- 再加工商是分解、修理、再制造、翻新、回收和再加工处理从"废弃市场"收集的产品和材料，并将其转化为可再利用形式的公司或个人。除非产品可以在无须再加工的情况下再次使用，否则大部分回收产品都需要经过再加工。这些商家的商业运营必须可行，因此需要源源不断地回收产品和材料，以及来自市场的持续且有利可图的需求。

- 消费者是逆向物流回路中最后但也是最重要的参与者。他们构成了"再利用市场"，可能是个人消费者、商业公司或非营利组织。慈善机构是回收产品的主要客户。也有一些公司分销和销售二手零部件或再制造的产品。如果没有这些参与者的需求，逆向物流系统在经济上将不具备可行性。

尽管许多参与者涉足废物管理和逆向物流活动，但效率不高和可见度不足常常是一个问题。在提供逆向物流服务时，许多制造业和零售业公司更关心保修和客户售后服务，而非环境的可持续性。这部分源于监管压力和生产者责任的缺乏，但随着扩展生产者责任（Extended Producer Responsibility，EPR）的法规盛行，更多的生产商将开始研发或外包逆向物流能力以实现如垃圾填埋减量等目标。事实上，产品回收活动能有效地提升品牌形象。在环境意识提高的推动下，诸如电子产品制造商将其产品安全和职业健康组织部门从专注于监管合规性向拥有明确产品管理责任的全面环保政策方向转型。当前，大部分计算机和手机制造商提供诱人的产品回收服务，只因消费者愿意从那些能负责任地处理二手产品的厂商那里购买新品。下面的案例研究将解释全球计算机和手机 OEM 如何运用并调整现有的国际正向分销网络来实现逆向物流系统。

手机的逆向物流系统

手机中包含 500 多个组件，其中包含如砷、铅、汞、镉、氯、锌、铜、溴等有害物质。电池中包含碳、汞、镉和钴酸锂。只有部分物质被电气和电子设备中的 RoHS 及 WEEE 所限制。这就意味着我们需要一个高效的逆向物流系统。

由于多种原因，手机的逆向物流系统并非十分有效。第一，手机在设计上往往并不易于维修、升级和维护。大部分手机并不是基于模块化系统设计，以方便特定组件的升级的。绿色和平组织的《电子产品绿色指南》（ *the Greenpeace Guide to Greener Electronics* ）（2017）指出，HP、Dell 和 Fairphone 等厂商提供了更便于修复和升级的手机。例如，Apple 等厂商使用的专有组件，让更换变得更为困难。第二，手机生产商倾向于每几年就发布新的手机（型号），并使用具有吸引力的激励机制鼓励用户升级到新款机型。这降低了为拆卸、修复和升级进行设计的动力，并让制定更为严格的法规变得困难。Apple 甚至在纽约和内布拉斯加对修复权法案进行游说。第三，虽然一些生产商提供修复服务并销售翻新产品，但这并不是他们的主要市场细分。同时，这些设计也使得其他服务提供商难以提供维修服务。第四，该行业在如何复用、翻新、制造和回收旧手机方面的透明度很低。没有透明度，就没有问责制。第五，缺乏法规以增强透明度并阻止电子废物出口。最后，数以百万计的二手手机被出口到欠发达的经济体，这些手机最后被非正式地拆卸，或者被烧毁以回收金属，并最终散落在当地社区。

手机退回生产商（通过零售商）的原因主要有三个：（1）七天无理由退货保障；（2）一年保修期内的服务退货；（3）换购新手机。为应对这些退货，我们需要一个闭环处理系统。

在七天无理由退货保障中，如果消费者对手机不满意，或者发现有任何缺陷，他们都可以将手机退还给零售商，然后，由第三方运输服务提供商收取并送至生产商专门设置的退货处理中心，再由技术人员进行检查和测试。若手机没有缺陷，它将被重新包装并作为新手机销售；如果手机有轻微缺陷，修复成本低，则会在进行修理后以新手机或翻新手机的形式出售。如果手机工作正常，但有较高的维修成本，那么将以二手手机的形式出售。如果手机无法正常工作且超出经济修复范围，那么它可以被部分拆解，或者卖给第三方。

对于一年保修期内的服务退货或手机换购，退回的手机由技术人员修理后作为二手手机出售，或者卖给第三方。大部分手机生产商会把这些流程全部外包给第三方，然后把无法修复的手机转给其他第三方。这些退回的手机很多时候与电脑等电子设备一同被销毁或者出口到欠发达国家，这两种方式都对环境产生了负面影响。

在大部分国家，物料回收设施（Material Recovery Facilities，MRFs）内都有粉碎机。手机生产商、零售商及其第三方服务提供商会将他们的电子废弃物送至MRFs。同时，负责收集家庭电子废弃物的地方政府也会将废弃物送至 MRFs，并要求其报告回收材料的总重量（这也是计算某个省份或国家回收率的方法）。在这些 MRFs 中，电子废弃物中的金属被粉碎并与其他材料分离出来，然后卖给其他企业进行冶炼或化学处理。不能被回收的粉碎后的电子废弃物最终会被填埋。为了回收金属而焚烧电子废弃物可能导致严重的健康问题。

Fairphone 是一家成立于 2013 年的社会企业，其目标是制造对人类和环境都更友好的手机。其核心理念是帮助消费者尽可能长时间地使用他们的手机。因此，Fairphone 采用了侧重于易修复和易升级的模块化设计。这种设计使得消费者只需一个螺丝刀就可以打开手机，更换诸如电池、相机模块、显示模块、可扩展存储等重要组件。一些手机材料也通过了冲突矿物认证。由于其模块化设计，Fairphone 在 Greenpeace 的 2017 年"更环保电子产品指南"中获得了最高评分。另一个重要的进步是，Fairphone 识别并认证了供应商使用的冶炼厂和提炼厂，特别是对冲突矿物（锡、钨、钽、金）进行认证，以符合"负责任矿产倡议"（Responsible Minerals

Initiative，RMI）。Fairphone 也发布了报告，详细阐述了他们与不同矿物供应商的合作情况。虽然离真正公平且能避免手机填埋的理想目标还有很长的路要走，但像 Fairphone 这样的社会企业在改变低效的手机逆向物流系统方面发挥了至关重要的作用。

7.5 回收利用

并非所有的产品都可以被重复使用、翻新和再制造，然而，它们的材料却能够被回收利用，甚至用于能源回收。回收利用在延长材料使用寿命方面起到了重要作用，它已经成为一个庞大的产业。例如，金属回收在英国就是一个价值 56 亿英镑的产业。美国、德国、英国、日本和荷兰等国家是废铁的主要出口国。在英国回收的金属中，铁和钢占大部分。几乎所有的金属都能被回收为高质量的新金属，根据金属的性质，它们可分为铁质和钢质的黑色金属，以及铝、黄铜、铜、铁、铅、锡等非黑色金属。

7.5.1 金属

一些金属被广泛用作容器和包装材料。例如，铝罐是 100% 可回收的。但是，据美国环境保护署的数据，2018 年美国只有 34.9% 的铝容器和包装被回收利用，大部分铝容器和包装最终被送入填埋场。

金属回收业是一种结构像"金字塔"的行业，包括从小型家族企业到大型跨国企业的各种规模。其中一些企业专注于收集和运输使用过的电子设备。这些设备在被回收后，由交易商进行分类和销售。有小型和大型的经营者购买这些设备，并通过检查、去除危险物品、粉碎和将金属与其他材料分离等步骤进行处理。最后，有经营者购买打包的废金属并将其冶炼成新的原材料。金属回收涉及以下几个过程。

- 收集、称重、分类和分发：涉及广泛的供应商，包括工程行业；小商贩

（如水管工或汽车拆解商）、地方政府收集站；处理废弃家电的居民。

- 剪切：通过切割来减小大块金属的尺寸。

- 压缩/压实：以提高处理和运输的便利性。

- 粉碎：将回收材料粉碎至拳头大小的颗粒，并利用磁力和气流分类方法将金属与其他材料分离。大型粉碎机甚至可以在十秒内处理完一辆汽车。

- 介质分离：使用液体密度以及手动或机械分选方法进一步分离剩余的非铁金属。

- 熔化：这是最后的步骤，旨在将回收材料回归为各种不同的金属组成和质量。

理论上，所有的金属都可以被回收利用。铅、锌、铜、铝和钢铁是被回收利用最多的金属。除收集和分离的成本外，金属回收的经济效益还取决于重新加工一公斤回收金属所节省的能量与从矿石中提取相同重量金属所消耗的能量之间的差距。根据英国金属回收协会的数据，由于金属回收，钢铁的能源节省率高达 62% ~ 74%，铜达到了 87%，锌为 63%，铅则为 60%。

报废汽车是被回收利用最多的物品之一。在金属回收粉碎机处理的材料中，约有一半来自汽车。一辆汽车中超过 75% 的部分是金属，剩下的部分被称为"粉碎废料"，这部分通常会被送入填埋场。目前，已有一些正在开发中的技术，旨在回收报废汽车中的塑料和地毯。

电子产品也是金属回收的重要来源之一。电子和通信产品是非铁金属的主要消费者，而废弃家用电器中的金属可供回收。尽管冰箱的 95% 可以回收，但处理流程的效率不高，还可能会导致损害环境的 CFC 气体释放到大气中。根据 2020 年的《电子废弃物监测报告》（E-waste Monitor Report），北欧的 WEEE 回收率高达 59%，北欧是全球电子废物产量较大的地区之一。目前的回收率仍不理想，因为 WEEE 的产生速度是世界人口增长速度的 3 倍。再者，许多小型通信设备，如手机，未进行回收并最终被出口到尼日利亚等国家。这一新兴问题自 21 世纪 10 年代以来推动了有关维修权利法规的讨论，并导致 2021 年针对电气和电子产品的新法律的制定和实施。

7.5.2 塑料

塑料是近期引发争议的另一种重要可回收材料，这主要是由于"爱登堡效应"（Attenborough Effect）的影响，该效应源自 2017 年大卫·爱登堡主持的电视纪录片《蓝色星球 II》（*Blue Planet II*）以及随后的"反塑料战争"文献。相较于其他材料，塑料的使用一直是争议的焦点。超市应该让消费者使用塑料袋还是纸袋？《科学世界》（*Science World*）2008 年的研究指出，就包装而言，塑料袋的使用比纸袋更环保。每生产一吨纸袋需要消耗 4 倍于生产塑料袋的能源，纸袋的生产会产生比塑料袋更多的空气污染和水污染，而且回收纸袋需要消耗比回收塑料袋多 85 倍的能源。然而，这项研究并未考虑到塑料废弃物对地球、河流和海洋造成的生态破坏。塑料废弃物可能会对海洋生物（以及人类食物）造成毒害，并对渔业和旅游业带来经济损失。

塑料耐用、强度高、抗腐蚀且维护成本低，其使用已经日益普及。自 1950 年以来，塑料的生产量呈指数级增长，预计未来的增长速度将更快。塑料在制造包装材料、建筑和施工、电气和电子产品、汽车等多个领域中均有应用。塑料的基本类型有：聚对苯二甲酸乙二醇酯（PET）、高密度聚乙烯（HDPE）、聚氯乙烯（PVC）、低密度聚乙烯（LDPE）、聚丙烯（PP）和聚苯乙烯（PS），这些材料都用于生产以下各种产品。

- 聚对苯二甲酸乙二醇酯通常被用来制作软饮料瓶、食用油瓶以及花生酱罐。

- 高密度聚乙烯是被回收利用最频繁的塑料之一，其制品包括瓶子、牛奶壶、洗涤剂瓶、人造黄油管、购物袋、苗圃盆、杀虫剂容器和油桶等。

- 聚氯乙烯或称乙烯基，主要用于制作压力管道、户外家具、食品包装、收缩膜和液体洗涤剂容器等。

- 低密度聚乙烯用于生产薄膜或袋子、垃圾袋、食品储存容器、拉伸包装，也用于制作服装。

- 聚丙烯主要用于纺织纱线、制作织物、食品包装、肉托盘以及苗圃盆。

- 聚苯乙烯常用于制造酸奶杯、鸡蛋盒、肉托盘、一次性餐具、录像带、电视机、包装颗粒以及泡沫花生。

- 上述种类的塑料可以组合使用，生产不同的产品，如流行的"塑士贝特"（Tupperware）可重复使用食品容器。

塑料在保持食品新鲜以及避免食品损耗上起到了关键作用。然而，根据 2009 年欧洲塑料工业联合会的数据，使用塑料包装的产品，如加工食品、蔬菜和水果等在产品生命周期末期产出的废弃量占到了 63%。鉴于全球的平均回收率相对较低，产生的塑料废弃物量将持续增加。塑料废弃物可以通过机械回收和原料回收两种主要工艺进行回收。机械回收涉及塑料废料的熔化、碎化或颗粒化。原料回收则将聚合物分解为其基本的单体，这些单体可以再次在炼油厂，或在石化和化工生产中使用。例如，高密度聚乙烯和聚对苯二甲酸乙二醇酯瓶的回收就已经相当成功。然而，由聚苯乙烯制成的其他剩余的刚性塑料目前还无法被广泛回收利用。许多难以回收的塑料材料被用于制作一次性塑料制品。下面将深入揭示塑料回收系统面临的挑战。

修复塑料回收系统

塑料源自石油和天然气。据艾伦·麦克阿瑟基金会的报告，在每年产生的 7800 万吨塑料中，40% 被填埋，32% 泄漏至河流和海洋，14% 被用于焚烧和能源回收，而仅有 14% 进行了回收。在这 14% 的回收塑料中，4% 为加工损失，8% 为层级回收，仅有 2% 成功进行了闭环回收。而且，超过 95% 的塑料产品只被使用过一次。

解决塑料问题不能仅依赖于回收。塑料（废弃物）产量的增长无法与建设回收基础设施的速度匹配。塑料的浪费和污染部分原因在于使用难以（或高成本）回收的塑料材料。收集和回收这些塑料材料缺乏经济激励，然而由于其廉价、实用以及没有更低成本的替代品，人们仍有诸多经济理由去使用它们。

对于这一挑战，可行的应对方式有限。其中之一是施行法规，如禁止一次性或不可回收的塑料。严格的法规促使零售商和餐厅进行创新。例如，肯德基在加拿大的餐厅推出了可堆肥的纤维餐具，麦当劳和星巴克分别推出了可重复使用的咖啡杯和"借杯计划"。另一些创业者如 Stojo 则生产出了可折叠、防漏、可重复使用且可轻松放入口袋的咖啡杯。

根据 2020 年普华永道全球消费者洞察调查，45%的消费者愿意避免使用塑料，41%的消费者期望零售商消除对易腐品的塑料包装。因此，另一种选择是使用可重复使用的包装和容器，这将减少新塑料的生产和对自然环境的塑料废弃物泄漏。一些超市（包括英国的 M&S、Waitrose、Morrisons、ASDA、Aldi 和一些合作社）和杂货店已经开始使用可重复填充的容器和无包装产品。一些商家甚至刻意降低无包装商品的价格以激励消费者。然而，这种向无包装超市转变的过程需要加速。Greenpeace 在 2021 年的报告中指出，2017 年至 2019 年间，英国前十大超市的塑料足迹增加了 1.2%。

尽管我们努力减少对塑料的使用，但它仍是各种消费品和包装的重要材料。很少有国家能够全面回收塑料而无须出口。因此，了解回收系统以及它们在何种程度上允许向其他国家出口塑料废弃物十分重要。例如，英国将 61%的塑料包装出口以回收。2021 年，绿色和平组织发布的《被扔掉的：英国如何继续向世界其他地方倾倒塑料废弃物》的报告呼吁英国政府禁止塑料废弃物的出口，自建废物处理基础设施，大幅削减塑料生产，将一次性塑料减少 50%，并阻止塑料进入焚化和填埋设施。

由于家庭回收系统不完善，可以回收的塑料最终被填埋或出口。在英国，大部分的后消费塑料由地方政府收集。其中，从家庭回收的塑料瓶是英国地方政府固体废物收集活动中最重要的部分。2007 年，英国收集的塑料瓶总重达到 181887 吨，这表明家庭消费的塑料瓶中有 35%被成功回收。

然而，WRAP（2021）的数据显示，尽管英国回收的塑料包装数量从 2018 年的 44%提升至 2019 年的 50%，但此情况仍不尽如人意，因为大部分收集的塑料废弃物并未进行再循环利用。

在英国，近 46%的塑料废弃物被焚烧处理，17%的塑料废弃物则被送入垃圾填埋场。英国国内只有 10%的塑料废弃物得到了回收，而 19%的塑料废弃物被出口。

在欧洲的一些国家，塑料瓶的回收工作是由零售商负责的。但在英国塑料废弃物的管理并不是由零售商或产品制造商来负责的，而由英国的地方政府来负责。他们通常通过路边回收计划和自带回收计划从各家各户中收集干燥可回收物。

图 7.3 揭示了单一流程和双流程回收计划的工作原理。对于路边分类回收计划，各家各户需要将可回收物分门别类放置。若家庭分类工作有困难，则地方政府会提供两种不同的收集系统。一种是单一流程系统，它会将所有干燥的可回收物在一个容器或车辆中进行混合收集。然后，这些混合的干燥可回收物会被手动或机械地进行分类和清洗。混合收集是导致可回收物被污染、干燥可回收物被拒绝回收并采用焚烧或填埋方式处理的主要原因之一。另一种是进行预先的分类工作。在双流程系统中，有两个混合来源，通常是一个混合纤维材料（如纸、卡等）和另一个瓶子（如高密度聚乙烯瓶、聚对苯二甲酸乙二酯瓶等）容器。在双流程系统中，可以避免混合纤维材料与瓶子容器之间的预分类和交叉污染。

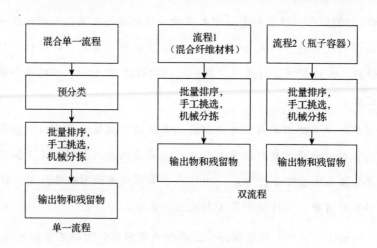

图 7.3　英国的家庭回收

一项由 WRAP 在 2008 年进行的研究指出，双流程收集的净成本与路边分类计划的净成本并无显著差异。考虑到回收材料的销售，路边分类计划的成本可能低于单一流程计划的成本。针对服务的区域是"城市"还是"农村"，并没有明显优势决定采用哪种回收系统。

英国的地方政府采用不同的塑料瓶收集方案，包括路边收集和较不受欢迎的自行送至回收点方案。没有采用路边收集塑料瓶方案的主要原因是，路边收集车辆中没有多余的储物空间。由于成本压力，地方政府更愿意使用一辆车回收尽可能多种类的垃圾，但是收集塑料瓶和其他塑料废弃物意味着需要投资购买新的车辆，这将增加成本。

此外，投资于塑料回收计划的不足还在于，政府将重心放在回收重量较大的材料上，以实现由中央政府设定的回收目标。这些目标通常以吨为单位设定，但塑料废弃物的重量却远远低于其他种类的固体废弃物。这就解释了为什么地方政府抱怨他们的塑料瓶回收计划导致重大额外成本。

有一些地方政府拥有并经营路边收集设施和 MRFs。很多地方政府将分类和打包操作外包给垃圾管理公司或 MRFs 承包商。地方政府需要为每一批送往 MRFs 的垃圾支付"门口费"和"分类费"。这些费用受到竞争、填埋税、材料的质量和数量、能源成本、设施的规模等多个因素的影响。一些地方政府清楚地了解他们的塑料销售是如何进行管理的。他们中的一些人与 MRFs 承包商签订了合同，并利用现货市场来销售他们的塑料。在通常情况下，承包商代表地方政府出售塑料。在某些情况下，塑料的销售收入由地方政府获得，因此与他们签订合同的 MRFs 承包商可能没有兴趣以最佳价格出售塑料。有一些地方政府与他们的 MRFs 承包商签订了收入分享合同。为了进一步鼓励回收，有一些地方政府会支付额外的费用给他们的 MFRs 承包商，以弥补承包商对分类材料回收的实际市场价格与填埋费用之间的差额。

改善回收质量的另一种方式是向 MRFs 承包商额外收取被物料再加工厂拒绝的材料费用。此外，为了鼓励家庭回收，上述激励机制类似于进一步提高回收效率和质量的要素。代表 WRAP 发表的 AEAT 关于地方政府与 MRFs 承包商之间合同安排的报告提供了更详细的信息。

德国的回收系统是另一个关于回收的良好的例子。自 1991 年以来，德国一直在发展一套全面的基础设施，称为"双重系统"。该系统确保了在人口密集的城市和农村地区，收集分选和回收使用过的销售包装。并建立了一个可行的财务模型，称为"绿点"（Green Dot），以激励工业开发和生产对回收友好的包装，从而减少相关的生态成本。

7.6　小结

逆向物流与回收对维持环境健康具有重要意义，主要原因不仅在于自然资源的日益稀缺，而且在于废弃物的填埋会对环境产生严重的影响。随着监管压力和竞争环境的加剧，生产商开始深度投入逆向物流以及对他们所生产产品的回收，或者减少非可回收材料的使用。当前，为了让终端消费者更积极地参与逆向物流和回收，生产商和地方政府已经提供了更便捷的系统。然而，相关法规仍存在漏洞，允许废弃物被出口至低收入国家。同时，一些政府在改进和发展逆向物流以及回收系统的资金支持上有所不足，这导致了系统的漏洞，使得过度填埋和焚烧的情况依然存在。

近年来，由于监管力度的加大和竞争压力的不断增加，一些行业已开始寻求替代策略，以防止废弃产品简单地被填埋。现在，更多的公司开始建立必要的逆向物流基础设施，并采取措施减少、重复使用、回收他们生产的产品。一些致力于环保领导力的公司已经证实，创造一个真正的闭环供应链而无须比竞争对手花费更高成本是完全可能的。对生产者责任进行更深层次的监管将会进一步推动逆向物流和回收的投资，这将激发更多的创新和投资。若消费者需要为逆向物流和回收支付费用，他们的购买和回收行为也将会发生变化。

第**8**章

风险、韧性和企业社会责任

8.1 背景

新冠疫情显著改变了全球供应链中的风险。拓展全球供应链是拓展客户群和获取更低成本的物资和劳动力的有效方式。然而，这也意味着跨国公司面临着更大的供应链风险，以及伦理、环境和企业社会责任（Corporate Social Responsibility，CSR）等方面的问题。有时，公司不得不从频繁遭受自然灾害和人为灾害影响的国家采购原材料和产品，这可能带来很高的成本。例如，2000 年 3 月 17 日，荷兰皇家飞利浦电子公司一家本地工厂遭到雷击引发火灾，导致其向主要客户 Telefon AB LM Ericsson 销售的产品损失了 4 亿美元。新冠疫情导致许多人死亡，其引发的经济破坏非常严重。2011 年，地震和福岛的海啸严重影响了日本的汽车行业。2021 年的暴风雨和洪水严重影响了德国和比利时，而海平面上升一直威胁着孟加拉国和印度尼西亚的沿海行业（例如，渔业）。美国、俄罗斯、澳大利亚和欧洲的森林火灾变得越来越常见。许多威胁是由人为的气候变化引起的，这引发了全球对气候和企业社会责任的呼吁。此外，在供应链中对健康和安全的忽视可能会造成毁灭性的后果。Deepwater Horizon 石油钻井平台的事故不仅导致 BP（英国石油）公司在法律费用、赔偿金和罚款方面花费了数十亿美元，还由于品牌声誉的损害进一步造成了未来业务的损失。从那以后，更多的努力和研究被投入到了开发更主动、可持续和有韧性的全球供应链风险和 CSR 管理方法中。

尽管全球采购和分销的经济效益不可抵挡，但涉及的公司面临许多伦理问题。全球供应链意味着很多环节有可能在内部政局不稳的国家完成，这些国家大多缺乏保护工人、社会、儿童和环境的规定。采取被动的态度意味着这些"丑闻"可能会被非政府组织和监管机构披露，从而造成声誉风险。例如，耐克在印度尼西亚的工厂和其供应商工厂使用童工的案例，让人们质疑当公司从这样的国家采购产品时，应该由谁负责社区的福祉。巧克力行业中的童工问题被各种报告揭示出来，如 2010 年的纪录片《巧克力的阴暗面》（*The Dark side Of Chocolate*）。动物福利问题也备受关注。例如，在"奇巧杀手"（KitKat Killer）运动中，绿色和平组织指责雀巢公司砍伐树木，导致动物如猩猩失去了家园（请参见本章后面关于巧克力行业的案例研究）。

由于企业依赖的自然资源供应受到其所处行业对待自然环境方式的影响，许多企业也开始感受到合法性甚至企业存亡的焦虑。这个问题在化石燃料、渔业和农业行业尤为严重，引出了如何管理自然资源，如地下水、森林、海洋、河流和土地的可持续性问题。对印度可口可乐生产设施使用水资源的保护引发了关于谁应该对导致当地社区生活条件困难的自然资源枯竭负责的问题。地下水的枯竭可能会摧毁美国西部地区的工业和农业。此外，谁应该为监管执行力度弱的供应链产生的污染买单，这也是一个有争议的问题。全球知名的服装品牌从孟加拉国和印度尼西亚等国家采购廉价服装以获利，而纺织工厂向主要河流排放化学品导致的污染问题的成本大部分由当地工人、社区和政府承担。因此，绿色和平组织正在通过"污渍清洗"和"时尚之毒"运动（例如：绿色和平组织抽检全球 15 个知名品牌服装上残留的 NPEO 的含量的报告做了分析，并做了相应披露）等对全球服装品牌施加压力，要求它们整顿清供应链。因此，CSR 和可持续性供应链管理已变得非常重要，管理者需要理解并学习如何在决策和行动中担负起更多的道德和责任。

本章首先解释了如何通过增加供应链的韧性来管理物流和供应链中的风险。一些风险来自市场，但其他风险则与社会、伦理和环境问题有关。为了更好地理解和管理全球供应链的社会、伦理和环境影响的责任问题，本章概述了一些管理CSR 和商业伦理的有用框架。

8.2　物流和供应链中的风险和韧性

我们可以从多个角度理解风险的含义。风险即指潜在的威胁、发生的概率以及结果的波动性。学术界通常将风险定义为结果分布概率的方差。我们的日常生活充满各种风险。从商业角度来看，风险涉及特定决策或行动结果的变化性。供应链中断是物流和供应链运营中面临的主要风险。其定义为一种无法预见的事件，干扰了供应链内部的商品或物料的正常流动。物流和供应链运营的中断往往会导致生产效率、收入、客户甚至生命的损失。尽管供应链中断常常导致额外的成本，但其真实成本却难以估算。据估计仅货物盗窃一项，每年就将导致全球 226 亿美元的损失。据商业连续性研究所 2014 年的供应链韧性调查，在涵盖 71 个国家的 525 家公司中，有 23.6%的公司每年因供应链中断至少损失了 100 万欧元。而有 12.3%的公司由于单一事件就损失了超过 100 万欧元，甚至有的公司单次事件的损失超过 5000 万欧元。例如，2021 年 3 月的苏伊士运河堵塞持续了 6 天，劳埃德航运清单显示，被阻止运输的货物价值高达 96 亿美元。

8.2.1　物流和供应链风险的类型

理解物流和供应链风险的一种方式是识别其源头并理解其产生的方式。风险的源头可以分为原子性和全局性。原子性（或非系统性）风险源只影响供应链的有限部分，如一部分生产设备或 IT 设备的故障，并不会影响整个供应链的运行。全局性（或系统性）风险源则涉及广泛的中断和供应链中的多个环节。这些是系统性的中断，不可能轻易用一个单独的方法解决。例如，在英国，2021 年 10 月，由于天然气和煤炭价格的波动以及港口和卡车司机的短缺，导致严重的供应短缺。能源价格的大幅度上涨可能导致工厂关闭，进一步导致能源和原材料供应频繁短缺。新冠疫情就是一种全球性的系统风险，其导致全球各种类型的商业活动暂停甚至永久关闭。

表 8.1 详尽列出了全球供应链中不同种类（源头）的风险。根据 2014 年供应链韧性调查（BCI，2014），在过去 6 年的同样调查中，供应链中断的最大影响是生产力损失（58.5%）。增加的工作成本（47.5%）和收入损失（44.7%）也是常见后果。该调查报告认为，供应链中断的主要源头是计划之外的 IT 和电信中断（52.9%）、恶劣天气（51.6%）和外包服务失败（35.8%）。作为运营风险的一种，IT、电力和通信中断在发展中国家更为常见。2021 年 10 月，Facebook 的 IT 中断让我们意识到，在发达国家，IT 故障也可能导致严重损失。尽管它们通常只导致原子级中断，但有时 IT、通信和电力中断会引发系统性中断。例如，2016 年 8 月，美国达美航空全球总部发生电力中断，导致严重的 IT 故障，该公司不得不取消 700 多个航班。这种中断往往是由于使用了具有原始安全和备份功能的遗留 IT 系统，这些系统都依赖于在单一地点的单一 IT 基础设施（如服务器）。此外，许多公司未能建立健全的电源、IT 基础设施以及对抗欺诈和各种网络攻击的强大 IT 安全系统。虽然现在可以使用云计算 IT 系统，服务器可以放在更安全的地点并得到保护，但许多公司仍在使用较旧的 IT 系统，没有足够的备份和保护措施。

表 8.1 中还列出了来源于供应链之外的各种风险，如政策风险、宏观经济风险，以及由自然灾害和网络侵犯或攻击引发的供应风险等。在数字化时代，我们对基于互联网的 IT 系统和应用的依赖性大大增加，由此催生了一种新的风险形式——网络侵犯或攻击。由英国政府主导进行的一系列研究发现，大多数公司并未拥有正式书面的网络安全政策或事件处理计划，而网络侵犯的成本可能高达数百万英镑。

严重的天气可能导致巨大的开销。根据联合国减灾办公室的报告，2015 年发生的 346 次自然灾害导致 22773 人死亡，影响了 9860 万人，对全球经济造成了 665 亿美元的损失。该报告还指出，2015 年在尼泊尔发生的地震（死亡 8000 多人），法国、比利时、印度和巴基斯坦的热浪（死亡 7000 多人），危地马拉的山体滑坡（死亡 600 多人），以及印度的洪水（死亡 600 多人）是最致命的自然灾害。许多这类事件都属于高影响、低概率风险（HILP）。在经济损失方面，美国名列榜首，紧随其后的是中国、尼泊尔、英国和印度。一些造成巨大经济损失的自然灾害包括 2011 年日本的地震/海啸（2230 多亿美元），2005 年美国的卡特里娜飓风（2190 多亿美元），以及 2011 年泰国的洪水（420 多亿英镑）。

表 8.1　物流和供应链风险类型

风险类型	来源	后果
需求风险	需求的不确定性，包括需求波动（时尚、季节性、新产品发布）和需求失真（或鞭子效应）	需求的波动可能导致库存成本增加和库存过期，以及销售额的损失
供应风险	供应链中的不确定性或中断，包括供应端的故障、设计更改、质量问题、价格波动、供应短缺、运输时间表和自然灾害	此风险可能导致生产中断，无法按照约定的交货日期向客户供货，以及寻找和加快替代供应的成本上升
操作风险	运营中断、生产计划不佳、自然灾害、技术变化、过程变化、行业行动（罢工）、事故、IT 和通信中断、电力短缺等	这可能导致无法按照约定的交货日期向客户供货，以及寻找替代能力的成本上升
竞争风险	来自竞争者的创新，竞争者的激进行动（折扣、特别优惠、价格战），竞争者对客户的影响	创新产品或购买行为的变化可能导致产品不再流行，因此市场份额可能受到严重影响
安全风险	基础设施安全、信息安全、恐怖主义、故意破坏、犯罪、破坏行为	这个风险可能导致敏感数据和关键运营数据的丢失，生产中断，以及员工安全状况差
宏观经济风险	经济下行，政府财政危机，资本市场问题，工资水平、利率和成本的变化	这种风险可能导致需求和价格下降，成本上升，货币供应短缺。尽管这种风险不能避免，但有方法可以预见其发生的可能性和程度
政策风险	国家和国际政府机构的政策变化（条约货币、配额限制、税收、制裁、广告限制、贸易许可证、环保责任)	这种风险可能导致市场准入的变化和限制，成本上升，市场份额损失，税收优惠，货币兑换的成本/利润，竞争加剧
声誉风险	公众不信任，消费者反应负面，抵制和由于对客户严重失信或行为不当导致的品牌声誉不良	这种风险可能导致获得资本的困难，负债和法律处罚。品牌形象差可能导致市场份额严重损失
企业欺诈和犯罪风险	严重的欺诈、贿赂、企业犯罪、企业动荡、会计欺诈、不公平/非法交易行为、企业财务滥用	这种风险可能导致重大的责任和处罚成本，以及声誉损害。它还可能导致管理层的动荡，进一步干扰组织的恢复
资源（可持续性）风险	稀有国家资源（水、金属、矿石、稀土、树木、鱼类、农田）的短缺或耗尽，人为和国家灾难影响国家资源供应，来自政治不稳定地区的国家资源	这种风险可能导致获取自然资源的成本上升和供应频繁短缺。同时，这也需要在政治不稳定和商业行为不良的地区开展业务

自 2019 年以来，由于国家间的紧张关系，出现了一些新的风险。英国退出欧盟引发了两者之间的紧张关系，扰乱了它们之间的边境过境流程和客户流程，以及移民工人到英国工作的供应。卡车司机和移民工人的短缺带来了许多新的挑战，包括加油站燃料短缺和超市食品短缺。一些军事冲突造成了严重的人道主义和燃料危机，相关的制裁进一步使一些国家孤立。这些不同的紧张关系导致全球供应链发生了重大的结构性变化，改变了受影响国家的进口和出口、直接外国投资、生产地点以及受影响国家之间的贸易关系。

还有一些新兴风险所涉及的领域更为广泛，不仅包括物流和供应链管理，还扩展到企业治理和企业社会责任（CSR）的框架中。这些风险包括企业欺诈、犯罪（如恐怖主义）、声誉风险，以及环境或气候变化（即可持续性）风险。企业欺诈行为常常导致公众对企业的信任损失。

例如，巴克莱银行因操控关键的银行间贷款利率，即伦敦银行同业拆借率（Libor），被美国和英国当局罚款至少 4.5 亿美元。此外，由于恐怖主义活动的增加，相应的风险也在增长。根据 BSI 供应链情报报告，2015 年 11 月巴黎发生恐怖袭击后，边境管制重新实施，可能导致比利时货物拥有者损失高达 350 万美元，而永久性的申根区边境管制可能会使德国经济损失高达 250 亿美元。

针对全球化的跨国公司而言，声誉风险和资源（可持续性）风险正日趋严重。那些全球知名的品牌可能会由于未能阻止其供应链导致的严重健康、安全、环境和社会问题，而遭受严重的声誉损害。一旦破坏了消费者的信任，消费者就会感到严重的不安，他们可能会抵制这些品牌，导致这些公司的市场份额下滑。如今，有许多方式可以在媒体和互联网上公开披露这些问题。例如，绿色和平组织发布的"国际黑名单"数据库，揭示了参与非法、无监管和未报告的捕鱼行为的船只和公司；"排毒 T 台"展示了致力于减少污染以及那些未能做到的时尚品牌；"绿色电子产品指南"（the Guide to Greener Electronics）则以环境管理表现为依据，对电子产品制造商进行排名。

然而，仅凭物流和供应链功能无法完全解决这些风险问题。因此，许多风险需要在公司层面进行沟通，并通过企业治理和 CSR 来驱动解决方案。当前最为严重且持续增长的风险，是源自地球生态系统可能崩溃所带来的潜在风险。气候科学家们已经反复警告我们，地球的平均温度预计将超过工业化前水平的 1.5 ~ 2℃，一旦突破了不可逆的"临界点"，包括海冰融化、永久冻土融化、海洋变暖、森林砍伐、荒漠化、海平面上升、极端天气事件等情况，都可能破坏生命支持系统，引发饥荒和大规模的人口迁移。世界经济论坛在其 2022 年发布的《全球风险报告》（*The Global Risks Report*）中强调，从 2020 年至 2030 年，我们主要面临的风险是因应对气候行动失败、极端天气和生物多样性丧失，对地球健康造成的影响。同时，这一时期也将面临债务危机和地缘经济对抗的困扰。

8.2.2　缓解物流和供应链风险的流程

在缓解物流和供应链风险方面，企业可以参照诸如 ISO 22301 商业连续性管理、PAS 7000 供应链风险管理（供应商资格）、PAS 555 以及 ISO/IEC 27035 等网络安全指南和标准。由于获取这些标准的认证可能会产生显著的费用，因此企业可以选择采纳其他的流程框架。根据 Manuj 和 Mentzer（2008）的研究，识别和缓解供应链风险存在五个步骤，具体如下。

步骤一：识别风险

企业可以组织管理团队和专家，正式识别出各种风险源（参见表 8.1）。由于不同的员工和职能部门对特定类型的风险理解程度不同，因此，分解为三个团队可能会有益：（1）频繁发生的运营、供应和需求风险；（2）宏观经济、军事紧张、政策、公司治理相关以及外部风险；（3）由灾难性事件（如战争、恐怖袭击和自然灾害，如地震、洪涝、干旱和风暴）引起的风险。物流和供应链人员通常对第一类风险更为熟悉，但他们需要更多地了解其余两类风险，特别是自然灾害和恐怖主义。一些大型跨国公司会委任一位新的首席风险官，将风险管理提升到公司的最高议事日程，从而在全球范围内更好地理解各地可能面临的风险。

对于经验有限的公司来说，使用现有的设施和知识来识别风险可能无效。在这种情况下，邀请外部专家，以及收集来自行业内外的相关案例可能会更有帮助。新知识和信息的来源有很多。例如，从"气候服务"或类似的提供者那里，可以找到一个关于自然灾害的知识库以及实时更新，例如：

- 国家无线电信号与信息通信协会（National Association of Radio-Signalling and Infocommunications，ROSE）运营的紧急和灾难信息服务（Emergency and Disaster Information Services，EDIS），提供了丰富的知识库以及全球范围内每 5 分钟更新一次的自然灾害信息。

- 由联合国和欧盟委员会提供的全球灾害警报和协调系统（Global Disaster Alert and Coordination System，GDACS），该系统旨在提高大灾害发生初期及其后阶段的预警、信息交流和协调能力。

- 诸如联合国气候变化学习中心（UN CC:Learn）、CAIT 气候数据浏览器、世界资源研究所的气候观察等各种气候监测信息网站。

- 世界经济论坛的全球风险报告。

- 各种基于互联网的软件应用程序，提供实时视图的威胁信息，能够识别可能威胁公司的事件和情况，帮助监控威胁。

然而，有些风险并不是人类能够轻易检测到的，如网络攻击。如今，物流和供应链信息系统越来越有可能受到网络攻击的干扰，这可能导致财务损失、运营数据和敏感数据的丢失、知识产权的窃取，甚至可能由于客户服务中断或客户数据泄露而导致声誉受损。网络攻击者可能出于财务收益（例如，获取有价值的信息）、政治和社会原因，或者是行业和国家赞助的破坏或知识产权盗窃的动机。网络犯罪分子可以黑掉并关闭公司网站，篡改用户账户，破坏安全防御系统，直接访问公司的服务器和系统。传统的基于分层安全策略的 IT 安全控制因其防御机制过于静态，往往缺乏主动性、快速性和复杂性。而传统的基于 IP 声誉的技术不能快速更新，网络犯罪分子在攻击过程中可以轻易伪装 IP 地址。此外，网络攻击可能发生在公司 IT 系统之外的供应商或提供商的系统上，当他们的账户受到攻击时，网络犯罪分子可能在公司和外部实体之间通过互联网连接的 IT 系统访问公司服务器。为应对这些新兴威胁，公司可能需要考虑安装一个更先进、更智能的平台，该平台需要实时、具有上下文适应性，并且能够检测出新出现的 IP 风险。

在风险识别过程中，我们可能会遭遇数种可能导致对特定风险忽视或轻视的偏误。首先是确认性偏误，亦称验证偏误，这是一种在搜寻、解释、支持和回忆信息时，趋向于确认个人的预存信念，并因此对替代可能性显著减少考虑的趋势。例如，某公司可能因为相同行业中的其他公司曾受火灾影响，所以坚信火灾是威胁。因此，这家公司可能会更加努力地识别火灾威胁的来源，然而对其他如洪水等威胁的可能性则较少关注。另一种类似的偏误是选择性接触偏误，也就是个体倾向于青睐那些能强化其预存观点的信息，同时避免与之矛盾的信息。如果持有"这不会发生在我们身上"的观点，则个体可能会忽视那些被认为不可能或不太可能的风险的新兴迹象。例如，当选择新的物流服务提供商或不熟悉的路线时，人们可能会因为坚信不会发生，而忽略货物被盗和人工搬运可能导致的损害的风险。因此，管理者可能会较少选择全面的保险覆盖，且不制订任何应急计划。第三种偏误是不报告风险的倾向，这往往源于公司文化的影响，该文化抑制对风险或问题的揭示（尤其是对高层管理和客户），并倾向于惩罚犯错的个体。

步骤二：评估和评价风险

在识别不同类型的风险后，可以要求已选定的团队基于经验、历史数据、案例研究、外部专家和任何可用的预测数据，来评估特定风险发生的可能性（频率或概率）和后果（即损害的严重性，如果可能，用财务术语来描述）。在实际操作中，发生的可能性或概率可以分类为：非常不可能、不可能、可能或非常可能。

虽然政府机构提供了一些显示洪水和地震等风险的技术术语和地图，但需要澄清一些误解。例如，百年一遇的洪水并不意味着洪水必须每一百年发生一次，而是指洪水的重现间隔是 100 年，但也可能在 30 年后、150 年后或任何一年发生。这意味着洪水在任何给定年份内发生的概率是 1%，或者说，在任何 100 年期间内，有一次或多次洪水发生的概率约为 63.4%。另外，地震或地震活动通常以 50 年内发生的概率百分比来预测。实际上，将 x 年重现间隔转换为发生的概率百分比可能更为有效。洪水保险费率通常基于 1%、0.2%或低于 0.2%的发生概率来估计，同时也会考虑潜在损害。一些人可能会认为 1%的机会意味着某事较不可能发生，然而实际上，位于百年一遇洪水区的财产被视为面临较高的洪水风险，需要购买洪水保险。

就损害后果而言，可以使用无关紧要、轻微、严重和灾难性等类别。这些类别的阈值是相对于所考虑的企业（地点）的价值而言的。对于较小的公司来说，100万美元的损失可能是严重的，但对于非常大的公司来说，则可能是无关紧要的。洪水可能会导致一些公司能够承受并从中恢复财务损失，而其他一些公司可能会在洪水之后立即破产。当要求一组专家评估风险时，了解人们在严重风险的阈值方面可能存在不同的参考点是非常重要的。由于不可能获得与特定位置相关的所有风险的发生可能性，以及（尤其是）对后果的官方估计，因此需要集体智慧。德尔菲方法可以用来揭示团队每个成员的个人认知，而不受群体效应的影响。为了避免过度依赖过去的事件，需要确定未来变化（如预测）可能会改变风险发生的可能性和影响。

对供应链风险的评估是风险管理过程中最困难的任务之一。一个主要问题是对事件发生的可能性和其潜在损害、责任或成本的估计。例如，某地点在40年和100年前发生过洪水，但不同洪水造成的损害差异很大。政府要为每200年可能发生一次的洪水建设一个强大的防洪系统往往成本太高。在这种情况下，需要参考相关环境机构报告的天气和气候变化以及防洪升级的研究，也可以根据一系列发生频率和后果进行工作。另一个主要问题是选择或优先处理的风险类型或来源。一种实用的方法是使用粗略估计的方法。另一种常见的方法是比较发生的可能性×影响的相对得分。发生的可能性很高但影响相对较低的风险可能不太重要，而发生的频率较低但可能导致非常严重后果的风险可能更为重要。这可以通过在风险发生可能性与影响力得分之间绘制图片来完成（如图8.1所示）。

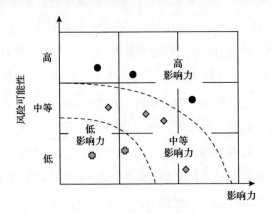

图8.1　风险可能性—影响力

评估风险可能性和影响面临的另一个问题是人们在不同概率条件下进行风险选择的方式缺乏一致性。前景理论阐释了人们如何在风险、前景之间做出选择。对于只是可能发生的结果，人们往往相较于确定会发生的结果给予其较低的权重。例如，如果面临一个低概率的大损失与一个高概率的小损失之间的选择，大多数人可能会更担忧高概率的损失。这意味着，当风险发生的概率高时，由其引发的损失可能会显得更为严重。这种现象被称为"确定性效应"，这种效应在涉及可能盈利的选择中增加了风险厌恶，在涉及可能损失的选择中产生了风险寻求。如果能够对可能性和影响进行实际的评估，那么"风险可能性—影响力"图片可以帮助避免这种效应。此外，人们常常会忽视一些在所有前景中共享的元素，这在选择可能的结果时尤为相关。例如，与高概率但低收益的选择相比，更多的人可能会选择那些低概率但高收益的选项，这被称为"隔离效应"。关键在于进行全面的评估，特别是在考虑影响时。此外，我们可以进一步检查两个选项的发生概率是否过于接近，以至于不切实际。

许多公司将风险识别和评估视为一年一度的活动，而其他一些公司虽然有风险登记程序，但未能利用它来识别具有破坏性的风险。这个问题可能是由对风险识别和评估频率的模糊理解造成的。其实，通过理解特定风险的频率和模式，我们可以对风险识别和评估的频率进行区分。何时评估新兴风险也依赖于实施风险缓解措施所需的时间和成本。有些风险的发生频率是稳步增加的，这意味着我们可以监测这些风险的频率，并在适当的时候做出反应。例如，可以一次性识别长期洪水风险，并通过购买适当的保险、安装适当的防洪系统和采取其他措施来解决；而在出现更多降雨或气候系统变化的情况下，需要按需监测。其他类型的风险则以不可预期的方式出现，给予的应对时间较少。例如，许多操作性健康和安全风险可能随时发生。员工需要保持警惕，以便随时识别和处理这样的风险。政治和宏观经济状况在稳定一段时间后也可能发生变化。长期的无事故稳定期往往会导致对风险识别和评估频率放松警惕性。第二个问题是，员工可能对如何评估和应对一些新兴风险的理解不同。以爱立信案例为例，爱立信虽然识别出供应风险，但由于缺乏共同的风险识别和评估方法，所以其未采取任何行动。从那时起，爱立信开发了许多工具和流程来支持供应链风险的跨职能监测和缓解。

步骤三：选择合适的风险管理策略

风险管理策略的选择取决于风险的种类、发生的可能性及潜在损害的范围。常见的 5 种风险缓解策略包括：（1）接受风险和损失，不采取行动；（2）购买保险以补偿潜在损失；（3）投资能减少损失的措施，如防洪系统或在供应中断时可激活的双重供应源；（4）制订考虑到各种基础设施崩溃的恢复计划；（5）投资于能减小风险敞口的措施，如更换到更安全的供应商或运营地点。第一个策略适用于发生概率低且影响轻微的风险，而接下来的三个策略则更适用于低概率、高影响力风险。对于高影响力风险，如果实施成本过高且风险发生的概率极低，则第五种策略可能不适用。对于高概率且高影响力的风险，可能需要将第五种策略与其他几种策略结合应用。

图 8.2 展示了一个选择适当的风险管理策略的框架。为了做出适宜的决策，首先需要确定在"风险可能性—影响力"图片所识别的风险中，应接受、减少及预防哪些风险和损失。如图 8.2 左下四分位区所示，对于低概率、低影响力的风险，管理者可能会选择接受潜在的风险和损失，而无须投资任何对策。对于图 8.2 左上四分位区所示的低概率但高影响力的风险（如洪水、地震），可能无法建立全面健全的保护系统，但可以预先部署一些对策以减少损失（如保险）。对于经常发生的供应、需求和运营风险，通常会使用安全库存、双重供应源和应对季节性需求激增的分包策略来减少损失。当高影响力风险变得更为可能或频繁（间隔时间变短）时，可能需要考虑寻找替代供应商、位置和材料，甚至重新设计供应网络和系统，以降低风险。有时，防止罕见的高影响力风险的措施实施成本可能过高。虽然丰田在 2011 年地震/海啸中遭受了重大损失，但没有证据显示这种风险正在变得更有可能或更频繁。因此，地震/海啸仍被视为高影响力但低概率的灾难性事件。因此，丰田在日本仍依赖即时生产供应链系统，以在地震区域的主要供应商处实现成本效益，同时也在一些主要供应商处建立了额外的上游双重供应源安排，并增加了其海外子公司的产能。

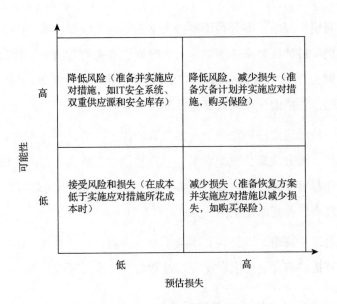

图 8.2　风险管理策略

对于不同类型的风险，需要采取不同的对策。对于宏观经济、竞争者和政策风险，环境扫描风险是关键。此外，供应链公司可以通过调整其产品设计、市场定位和合作伙伴选择来减小这些风险的影响。对于供应、需求和运营风险，可以通过增加安全库存、采用双重供应源、分包策略和灾备计划来减小这些风险的影响。对于频繁或影响大的风险，可能需要寻找其他的供应商、地点和材料，或者对供应链网络和系统进行重新设计。

同样，企业欺诈和犯罪风险需要健全的公司治理体系，但是存在一些影响物流和供应链运作的欺诈、盗窃和犯罪行为。可持续性风险可能是供应链问题和更广泛的公司治理问题，单个公司无法解决——产业间的合作和与决策者展开的多利益相关者倡议是一种前进的方式，此外还要实施惯例和治理结构。许多起源于供应链（尤其是上游供应商）的声誉风险非常棘手，难以减轻。为了解决这些问题，公司可能需要采取不同的多层次可持续性供应链管理策略，专门处理上游或下游供应商。

● "不费心"策略，即公司继续专注于与其一级供应商合作和内部流程，并在上游发生问题时将责任转嫁给下游供应商；

- "间接"策略，即公司不直接与下游供应商合作，而是向其一级供应商提供可持续性要求（例如，行为准则、有害物质清单、社会和环境责任准则），要求一级供应商只从认证的下游供应商（例如，ISO 14001 认证）采购，并协助一级供应商监督下层供应商；

- 另一种间接策略侧重于"与第三方合作"，通过利用第三方（如非政府组织、地方政府、竞争对手、客户和供应商协会）提供的信息，与他们合作制定上游行业的新标准（参见本章末尾讨论的全球与行业倡议），甚至将责任委托给这些第三方；

- "直接"策略，即公司直接与下游供应商合作，直接采购，直接监督并向其提供信息、要求和支持。通常与间接策略同时使用。

步骤四：实施供应链风险管理策略

当企业决定需要采取措施减小对物流和供应链风险和损失的敞口时，我们需认真考虑风险和灾难管理的三个主要阶段。

- 第一阶段：在风险发生之前，制定、准备并实施风险缓解策略。

- 第二阶段：当风险发生时，对新出现的风险做出响应，主要目标是减少损失并暂时恢复正常运营的能力。

- 第三阶段：长期恢复和重建供应链，尽可能防止同样的灾害再次发生。

处理这三个阶段的能力，我们称之为组织或供应链的"韧性"。关于韧性的概念，需要进行一些澄清。大多数学者将"韧性"定义为"在系统受到干扰后，返回到原始状态或转移到一个新的、更可取的状态的能力"，这个定义似乎强调了恢复的能力。然而，有些人认为这个定义过于狭窄，因为在受到干扰之前减少或防止损失（即韧性）的能力更为重要。因此，有人提出需要采取更主动的方式，以防止干扰首次发生。对于高概率和高影响力风险，企业可能选择在被干扰之前进行对策投资。但是，并非所有的风险都可以准确预见，一定程度上，它取决于预测、预警、监测和预告未来事件的能力。当这种主动策略因成本过高或技术上不可行时，必须依赖于应对和恢复的能力。

处理第一阶段（规划）的能力主要通过如 ISO 22301 商业连续性管理（BCM）、PAS 7000 供应链风险管理（供应商资质）以及 PAS 555 和 ISO/IEC 27035 等网络安全指南和标准进行明确。虽然这些标准也规定了如何应对和从新的干扰中恢复，但还有其他的标准更强调应对和恢复。接下来的两个步骤是"应对"和"恢复"，这需要有一套灾难和紧急情况管理系统（Disaster and Emergency Management System，DMES），这是由 ISO 22320:2011（社会安全：应急管理-事件管理要求）等标准所明确规定的。这样的标准或者 DMES 有助于在发生事件时，确立所有参与方之间的协作和协调，以最小化误解风险，确保共享资源的更有效利用。它有助于明确在处理紧急情况时所需的指挥与控制、组织结构和程序、决策支持、信息管理和追踪能力。特别是，在发生重大事件后，需要建立能够追踪员工并了解他们行踪的能力。此外，需要恢复支持查询和可靠信息共享的 IT 通信基础设施或紧急通信系统。在紧急情况下，基于规则的应急响应程序（如警报、警告、疏散、集结点、需要保护的关键基础设施、角色和职责）通常更有效，因为通信可能会中断。

就应对准备而言，需要制订一个计划或建立专门的应急操作中心和指挥团队，来应对紧急情况或灾难发生。紧急情况下的团队成员和角色可以不必与正常运营时的角色相同。具备处理紧急情况所需特定知识和技能的人员可以被指派到特定的角色，如指挥官、IT 基础设施人员、客户服务人员、保险索赔人员、负责人员配置的人员、紧急采购人员等。确定这些角色后，需要识别知识和技能的缺口，并通过参加专门的培训和进行模拟练习来获得新的知识和技能。

许多公司在遭受严重中断导致的大量损失后，往往会制订新的风险缓和计划。然而，这些公司在重新考虑其处理风险的前两个阶段——预备阶段和应对阶段的能力时，往往会投入较少的精力。这种反应式的风险缓和策略可能有助于应对同样的风险再次发生，但它并不能解决其他新兴风险，也无法解决诸如缺乏风险文化和组织韧性等更广泛的问题。关键在于，风险管理应被视为日常事务的一部分，而不是一项临时的项目或计划。这是因为需要识别新兴的风险。

尽管有时我们需要在风险管理方案中投资于物理基础设施，但更为重要的是保证实施方案考虑到改变公司和供应链内的风险变化，以及如何在日常决策中融入新兴风险的因素。例如，新冠疫情过后，许多公司意识到他们需要更深入地了解并与他们的二级、三级乃至四级供应商合作，而不是仅依赖一级供应商。这种变革是通过新型的信息共享和关系结构实现的。在一些情况下，某个中心企业甚至需要在财务上对一些较低级别的供应商提供支持。

步骤五：缓解风险并进一步识别风险

尽管我们已经确定了如何设立识别（步骤1）与评估风险（步骤2）的程序，但必须意识到风险的核心特性就在于其不可预知性。对此，最优的应对策略是培育一种学习文化，增强对假设质疑与重新审视的能力。我们研究的焦点在于，如何让风险管理流程能够识别出新的风险。为了增强此能力，组织必须学习如何减少自身的偏误，如我们之前所讨论过的确认性偏误与选择性接触偏误。实现这一目标的方法有多种，例如，可以指派一个无运营职责的风险管理人员，或部署 IT 安全系统以识别新的风险。借助全球信息系统支持的供应链风险管理系统与仪表盘，某些公司（如 IBM 和 DHL）能够实时监控其全球范围内的供应链风险。这样的系统可以提供关于自然灾害、运输基础设施、质量、供应商、劳动力、政治和社会问题等风险的实时更新。ERP 解决方案供应商（如 Oracle）也提供类似的供应链风险管理仪表盘系统。

然而，尽管许多组织已经识别出新的风险，却往往未能在适当的时间采取适当的行动。一个常见的原因是存在掩盖问题或将问题归咎于员工/供应商。这是一个更为棘手的问题，因为这种遮掩或归咎的文化常常是由高级管理层自身塑造，这会阻挠对未来警告的接纳。在某些情况下，即使收到了警告，管理层也决定继续进行某项操作。例如，1986 年，NASA 的第二艘航天飞机挑战者号，在成功起飞九次之后，在第十次升空时发生爆炸。尽管存在对寒冷天气的警告，航天飞机仍然按照原定的日程发射。罗杰斯委员会的调查结论是，导致故障的 O 形环的设计被有意忽略，其中包括发射当日的低温和早前就已经被发现但并未得到改正的设计缺陷。虽然避免因进度滞后而受到责备是一个驱动因素，但在其他情况下，高层管理人员可能会对一些代价较高的风险应对系统和程序（如健康与安全）关注不够，尤其是在行业内部因成本竞争而竞争激烈的情况下。深海地平线石油泄漏事件就是一个典型的例子，放宽对一些程序的要求（例如，安全特性和备用泵的数量）可能会被误认为是可控的风险，因为它被错误地视为原子级风险。然而，管理层常常误判，错误地将可能导致看似次要后果的潜在整体性风险或系统性风险，误判为一种形式的原子级风险，因为他们无法理解系统中的不同部分如何相互影响并导致严重的灾难，或者在某些情况下，他们的决策可能受到孤立效应的影响。

在一个复杂的系统中，这还意味着当某个程序发生故障时，系统的其他部分也可能同时发生故障，形成所谓的"完美风暴"。当这种情况发生时，连锁故障可能迅速失控。虽然管理者知道一个系统的不同部分可能会发生故障，但是多个部分同时发生故障可能会出人意料地引发连锁故障。系统中的大部分故障（无论是技术性的故障，还是人为的错误）都被视为"正常"，因为这些故障无法完全避免或预测。这种被称为"正常事故"的现象常发生在紧密相连的复杂系统中。虽然指派外部审计员或顾问并使用适当的公司治理结构可能有帮助，但我们需要一种系统性的方法来识别供应链系统中不同部分的故障如何共同产生灾难性的效果。

8.3 企业社会责任

企业社会责任（CSR）的概念最早可以追溯到 20 世纪 50 年代，Bowen 在其 1953 年的著作《商人的社会责任》（*Social Responsibility of the Businessman*）中阐述了此概念。该书强调了大型企业在行动时应考虑社会目标和价值。早期的 CSR 理论主张生产活动应以提升全社会经济福利为目标。CSR 涉及商业伦理，它要求企业在考虑其行为对社会的影响时，要遵守道德规范。值得注意的是，政府机构也参与到对 CSR 的界定中，如美国经济发展委员会（the Committee for Economic Development，CED）将企业视为"在公众的同意下运营，其基本目的是通过为社会提供有建设性的服务来满足社会需求"。在公共部门的文献中，使用"公共责任"而非"社会责任"的概念，是为了强调公共政策过程及其对公众的影响的重要性。

需要强调的是，CSR 并不仅仅是慈善。那些在积累大量财富后大量捐赠给慈善事业的企业和个人，并不一定真正履行了社会责任。真正重要的是企业的盈利过程是否具有社会责任性。一个真正履行社会责任的企业，应在其经营过程中同时达成社会目标。此外，仅因法律要求而达成社会目标，并不能与自愿达成社会目标等同。社会责任应是自愿承担的，因为没有法规能强制企业对社会负责。当法律对企业强制性地设定社会目标时，企业如果仅仅为了满足法律要求而实施这些目标，那么这并不构成履行社会责任。社会责任不是一项义务，它不只是对市场力量或法律约束的回应。自我监管通常更具有前瞻性（King and Lenox，2000）。只有当企业自愿投入实际资金以实现社会意义和价值观时，才能被视为真正地履行社会责任。大型企业开始逐渐认可 CSR 的重要性始于 20 世纪 70 年代。根据弗里德曼（1962）的观点，过去，大多数商业公司的主要目标是"尽可能为其股东赚取更多的钱"。然而，近年来，大型企业被告知应努力实践社会责任。现今，对所有规模的企业来说，实行 CSR 已是必需的。

现实是，企业不能仅仅关注社会责任，还必须同时考虑多个商业目标，包括市场份额、收入、利润、竞争、法规、环境和社会责任。约翰逊在其 1971 年的著作《当代社会中的商业》（*Business in Contemporary Society*）中描述了这一复杂的决策过程，他认为，对关注社会责任的企业的一种通常理解是："其管理层平衡多种利益。一个负责任的企业不仅为其股东追求更大的利润，同时也考虑到员工、供应商、经销商、当地社区和国家的利益。"然而，许多企业仍将利润最大化视为最重要的目标。在激烈的竞争环境下，企业管理者必须做出决策以保持成本效益和竞争力，而在许多情况下，这可能会与社会和环境责任相冲突。

因此，有观点认为，定义 CSR 时不应忽视赚取利润、遵守法律和超越这些活动的责任。基于此，CSR 被定义为："CSR 涵盖了社会对企业在经济、法律、伦理和自由裁量权方面在特定时间点的期待"（Carroll，1979，第 500 页）。将经济表现纳入 CSR，反映了企业生产和以盈利方式销售社会需求的商品和服务的责任。能够盈利的公司将能持续提供就业机会并向政府缴税。除了合法和负责任地运营外，社会还期望企业遵守伦理规则。而企业的伦理责任通常取决于个别经理和公司的判断和选择，因为社会并非总为企业提供明确的期待。伦理责任包括了那些反映消费者、员工、股东和社区认为公平、正义或尊重的或符合利益相关方道德权利的标准、规范或期望。自由裁量权则指的是那些对社会有益的活动，如慈善捐赠、对失业人员的培训，以及为残疾人提供帮助的项目。这种责任后来被称为慈善责任。表 8.2 给出了这 4 种责任的示例。

表 8.2 公司责任的不同类型

	经济责任	法律责任	道德责任	慈善责任
主要驱动因素	最大化每股收益	符合政府和法律的期待	满足社会规范和道德规范的期待	满足社会对于慈善和公益活动的期待
主要目标	尽可能盈利	符合联邦、州和地主的规定	防止其他公司目标损害道德规范	将利润用于慈善活动
期待塑造的声誉	成为一个盈利的公司	成为一个遵纪守法的公司公民	成为一个尊重社会并具有道德的公司	成为一个协助私人和公共教育，提高生活质量的公司
物流和供应链角色	提高效率和盈利性	提供至少满足法律要求的商品和服务	保证公司诚信和道德行为超越仅仅符合法律和法规的要求	参与或对当地社区的志愿和公益活动做出贡献

为确保管理者在日常决策中充分考虑所有职责，必须将这些职责融入到公司的价值观和管理实践中。卡罗尔（Carroll）在 1979 年提出的 CSR 金字塔旨在通过层级化的责任体系（CSR 金字塔）阐明企业应如何认识和处理 CSR。

● 经济责任是所有其他责任的基石，代表公司需要实现盈利。

● 法律责任排在第二层级，要求企业需遵守法律，因为法律是社会对正确和错误的明确规定。

● 道德责任位居第三层级，其主旨是强调企业有义务做出正确、公平的决定并尽力避免引起伤害。

● 慈善责任是最高层级的责任，它要求企业身为良好的社会公民。

尽管该金字塔为 CSR 提供了新的解读，但它也揭示了一个复杂的取舍问题，即常常过于强调利润最大化。Drucker（1954）曾提出，应将社会问题转化为经济机会、经济效益、生产能力、人才素质、高薪酬工作和财富创造。Johnson（1971）则主张，社会责任应致力于实现长期利润最大化。然而，经济责任与道德责任之间的权衡仍在持续讨论中。

例如，企业在低成本国家建设生产设施可获得自然资源和低成本劳动力，同时也创造就业和财富。然而，若这些设施污染周围环境、消耗社区的自然资源、威胁社区健康、为员工提供劣质工作环境、支付不公平工资，即使这些做法在相关国家合法，也会被视为社会不公和道德错误。试图减少这类有害影响可能会增加生产设施的成本，进而可能影响企业的竞争力和盈利能力。为了持续降低成本（例如，材料、劳动力、能源、法律合规、道德责任等），企业往往会将生产设施从一个地方迁移至另一个地方，从而导致环境污染、失业和相关社会问题。这样的做法在道德层面上同样是错误的。

另一个逐渐凸显的权衡问题涉及公司应获得多少利润，其员工和供应商又应得到多少工资。公平贸易就是一个佐证，大公司至少要向获得公平贸易认证的生产者支付最低的公平贸易价格。此价格旨在覆盖生产者可持续性生产的成本，当市场价格低于可持续性水平时，它就像一个安全网，保护生产者。当市场价格超过最低价格时，公司必须支付市场价格。生产者可以基于质量等因素谈判以获取更好的价格。现在我们已经看到各种公平贸易产品的兴起，包括水果、蔬菜、茶、咖啡、果汁、饮料、巧克力、糖果、棉花、美容产品，甚至黄金。

然而，公平贸易也受到了批评，人们认为它未能改善农民和移民工人的经济状况（缓解贫困），而大公司和零售商却获取了巨大的利润。公平贸易可能会刺激低质量产品的销售，这意味着公平贸易产品在质量上可能受到质疑。如今，一些电子制造商正面临着压力，他们被指控在向低成本国家的工人和供应商支付最低价格的同时获得了巨大的利润。从包容性的角度来看，一个重要的社会问题是：谁为价值增加做出了贡献，又是谁公平地获得了报酬？

全球巧克力行业的可持续性和 CSR 问题

对全球巧克力产业的可持续性发展和 CSR 问题的理解，必须从考查整个可可豆供应链开始。可可豆是制造巧克力的主要原材料。1 千克可可豆大约可制作 40 条巧克力。可可树在赤道以南 10°和以北 10°之间的国家生长得最好。全球 85%以上的可可种植地位于 2 公顷以下的小型农场内，年产量大约 1 吨。总产量则达到每年 400 万吨。非洲（例如科特迪瓦、加纳、尼日利亚和喀麦隆）是全球最主要的可可种植区，而印度尼西亚、巴西、厄瓜多尔和多米尼加共和国也是重要的可可生产国。

可可豆生产从手工收获开始，种荚被收集后运至附近的处理站点。每个种荚可能含有多达 50 颗可可豆。先打开种荚进行采摘，然后将可可豆进行筛选并摆放成堆。它们被放置在托盘上或用大型香蕉叶覆盖，经历 5 至 8 天的发酵过程。在此过程中，可可豆会变成棕色。然后它们被晾干并打包入袋，准备销售或运输。这一阶段主要由小型农场主完成，而由于其缺乏规模、市场知识和财务能力，他们大多无法直接将可可豆售给生产商。此时，大型出口商如嘉吉、ADM 和 Sal-Cacao 等就会介入，负责采购和清洗可可豆，并将其销售到交易市场。

可可豆生产的其余过程主要在欧洲和北美进行，主要生产国为荷兰和美国，而科特迪瓦也在迅速成为重要的生产国家。在生产过程中，可可豆被机器研磨成可可脂和可可粉，在这个阶段，可可豆经历脱壳和烘焙过程，然后被加热并融化成巧克力液体。然后混合添加糖和牛奶，最终制成液态巧克力。尽管全球有数以百万计的可可种植者，全球 70% 的研磨产量却由十大可可处理商（主要是跨国公司）掌控。需要注意的是，一些加工商直接采购可可并进行贸易。液体巧克力被储存或通过槽车交付给巧克力公司（如卡夫食品、费列罗、玛氏、雀巢等），并在巧克力公司里进行调味、成型和包装。

全球巧克力产业面临着诸多挑战，其中最为突出的就是童工问题。2001 年，主要巧克力生产商签署了《Harkin-Engel 协议》，以解决西非地区的强迫童工的问题。

该协议是一项自愿承诺，旨在解决西非强制童工的问题，并计划到 2005 年 7 月前实施公共认证标准，以确保可可种植不涉及任何最严重的童工劳动形式（Chocolate Manufacturers Associations，2001）。在该期限内未能达成目标，随后给出了第二个期限（截至 2008 年），但同样未能达到。未能实施这些标准导致巧克力公司与利益相关方之间的信任关系破裂，并吸引了媒体和非政府组织的关注（见《巧克力的黑暗面》）。事实上，巧克力行业在解决童工问题方面取得了一些进展。英国的卡德比和雀巢已开始将其"Dairy Milk"和"KitKat"巧克力棒进行公平贸易认证。玛氏宣布其计划到 2020 年仅使用可持续性可可生产其产品。全球最大的巧克力生产商 Barry Callebaut 也宣布将更加关注公平贸易认证产品。然而，公平贸易巧克力仅约占全球巧克力市场的 1%。

另一个对可可生产的批评涉及缺乏生态可持续性，因为农民使用土地扩张导致单一种植问题，这个问题被认为是西非几内亚雨林被砍伐的主要推动因素。由绿色和平组织制作的著名的 "KitKat 杀手" 视频清楚地突显了这个问题。如今，巧克力行业的环境可持续性仍然是一个未解决的问题。巧克力行业面临的可持续性挑战与其他涉及农业和采矿的行业非常相似。基本上，这些供应链由大型跨国公司（如中间商、出口商、商品交易所、生产商和巧克力公司）控制。

与许多其他商品一样，可可豆在许多不同复杂的贸易渠道中交易，但大部分都是由小农场种植的。可可出口商和贸易商赚到比种植者更多的钱，但人们对他们对供应链的真正价值存疑。没有人对巧克力生产带来的环境破坏负责。

尽管全球巧克力公司面临着很大压力，但出口商、贸易商和加工商却是 "看不见的"，他们尚未参与建立可持续性供应链的努力。此外，他们具有如此强大的地位，以至于即使是大型巧克力公司也无法对他们施加影响或施压。组成合作社是打破这种权力结构的一种方式。一个名为 Cacaonica 的合作社由 350 名成员组成，由于消除了中间商，他们获得比市场价格高 50% 左右的价格。然而，这种解决方案是不充分的。该行业还面临许多其他伦理和 CSR 问题。在一些可可种植国家，非法贩卖童工是一个更为复杂的问题。需要多年时间来建立认证产品，而巧克力公司对于是否存在对公平贸易认证巧克力的高需求仍然持怀疑态度。尽管公平贸易似乎对小种植者有益，但这些种植者面临着其他更严重的问题，例如安全、公正透明的法律制度、卫生和教育的获取、公平价格和及时支付、工人的竞争工资以及摆脱骚扰和恐吓。这些问题并非是由从这些地区采购可可豆的跨国公司直接造成的，但他们难道不应该负责为工人提供更好的生活和工作环境吗？

8.4 道德框架和行为准则

商业的目标应仅仅是实现股东价值或利润的最大化吗？那么，社会、消费者和劳动者的健康与安全又该如何？为了真正地负起道德责任，我们需要理解商业伦理与道德规范的概念。道德通常被定义为 "对善与恶、对与非之理论的探究，以及研究我们应当与不应当做什么的课题"。这涉及对人类行为的善恶判断，包括相关的行动与价值。我们需要的主要工具是指导我们分辨善恶、决定我们应当与不应当做什么的原则或理论。伦理理论种类繁多，以下是一些可能对商业管理者有用的理论。

一类被称为"后果论"的理论强调管理者需要审视他们决策与行动的后果：

- 后果主义理论（利己主义）是一种伦理学理论，它主张在做出道德判断时，应该以行为的结果或后果为根据，而非以行为本身的性质或遵循的规则为依据。后果主义的核心观点是，一个行为是否被认为是"对"的，取决于它产生的结果是否有益。在后果主义中，有多种不同的流派，其中"利己主义"是一种特殊形式。利己主义认为，个体应该追求自己的最大利益。按照这种观点，一个行为被认为是正确的，如果它最大化了行为者自己的好处或幸福。

- 后果主义理论中的功利主义（Utilitarianism）是一种重要的伦理学理论，强调在评估行为的道德性时，应以其产生的后果为依据。功利主义的核心观点是，一个行为被认为是道德上正确的，如果它能够产生最大的好处或幸福，最小化伤害或不幸。

功利主义的定义包含几个关键要素：

- **后果主义**：这是功利主义的基础，意味着行为的道德价值基于其结果，而非行为本身的性质或遵守的规则。

- **总体幸福原则**：功利主义强调的是最大化总体幸福，这意味着考虑所有受影响者的幸福和痛苦。在作出决定时，目标是实现最大的积极效果和最小的负面影响。

- **无偏原则**：在评估一个行为的后果时，功利主义要求平等地考虑所有受影响个体的利益，而不偏袒任何个体或群体。

- **量化幸福**：功利主义试图量化或以某种方式衡量幸福和痛苦，以便在不同行为的可能结果之间做出比较和选择。

总的来说，功利主义是一种以后果和总体幸福为中心的伦理理论，它提出在决策时应尽可能地促进最大的幸福。

然而，这些理论的问题在于，对"善恶"的定义、谁构成"所有人"，以及对

"长期"的界定，每个人都可能有不同的理解。因此，存在一些理论并未考虑到个人决策或行动的后果，它们被称为"非后果论"。

在决策理论中，有观点强调应将决策结果、社会规范和社会责任纳入考量。多规则非结果主义理论提出，道德决策需考虑后果，但单一后果并不能决定行为的道德性。我们受一些道德责任所约束，如诚实、感恩、公正、施善、自我提升以及避免伤害他人。管理者需要能够清晰认知这些基本的道德责任。据 Garrett 的比例原则，任何道德决策都涵盖三个要素：意图、实施手段和结果。在商业领域中，除法律制裁外，还应考量行为对个人诚信和专业素养的影响。商业人士在追求利益最大化的同时，也有义务避免对他人的伤害。

- 单一规则的非后果主义理论（黄金法则）可以通过一个常被接受的公理来表示——对待他人的方式就是我们希望别人对待我们的方式。主要的指导原则是以我们希望被对待的方式去对待他人。

- 单一规则的非后果主义理论（康德的绝对命令）认为，只有当我们出于责任行动时，我们的行动才具有道德价值；我们应该以这样的方式行动，即我们希望我们行动的准则或原则成为一种普遍法律。

- 罗尔斯的正义论认为众生皆平等，正义就是公平或公正。

- 伦理相对主义认为，道德原则不能对所有人都有效，人们应该遵循自己群体的惯例。

此外，还有一些理论认为需要考虑决策者应该遵循的后果、规则、社会规范和社会义务。多规则非后果论的理论主张在道德决策中引入后果是必要的，但仅仅考虑后果并不能使一个行为成为正确的行为。我们有道德上的职责和义务束缚着自己。管理者应该意识到主要的义务包括不撒谎、感恩、公正、善行、自我改进、不伤害等。加勒特的比例原则认为任何道德决策都涉及三个元素：我们的意图、我们如何执行这个意图，以及发生了什么（意图、手段和目的）。除法律的惩罚之外，商人还应该考虑他们的行为对个人的诚信和专业素养的影响。商人可能有义务最大化利润，同时也有义务避免伤害他人。

"道德"和"伦理"这两词常互换使用。Taylor（1975）定义伦理学为"对道德本质和基础的探索"。据 DeGeorge（1982）的观点，道德描述了被认为重要的对错行为和活动、管理这些活动的规则，以及由这些活动和行为所嵌入、培养或追求的价值观。从道德角度看，企业管理者可被划分为非道德型管理者、道德中立型和道德型管理者。

- **非道德型管理者**：此类管理者的决策和行为常常与社会公认的道德规范相违背。他们在决策过程中往往忽视道德因素，关注点主要集中在个人或组织的利益上，甚至将管理团队的利益优先于股东利益。他们常常将法规视为妨碍经济目标的难题，由个人利益驱动的策略在他们的决策中占据主导地位。

- **道德中立型管理者**：这类管理者既无道德过失，也无道德表率。他们对自己决策的道德义务呈现冷淡态度，往往缺乏道德意识，只满足法规最低标准。有的管理者可能在无意间成为道德中立者，他们可能抱有良好的意愿，但其决策和行为可能造成他人受损。例如使用塑料包装有助于降低包装成本，但同时也无意中造成了废物处理问题。还有一些管理者可能有意选择道德中立，因为他们认为道德原则仅适用于私人生活，而非商业环境。例如，没有向消费者提供足够的警告就销售酒精和香烟是有意道德中立的行为示例。他们认为，消费者应该对他们选择购买和消费的产品的方式负责。

- **道德型管理者**：他们秉持高水准的道德规范。在满足法规要求和道德规范的前提下，道德型管理者致力于实现盈利目标。他们坚守高水平的职业道德，应用公正、权利和功利主义等伦理原则以指导决策。他们优先考虑短期和长期的股东利益，并公平、道德地对待所有利益相关者。他们通过设立伦理委员会、制定行为准则以及采用其他管理实践，推动整个组织建立道德和负责任的文化，并在组织和行业层面展示在伦理问题上的领导力。

为了降低非道德和道德中立的管理者的比例，培养更多道德型的管理者，企业需要将社会责任、环境责任和道德文化融入到他们自身及其供应商的组织运营中。目前，许多商业组织、非商业组织以及行业协会已制定了自己的道德行为守则（Code of Conduct，COC）或道德准则（Code of Ethics，COE）。这些守则明确了企业对员工（和供应商）的行为期望和商业原则。此类准则可能包括以下方面。

- **劳动实践**：包括就业（非强迫劳动，合同终止条款）、童工、生活工资、工作时间、工作环境、健康与安全、医疗保健、歧视、人权、性别平等、培训等。相关参考可以查阅国际劳工组织（ILO）关于跨国企业的劳工原则——《关于跨国企业和社会政策的三方声明》（*the Tripartite Declaration of Principles concerning Multinational Enterprises and Social Policy*）。

- **公司治理**：涵盖尊重他人、诚实正直、政治捐献、慈善捐赠、法律合规、反贿赂、反腐败、公平竞争、反洗钱、与政府和供应商的合作、利益冲突、高管薪酬和奖金、股东资产管理、保密、股市交易规则、环境和安全、声誉等。例如，西门子公司的合规系统就是一个很好的参考（详情请见西门子网站）。

- **供应商实践**：包括供应商的合同责任、劳动法责任、健康和安全责任、环境和社会责任、法律合规责任、透明度、报告和保密等。

- **一般道德和伦理**：包括诚实、正直、专业、互相尊重、同事关系、公平、公正和法律合规等。

这些要素共同构成了企业期待其员工和供应商遵守的道德行为准则，它们共同塑造了企业的道德和伦理底线。如果高层管理团队不能以实际行动来展示对企业文化变革的投入和承诺，那么行为规范就无法有效发挥作用。高级管理团队需要重新塑造公司的愿景和使命，将利润、人民和地球（三 P），或者经济、环境和社会（三重底线）的重要性明确地融入其中。这些核心理念需要被转化为具有明确性能衡量标准的业务目标和指标，并有必要引导员工参与道德推理，营造一种道德行为受到鼓励和奖励的企业文化。所有这些措施均可以提高公司员工行为道德的可能性。下面的案例展示了一家公司如何尝试落实这种新的经营理念。

The Body Shop（英国美体小铺）案例

The Body Shop 是由 Dame Anita Roddick 于 1976 年在英国布莱顿创立的。Anita 认为，商业应该成为推动社会良善的一股力量。The Body Shop 的建立就是为了争取正义和美好，为每个人的平等权益发声。该企业致力于提升女性的自尊心，打破美的禁锢，赞扬女性的领导力，并保证同工同酬。后来，Anita 写了一本名为《亲身体会》（*Take it Personally*）的书，倡导社会平等，呼吁结束对发展较为落后的国家的工人和儿童的剥削。

Anita Roddick 是一位企业家、人权活动家以及环保倡导者。她参与了绿色和平组织和 The Big Issue 的活动，还创立了"Children on the Edge"以帮助贫困儿童。她坚信，现今的企业在社会中的角色超越了宗教和政府。相比于资本主义社会中市场与政府的角色辩论，这种信念相当激进。弗里德曼主张，只要在自由竞争的规则内，即遵守公平竞争、无欺骗和欺诈的原则，企业在自由经济中的社会责任就是增加利润。然而，这种狭隘的企业社会责任观点引发了强烈的反对。Anita 则认为，企业应该发挥道德领导作用，她曾说过："企业的事业不应该只关注于赚钱，而应该承担责任。企业应该服务于公众利益，而不是私人贪婪。"

The Body Shop 的创建旨在通过开发天然美容产品和支持道德消费来挑战化妆品行业。该公司通过禁止在其产品中测试动物成分来引领行业。它还推动了公平贸易的使用。到 2004 年，这家企业已成为一个受欢迎和值得信赖的品牌，在全球拥有 1980 家店铺。安妮塔在 2004 年生病并于 2007 年去世。由于许多其他竞争对手的崛起，该行业在 21 世纪初面临激烈的竞争。该公司业务于 2006 年被出售给了欧莱雅。这是一个有争议的决定，因为欧莱雅以使用动物实验而闻名，并且它是雀巢的合资公司，雀巢因其对发展中国家生产者的不良对待而受到批评。这一变化还极大地动摇了与具有非常不同企业文化和价值观的客户合作的美体小铺的供应链。

被欧莱雅收购后的十年间，The Body Shop 已经扩展到超过 3000 家门店。作为欧莱雅的一个小分支，The Body Shop 被认为已经失去了其独特的企业价值，而欧莱雅也决定出售这个他们认为已经失去相关性并且业绩不佳的品牌。客户们对 The Body Shop 曾经塑造的无公害和公平贸易的个人护理和化妆产品的形象感到困感。2017 年，巴西的化妆品公司 Natura 从欧莱雅手中购买了 The Body Shop，以此作为其全球扩张业务的一部分。Natura 成为首个被认证为 B 型企业的上市公司。The Body Shop 和 Natura 有着相似的企业价值观，都强调使用可持续性的原材料，推广生物多样性，并且坚信道德交易以及公平对待社区。

化妆品行业还有很多需要改变的地方。染发剂、洗发水和肥皂中的化学物质已经被证实与致癌物质有关。在口红和基于黏土的产品中可以找到重金属。关于使用的化学物质及其对健康和安全的影响，目前还缺乏透明度。在全球范围内，并非每个国家都有一份详细的化妆品中禁止使用的物质名单。据推测，使用化妆品的女性可能接触到过多的内分泌干扰化学物质，比如对羟基苯甲酸酯和酞酸盐，这些物质与各种疾病有关，如注意力缺陷、多动症、乳腺癌、肥胖症和 2 型糖尿病等。根据绿色和平组织的说法，化妆品、美容和护肤产品还含有难以去除的微塑料。此类产品也使用了大量的一次性塑料容器。将快时尚的理念应用到美容行业可能会造成更多的环境破坏。声称使用自然成分并不意味着不使用有毒物质。

8.5 全球与行业倡议

企业在学习如何建立与实施行为准则并渗透企业社会责任文化时，可以借鉴多元利益相关方倡议以及在行业和全球层面上的广泛联盟。例如，联合国秘书长发起的全球契约（Global Compact）通过推动企业履行"普世价值"来促进企业责任。全球契约的主要目标是加速经济发展，提升企业责任、全球公民意识以及面对当前诸多问题时的机构学习能力。全球契约通过其努力为企业、劳工和民间社会组织提供了一个共同平台，以扩大经济发展的益处并限制其负面影响。

另一个新的动向涉及披露公司活动的社会和环境影响。20 世纪 80 年代，金融领域发起了一个社会投资论坛（Social Investment Forum，SIF），通过与投资者、非政府环境组织、劳工联合会等广泛协作和联盟，逐渐改革现有的经济体系，朝着实现更大的社会责任迈进。SIF 的一项动向是与环保活动组织联合开展，为行业制定明确的环保行为准则，并邀请公司正式认可这些准则，并定期公布他们的执行情况。SIF 的部分活动后来有助于全球报告倡议（GRI）的设立。

GRI 是一个非营利组织，其目标是推动经济、环境和社会的可持续性发展，旨在和谐、标准化、明晰和统一非财务报告的做法，通过获取相关信息、赋予社会各方使用市场和政策机制，来要求企业实现一定程度的问责。GRI 为所有公司和组织提供一套全面的可持续性报告框架，该框架在全球范围内被广泛采用。在美国，其他的报告倡议如公共环境报告倡议（PERI）和全球环境管理倡议（GEMI）也得到了应用。像 Accountability 和 CSRwire 的网站提供了许多企业的 CSR 报告和案例研究的链接。也有一些倡议专注于报告碳排放。当存在关于利益相关者的包容性、可持续性背景、完整性以及报告质量（包括平衡性、可比性、准确性、时效性、可靠性和清晰度）的明确指导方针时，这些报告倡议对公司及公众都有益。它们也可以作为公司企业社会责任战略、管理方法和绩效指标的一部分。

当涉及由供应商引起的供应链风险和可持续性问题时，有很多新的方法出现。例如，要求供应商获取认证（如 ISO 14001），或者要求供应商实施行为准则。这源于对供应商的培训和与供应商的合作，以减少风险和/或解决可持续性问题。

电子行业供应商行为准则之探讨

在全球范围内，电子设备的贴牌制造商（OEM）传统上依赖于来自不同国家的零部件制造商作为他们的供应商。对于惠普、苹果这样的公司来说，健康、安全和工作环境等问题至关重要。尽管这些公司均有自己的行为准则，但在没有供应商参与的情况下，它们的社会和环境目标无法实现。因此，电子行业制定了电子行业行为准则（the Electronic Industry Code of Conduct，EICC）。这一准则是由戴尔、惠普、IBM 以及 Solectron、Sanmina-SCI、Flextronics、Celestica 和 Jabil 等电子制造商共同制定的。

本案例着重阐述了惠普如何落实 EICC，以确保电子行业供应链中的工作条件安全，工人得到尊重和人道待遇，同时保证业务操作环保。惠普的供应商行为准则是基于 EICC 的，并且单独维护和更新，以体现出惠普的标准以及供应商的操作情况。该准则的适用范围极其广泛，包括所有参与惠普制造过程的供应商，或者是提供包装、零件、组件、子装配件和材料的制造商，还包括为惠普或代表惠普提供服务的供应商。同时，准则也适用于临时工，即那些在他们的雇主指导下为惠普或代表惠普提供服务的非 HP 员工。该准则由以下五个部分构成。

部分 A：劳工方面，包括自由选择就业、避免使用童工、规定工作时间、工资和福利、人道待遇、非歧视、结社自由等内容。

部分 B：健康和安全方面，包括职业安全、应急预备、职业伤病、行业卫生、体力劳动、机器安全防护、卫生设施、食品和住房等内容。

部分 C：环境方面，包括环境许可和报告、污染预防和资源减少、危险物质、废水和固体废物、空气排放、产品内容限制等内容。

部分 D：道德规范，包括商业诚信、不谋求不当利益、信息披露、知识产权、公平商业、广告竞争、身份保护、矿物贸易的责任采购、隐私、非报复等内容。

部分 E：管理体系，包括公司承诺、管理责任、法律和客户需求、风险评估和风险管理、改进目标、培训、沟通、员工反馈和参与、审计和评估、纠正措施流程、文件和记录、供应商责任等内容。

惠普为其供应商提供关于准则的培训，并期待供应商能够对其供应商进行培训。供应商需要与惠普签署社会和环境责任协议。简单地说，供应商需要找出自身运营中哪些方面不符合惠普的供应商行为准则以及惠普的环境总规范，并实施和监督旨在改善这些问题的方案。惠普可能会要求供应商提交一份报告，描述供应商已经采取的行动以及在满足要求方面取得的进展。供应商可能需要对其对应的五个部分进行自我评估。惠普将会获得供应商在与供应合同相关的记录，以核实供应商报告中的信息。最后，惠普承诺，这些报告和记录仅用于评估供应商在遵守惠普准则方面的进展。

EICC 集团于 2005 年进一步与代表欧洲、北美和亚洲 ICT 公司的全球电子可持续发展倡议组织（GeSI）达成伙伴关系。合作关系的建立旨在研发供应链管理的共享实施工具，并加大这种协作努力的影响力。借助此项技术，电子原始设备制造商现在有能力进行供应商风险评估和自我评估，运用通用的审计方法和基于网络的平台，以便在参与者之间实现有效、透明的信息共享。

在电子行业中，供应商审计是重要的实践环节。以苹果公司的做法为例，我们可以了解审计是如何进行的。在通常情况下，每次现场审计都由苹果公司的审计员带领，由各自领域的专家——当地第三方审计员为其提供支持。这些专家接受了苹果公司的审计协议的培训，并根据苹果公司供应商行为守则中的具体要求进行评估。每年都对最后的装配制造商进行审计，而对风险等级较高的供应商则进行额外的审计。审计员检查记录，对生产设施进行实地检查，评估管理政策和流程。同时，审计也会考虑社区的反馈。其中，突击审计是一项重要环节。公司极其重视纠正和预防任何违反供应商守则的行为。诸如强制劳动、伪造审计材料、危害工人安全、对参与审计的工人进行恐吓或报复，以及重大环境威胁等核心违规行为，可能导致与涉及供应商的合同和关系被终止。

此外，苹果公司还会报告其环境足迹，这包括制造、运输、产品使用、回收以及设施的整体环境影响。苹果通过全面的生命周期分析确定其温室气体排放的来源。温室气体排放的映射指出，公司需要重点解决制造和产品使用过程中的问题。其中，包括原材料采集和产品装配在内的制造过程，占据了总的碳排放量的60%以上。这意味着公司需要与供应商进行深度的合作，共同应对这一问题。更具挑战性的是，苹果公司需要满足"维修权"法规的要求。但苹果公司不愿意允许第三方维修者接触其专有软件，因为这可能影响产品的质量和保修。在巨大的压力下，苹果于2021年11月宣布了一项面向消费者的维修政策，即销售一些新的更换部件（如屏幕、电池等），并向公众开放 iPhone 的服务手册。

8.6　小结

全球化意味着供应链面临着更大的风险和道德挑战。由于全球化、政治及军事紧张态势，全球供应链正在经历重大的重塑，如声誉风险和资源（可持续性）风险等新兴风险类型日益重要。过去，食品价格的激增和短缺曾动摇政治稳定性并导致大规模人口迁移。现在，人们逐渐意识到，对社会、股东、利益相关方及环境负责任的企业类型，更受社会青睐。

公众开始认识到自然资源枯竭的后果。一些企业发现自己正在争夺稀缺资源。众多案例显示，对健康、安全、社会及环境问题疏于关注的公司，会遭受政府、非政府组织和消费者的惩罚。如今，企业认识到，追求利润的行动需要与社会需求和环境的可持续性相平衡。

　　虽然有些行业选择自愿制定自己的行为守则，但其进展并非总尽如人意（如巧克力行业）。其中一个主要阻碍是，公司往往将规章制度视为成本负担。许多经理人视利润最大化为其首要工作。只有少数公司将企业责任和可持续性视作获得可持续性竞争优势的手段。大部分管理者仍将供应链活动对环境造成的损害视为可能降低盈利能力的声誉风险，却未曾真正认识到这样的损害最终会让供应链或业务不再具备可持续性。来自非政府组织的激励、规章制度和压力，的确在推动行业向前发展。然而，正如前文所述，当社会责任不再被视为义务，而是被视为公司价值观的一部分时，便能实现显著的进步。若没有这样的价值观，则任何行为守则或规章制度都将不会产生太大的影响。

第 **9** 章

可持续性物流和供应链管理策略

9.1 企业战略的概念

"企业战略"被定义为：一个组织在长期范围内通过在不断变化的环境中有效配置资源，以满足市场需求并满足利益相关者的期望，进而取得优势的方向和范围。人们普遍认为，如果管理者不能理解企业战略，那么他们将无法做出始终符合整个公司最佳利益的决策。因此，总会需要制定企业计划以执行战略，并对目标进展进行监控。

通常，企业计划包含三个层级。最高层级的战略计划考虑到企业的整体使命目标、服务需求以及管理层如何实现长期（超过 5 年）的使命。这种计划极其宏观，通常包括预期的收入与支出、要进入或退出的市场、业务线或战略业务单元（Strategic Business Unit，SBU）、预计在市场内的业务份额以及现有业务线与新业务线的销售和利润对比。

在接下来的层级中，战术计划在产品线方面往往比战略计划更具体，并可能分解为详细的季度收入和支出。战术计划的时间范围通常为 1 ~ 5 年，并应包括一个资本支出计划，以指示公司每年在新工厂、设备和其他资本支出项目上的投资。

最后，最详尽、最低级别的计划是运营计划或年度计划。这个计划将收入、支出、相关现金流和活动按月划分为一年期。运营计划是为了引导公司在接下来的一年内进行运营。通过监控实际业绩与计划业绩的比较，可以预测问题并做出相应的响应，同时将结果报告给公司的管理层。

战略规划过程制定其战略、战术和运营计划，这个过程应该包括三个元素：对当前情况的分析、实施战略选择以及控制和反馈机制，以确保战略成功运作。当前情境分析涉及企业考虑其内部的优点和缺点以及外部的机会和威胁，这通常被称为 SWOT 分析。

此外，外部分析还要考虑到以下的外部环境：政治、经济、社会、技术和法律，这被称为 PESTL 分析。然而，正如第 2 章所指出的，公司现在更加注重自然或生态环境，这一部分也包括混合外部环境，并且 PESTL 缩写已经被修订为 PESTLE。这种分析通常被称为规划过程中的"我们现在处于哪个阶段"。

在情境分析之后，公司将为其业务制定各种战略、战术和运营选项，这些选项包括规划过程中的"我们要去哪里"和"我们如何到达那里"阶段。然后，公司会选择那些最符合其选择标准的选项，包括投资回报率、风险和获取财务和非财务资源（例如劳动力或人力资源）的途径。最后，公司将执行这些选项，并监控和控制其三个层级计划，以解决规划过程中的"我们是否在正确的轨道上"阶段。

许多学术研究者和实践者已经对企业战略和战略理论进行了大量研究，包括通过考查新进入者或替代品的威胁以及客户或供应商的议价能力来研究竞争；考虑产品或 SBU 的战略相对于潜在市场的增长率和公司的相对市场份额；专注于低成本领导或市场差异化。在表 9.1 所示的矩阵中，给出了与物流和供应链管理的三项主要活动——运输，仓储和库存管理，"暂停"相关的战略、战术和运营选项的示例。

表 9.1 中所列活动涉及的自然环境考量或准则包括：不同运输方式对碳排放量、燃油消耗和道路拥堵的影响，以及仓库及库存管理方案对能源使用、碳排放量和土地利用的影响等。另外，我们还需要考虑战略是否仅局限于"范围 1：直接可持续性影响"，还是扩展到"范围 2：电力购买的间接影响"，以及"范围 3：其他间接影响"。这些考量或准则的复杂性在下面的内容中将得到展现。这种复杂性

导致了一场关于从公司和自然环境的视角来看，哪些考量最为重要的争论。同时，公司需要明确是否存在能够妥善评估这些考量的框架或工具。

表 9.1 物流和供应链管理中企业战略计划的示例

活动	策略	战术	运营
运输	选择运输模式	重新划定仓库配送区域	进行装载计划或集装箱填充决策
仓储	选择仓库的数量、大小和位置	重新设计内部仓库布局	进行单独的订单拣选和打包
库存管理	选择补货系统和 IT 支持	根据供应商风险评估调整安全库存水平	执行单个订单的配送

集装箱航运公司的战略可持续性选择

面对持续 30 年的集装箱航运增长所带来的非可持续性行为增加，船运公司和航运线路在努力实现更大的可持续性时，需要面对哪些战略选择和权衡？本书中所讲的可持续性主要指减少航运活动中的二氧化碳排放量或实现脱碳，无论是在港口还是在公海。这可以通过减少集装箱的运输量、提高集装箱的装载率、提高集装箱运输效率、减少运动和更改、降低航行速度以及转换燃料以使用低硫柴油等方式实现。

McKinnon（2012）提出，通过将更多的产品装入集装箱，船运公司可以减少集装箱运输量和相关的二氧化碳排放。同时，降低运输成本的压力也会激励这些公司尽可能地增加装箱量。然而，我们却几乎无法在公共领域找到关于深海集装箱的重量或立方装载率的统计数据。McKinnon 的调查发现，进口至英国的货物主要是低密度产品，其容积在达到深海集装箱允许的重量限制之前，就已经达到了上限。在被调查的 34 家英国大型船运公司中，有 46% 的公司在进口集装箱货物时，90%～100% 的集装箱都已满载。另一方面，对英国出口商来说，重量限制成为一个更为棘手的问题。25% 的公司报告说 90% 以上的出口集装箱受到重量限制，33% 的公司的集装箱装载率超过 70%。然而，McKinnon 的样本反映了英国深海集装箱贸易的巨大不平衡性，进口集装箱的数量是出口数量的 5 倍。因此，市场流动限制了航运公司和客户提高效率的能力。

然而，许多船运公司和他们的海洋承运商正在实施的提高经济效率的措施，比如慢速航行，有助于减少碳排放。慢速航行是指降低船只在海上的航行速度以减少发动机负荷和碳排放。这一策略最早由马士基航线提出，作为对2008年经济衰退的响应。当时，马士基航线从亚洲到欧洲或北美的集装箱运输价格低于他们的运营成本约500美元。马士基航线计算出，通过重新设计他们的航运计划，使用9艘船而不是8艘来处理客户的货物量，并将船只的航行速度从22节降到20节，他们可以将年度燃料消耗量从9500吨降至8000吨，从而将碳排放量从30 000吨减少约17%至25 000吨。此外，马士基航线也在努力提高客户流程管理的效率，因为他们当时每年需要进行160万次的航运修订，其中80%是由于客户的要求，包括每年有20%的预订取消。最后，硫磺排放是航运相关颗粒物排放的一部分，这对于港口的船只来说，是一个问题。

因此，当面对微薄的利润空间、不断上升的燃料和其他运营成本以及全球经济不确定性（如新冠疫情）种种因素造成了，船运公司和海洋航运线的企业战略决策难度加大。新冠疫情对全球航运造成了破坏，例如由于港口的封锁，造成了装卸的延迟，船只和海员被困在海上，而且因为在新冠疫情期间不被允许离开船只，从而导致了集装箱的运输价格在某些情况下从2000美元上涨到超过10 000美元。对于可持续性行动的优先事项包括全球和海员的疫苗接种，风险评估和预备以提高韧性，振兴多边贸易体系，包括考虑去全球化，数字化流程，包括海关流程，并且在尝试减少碳排放和应对气候变化的同时，还要控制成本。

9.2　公司战略和可持续性战略背后的理论动机

理论动机驱动着企业及其可持续性战略，尤其在物流和供应链管理领域。本节将讨论其中的两个主要理论动机。一是交易成本经济学（Transaction Cost Economics，TCE），它包括四个关键概念：有限理性、机会主义、资产特异性和信息不对称。

（1）有限理性指的是由于物理或其他限制，管理者尽管愿意，却无法准确评估所有可能的决策替代方案以做出理性决策。

（2）机会主义指的是管理者会利用某种情况以获取自身利益。这并不意味着所有参与交易的人都时刻展现出机会主义行为，而是表明机会主义的风险经常存在。

（3）资产特异性产生于当一方投入特定于交易的资源，这些资源在其他用途中几乎无价值，而另一方则利用机会主义行为试图从中获取经济租赁。经济租赁是指特定投资所要求的最低回报额外的部分。

（4）新古典经济学理论的完全信息假设得到了放松。许多商业交易都是在信息不完整、不完善或者不对称的情况下进行的。

本质上，TCE 将公司视为一个组织或治理结构，其中的决策者会对影响公司及其所处行业结构的内部经济因素或交易成本做出反应。供应链中劳动分工的增加是由治理机制决定的，并被认为是通过"战略采购"或"外包"等手段提高竞争力的方式。

TCE 以及创建和发展资源和能力的方式可以应用于实现供应链的改进，因为分析的视角已经从公司内部转向了组织之间的关系。这个更宽广的背景，特别是在不同经济环境下组织经济活动的适应性，已经由 Williamson（2008）在研究外包问题上进行了探讨。他重视如何实现 TCE 的操作化，强调与替代治理模式的交易需要有效地对齐。这种对治理和关系的成本效益分析支持了第 1 章介绍的精益和敏捷物流及供应链的概念。

另一种理论动机是 Penrose（2009）的基于资源的企业观点（the Resource-Based View of the firm，RBV）。她在 1959 年将企业定义为一个资源的集合，其中企业的增长受其资源禀赋的限制。由于不同企业的资源性质和范围各异，因此各自的资源约束也不同。RBV 认为，企业的资源以及将这些资源转化为可持续性竞争优势的能力是企业取得卓越表现的关键。

总的来说，企业的资源通常包括物质、财务、人力以及组织资本，它们是制造最终产品或服务的必要投入，同时也构成了企业盈利能力的基础。这些资源既可能是有形资产，如厂房和设备；也可能是无形资产，如品牌名字和技术专长。资源也可以进行交易，然而，少数资源本身就具有生产力，它们只有当被转化成最终的产品或服务时才能增加价值。

在企业内部，资源是有限的，并且通常体现为内部资源（即股东认购或留存权益）或外部资源（如债务融资）。然而，开发更多资源的另一种选择包括建立与供应链合作伙伴的关系，通过共享资源或发展联合资源活动来实现双方的更大收益，即"1+1=3"的协同效应。资源的有限性与企业的可持续性问题有着紧密的关系。

Hart（1995）和 Hart 和 Dowell（2011）提出了一种基于自然资源的企业视角（a Natural-Resource Based View，NRBV）。这个理论主张，企业的资源和能力在成功执行环保供应链实践中起着关键的作用。NRBV 认为，企业应具备三个关键的战略能力：污染预防、产品管理和可持续性发展，这三者各自产生独特的竞争优势。然而，关键的能力和核心竞争力也是 Williamson 的交易成本经济学视角的一部分，即核心竞争力是指企业独有的、其他企业无法复制的活动，它们能够获得明显的优势，并为客户提供独特的价值。因此，一个能够确定自身在可持续性方面的核心竞争力的企业，可能会获得竞争优势。

Wiek 等人在 2011 年制定了一套共 5 项关于可持续性的关键能力，主要目的是指导学术界的课程开发。然而，它们足够通用，适用于其他商业和组织部门。表 9.2 详细描述了这 5 项关键能力及其所依赖的理念。

表9.2　五项可持续发展的关键能力

能力类别	相关概念
系统思考能力	<ul><li>变量/指标，子系统，结构，功能</li><li>反馈循环，复杂的因果链，级联效应，惯性，临界点，遗产，韧性，适应性，结构化</li><li>跨多个尺度：从本地到全球</li><li>跨多个/耦合的领域：社会，环境，经济，技术</li><li>人和社会系统：价值观，偏好，需求，感知，(集体)行动，决策，权力，策略，政治，制度</li></ul>
前瞻性能力	<ul><li>时间概念包括时间阶段(过去，现在，未来)，术语(短期，长期)，状态，连续性(动态，路径)，非线性</li><li>不确定性和知识状态的概念，包括未来发展(预测，情景，愿景)的可能性，概率，期望值</li><li>惯性，路径依赖性的概念，包括 Delphi 和未来工作坊的干预</li><li>未来发展的一致性和可信度的概念</li><li>风险，代际公平，预防的概念</li></ul>

续表

能力类别	相关概念
规范性能力	• 当前或未来状态的（不）可持续性 • 可持续性原则，目标，目标，阈值（临界点） • 公正，公平，责任，安全，幸福等的概念 • 风险，危害，损害的概念；加强收益（双赢）和权衡的概念 • 伦理概念
战略能力	• 意图性；过渡和转型 • 策略，行动计划，（系统性）干预，转型治理 • 成功因素，可行性，有效性，效率 • 适应和减缓 • 障碍（抵抗，不情愿，路径依赖性，习惯）和协同作用 • 工具化和联盟 • 社会学习 • 社会运动
人际能力	• 协作的功能，类型和动态 • 团队中的优点，缺点，成功和失败 • 领导力的概念 • 合作和共情的限制 • 团结和种族中心主义的概念

Wiek 等人对于所有这些能力的获取提出了要求，包括 4 种独立的能力和 1 种综合能力，这可能会让企业感到压力重重。然而，这些能力背后的许多理念已经成为企业战略和战术的一部分。因此，企业应该相对容易地将这些能力和理念融入到他们的战略中，将相似的理念置入可持续性的背景，并在适当的地方加入新的理念。

虽然 TCE 和 RBV 的动机看起来不同，但在 NRBV 中有所交汇，并且更具体地说，它们在 Elkington1994 年提出的 TBL 模型中得到了整合，即利润或经济绩效、人类或社会绩效和，如图 9.1 所示。TBL 的主张是，公司不仅应专注于经济活动中所创造的股东财富或经济价值的最大化，还应关注他们所增加的环境和社会价值，以及可能破坏的部分，以实现所有人类的长期环境安全和平等的生活水平。从经济、生态和人文视角看，这三个元素在图 9.1 中的交集代表了真正的可持续性。

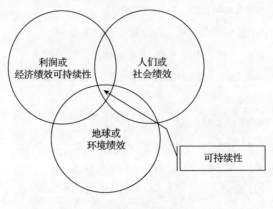

图 9.1　三重底线

人们或社会绩效指的是企业对劳动力、社区以及开展业务的地区进行公正且有益的商业实践。"地球或环境绩效"则关乎可持续性的环境实践。追求 TBL 的公司旨在尽可能让自然秩序受益，至少不带来伤害并削减环境影响。最后，"利润"或"经济绩效可持续性"是所有商业活动，无论是否具备良心，都共享的底线。在原始概念中，在一个可持续性框架下，"利润"应被视为社会享有的经济利益，以及公司对其经济环境产生的持久经济影响。这常常被误解为仅限于公司的内部盈利。因此，TBL 方法不能被理解为传统的企业会计再加上社会和环境影响。TBL 的概念强调企业的责任应面向所有利益相关者，而不仅仅是股东。

卡特和罗杰斯（2008 年：368）将可持续性供应链管理（SSCM）定义为：

在关键的跨组织商业流程的系统性协调中，关于社会、环境和经济目标的战略性和透明性的整合实践，以提高单个公司及其供应链的长期经济表现。

该定义基于 TBL，以及 4 个支持的方面：风险管理、透明性、组织文化和战略。

风险管理不应仅限于在操作计划中管理短期利润，还应通过应急计划管理公司产品、废物，以及工人和公众安全的风险，对供应中断和出货供应链进行管理。透明性不仅包括向利益相关者报告，还应积极参与他们和供应商的运营。对于可持续性，组织文化必须深深根植，并尊重组织公民身份、价值观和道德。最后，可持续性必须是一项综合企业战略。这 4 个方面并不完全是互相独立的，它们之间存在相互关系。

因此，一家公司的可持续性、环境或"绿色"考量和公司战略需要包含 TBL 的元素，可能还需要包含公司使用的 TCE 或 RBV 中的其他方面。但是，也很明显，通过节能和减少碳排放实现成本降低的附加"绿色"因素——金钱的颜色——也将出现。因此，像公司做出的任何其他战略商业决策一样，可持续性或环境考量也将受到其自身的成本与效益权衡的影响。然而，一家公司如何计算所有真实的和总的成本与效益呢？我们需要某种能够被纳入这三个不同层次战略规划的绩效评估体系。

9.3 可持续性物流和供应链绩效评估

有句古谚说，"无法衡量的就无法管理"，这就是为什么绩效衡量在商业环境中如此重要。它帮助企业在动荡和竞争激烈的全球市场中指引方向并管理自身。绩效衡量使企业能够跟踪战略执行的进度，识别潜在的改进区域，并能作为与竞争对手或行业领导者相比较的基准。由绩效衡量提供的信息能使管理者在关键时刻做出正确的决策。

在传统的物流和供应链绩效评估中，一般关注的焦点是成本、时间和准确性。然而，现代企业开始寻求包含与可持续性相关的指标，比如自然环境和 CSR。但是，把可持续性指标融入现有的物流和供应链绩效评估体系的研究仍然较少。

在 Shaw 等人（2021）的研究中指出，传统的物流和供应链绩效指标通常是定量的，主要围绕测量成本、时间和准确性。他们剖析了超过 50 个物流和供应链的度量指标，许多指标有所重叠。他们发现最常使用的指标主要与成本相关，而许多则基于特定的功能。物流和供应链度量的增加反映了供应链管理的复杂性，供应链本身是一个复杂的结构，因此，从业者创建了许多度量指标来管理供应链，这往往在供应链的各个节点或场所中导致同样的度量指标被重复使用。

在可持续性供应链绩效指标方面，主要关注的是温室气体（GHG）排放，因为其在对抗气候变化方面的重要性已经在历史角度得到了深入讨论（如第 2 章所述）。例如，2021 年 COP26 格拉斯哥协议约束工业化国家，将全球温度升高限制在 1.5℃以下。

英国环境、食品和农村事务部确定了 22 个对英国企业至关重要的可持续性绩效指标，这些指标被划分为四大类别：空气排放、水体排放、土地排放以及自然资源的使用。为了管理这四个类别，企业可以采用环境管理系统（Environmental Management System，EMS）。

9.4 环境管理系统

环境管理系统包括 ISO 14001（此标准在第 6 章中介绍过），以及欧盟的生态管理和审计方案。这些标准为减轻环境影响提供了指导方针。ISO 进一步制定了 ISO 14031:1999，这是一个环境绩效评估工具，为企业在设计和使用环境绩效评估以及识别和选择环境绩效指标方面提供具体指导。这使得任何规模、复杂度、地理位置和类型的企业都可以持续地测量其环境绩效。ISO 14031 将环境绩效指标划分为三个类别。

- 管理绩效指标（Management Performance Indicator，MPI）：该指标度量企业在影响其环境绩效方面的努力，例如环境成本或预算（每年的美元数）、达成环境目标的百分比，以及响应环境事件所花费的时间（每年的人工小时数）。

- 操作绩效指标（Operational Performance Indicator，OPI）：这是一个指示组织在环境方面的操作绩效的指标，例如每个产品单位所使用的原材料（单位产品的千克数）、投入预防性维护的时间（每年的小时数）以及车队的平均燃油消耗（每百公里的升数）。

● 环境状况指标（Environmental Condition Indicator，ECI）：这是一个指示环境（无论是本地、区域、国家还是全球条件）的指标，对于测量组织对本地环境影响非常有用，例如光化学烟雾事件的频率（每年的次数）、地下或地面水中的污染物浓度（每升的毫克数），以及修复的受污染土地的面积（每年的公顷数）。

在欧洲，EMAS 是第二流行的环境管理系统标准。从结构上来看，ISO 14001 和 EMAS 的标准非常相似，但它们之间存在一些根本性的差异。例如，EMAS 要求企业必须遵守相关的环境规则和法规，以确保通过认证，而 ISO 14001 则规定，虽然需要在政策中承诺遵守规定，但遵守规定并非获得认证的必要条件。此外，EMAS 标准的评估通过每三年的强制性审计保证，所有周期都被检查，并公开声明。ISO 14001 的审计检查环境系统的绩效是否达到内部基准，即使没有改进也没有惩罚，审计的频率由各个公司自行决定。这些差异可能是全球 ISO 14001 认证数量远大于 2020 年 EMAS 注册数量的原因；2020 年 ISO 14001 认证数量为 320,000 个，而 EMAS 注册数量为 3,562 个，比较而言，ISO 14001 似乎是这两个认证标准中要求最低的。

从更宽泛的角度来看，于 20 世纪 90 年代末期提出的全球报告倡议（the Global Reporting Initiative，GRI），鼓励组织披露其可持续性绩效数据。GRI 对这些指标的计算和报告要求非常严格，这使得对于基准测试的输出得以标准化。GRI 提供了一个替代视角，说明组织如何衡量和报告其环境绩效。GRI 可以被理解为一个外部可持续性报告工具，以协助进行外部基准测试，虽然它提供了有关应该衡量什么的有用指南，但并未指示如何在端到端的供应链中应用这些指标。世界资源研究所和世界可持续发展工商理事会提供了关于报告和核算可持续性措施的指南，这些都包含在他们提供的 GHG 协议中。下面将讨论一个案例——行业协会如何提建议来帮助公司减少碳排放量。

为减少碳排放提供规范指南的案例

英国的 IGD（Institute of Grocery Distribution，前称食品杂货分销学院），已经

构建了一个环境可持续性评估框架，该框架目的在于辅助食品杂货行业深入分析可持续性的重要方面。该框架关注的四个核心领域包括温室气体、水资源、包装及废弃物管理；该框架关注供应链中的 6 个关键环节，包括原材料采集、生产制造、存储、运输、批发零售，以及终端用户及产品生命周期结束阶段。对这些特定方面及环节的考虑，源于食品生产与销售领域独特的"从犁地到餐桌"的观察角度。

该指南中讨论了英国的主要环保法规，包括《2008 年气候变化法》(the guide include the Climate Change Act)、《气候变化税收》(Climate Change Levy，CCL)、《碳减排承诺》(Carbon Reduction Commitment，CRC) 及《建筑能效法规》(Energy Performance of Buildings Regulations)。IGD 根据这些法规提出了一套减少温室气体排放的行动步骤，首先计算排放量或称之为"碳足迹"，然后依据排放源的识别来避免或减少碳排放，最后通过适合的碳交易机制来抵消剩余排放。

从财务角度来看，IGD 指出，由于税收、相关活动的限制及违规可能引发的罚款等原因，温室气体排放可能会带来负面的成本效应。然而，减少排放行为可以直接或间接通过改善工作方式而节省能源成本。在这方面，IGD 提供了一份操作层面的详尽清单，列举了办公室、工厂及仓库内关于供暖和照明方面的改进建议。IGD 还强调，企业应注意到政府为某些减排投资设立的税收优惠政策。

再者，若企业在处理温室气体问题上表现得不负责任，可能会损害其商誉。有许多政府和非政府组织发布的指数和报告详细记录了企业的环保行为，企业需要知晓这些评估工具的存在，并明确是否有可能被纳入其中。

尽管 IGD 的构建对象主要针对食品杂货行业，包括制造和零售环节，但其所建立的评估框架可以广泛适用于各个领域。此外，杂货行业及其他行业中，许多企业属于中小型企业（Small to Medium-Sized Enterprise，SME），这就使得本指南提供的丰富信息和建议，对于这些可能无法获取相应信息的 SME 尤为有用。

在设计、实施和评估环境管理系统时，需要考虑多种因素。最重要的一点是，并没有统一的解决方案适用于所有企业；每家企业都有其特定的管理系统和环境影响，以及独特的组织文化和组织架构。另外，所选用的方法还必须能够对所有可能受众做出响应，如管理层、员工、股东及公众。许多监管机构提出的系统都是基于计划-执行-检查-行动的框架。计划阶段的任务是设定目标，并明确这些目标如何通过明确个人责任来实现。实施阶段则需要提供完成目标所需的资源。检查阶段的任务则是监测和评估，以确定组织在实现既定环保目标方面的效果如何。最后，需要定期回顾所采取的行动，以确保进展符合预期；同时，这些回顾的结果也应被记录下来，以便不断提升改进的效果。

9.5　生命周期评估

为了衡量环境绩效，人们提出了一种相对全面的评估方法：生命周期评估（Lifecycle Assessment，LCA），此方法在第6章中有所阐述。LCA采用"从始至终"的视角，对工业系统和供应链进行全过程评估。其过程起始于从地球上采集原材料，制造出消费产品，这正是第1章中对物流和供应链活动定义的基础。而LCA评估的结束点则是所有材料最终返回到地球，这与第1章和第5章中讨论的逆向物流和产品回收管理的理念相符。

LCA的评估方式是从产品生命周期的各个阶段都相互依赖的角度出发，也就是说，一个阶段的完成会引发下一个阶段的开始。此外，LCA能够对产品生命周期中的所有阶段所导致的累积环境影响进行估算，这包括了许多在传统分析中常被忽视的影响，例如原材料的开采、材料的运输和产品的最终处理。通过包含产品生命周期中的这些影响，LCA为产品或过程的环境方面提供了一种全面和整体的视角，并更准确地反映了产品和过程选择中的真实环境权衡。

ISO 14000系列标准对LCA的各组成部分进行了标准化定义。按照ISO 14040标准，LCA由4个阶段构成：为LCA定义目标和范围，即是否能实现"从始至终"的真实分析；对工业系统或供应链中的每个节点进行清单分析；对每个阶段进行影响评估；对所得结果的解读。这些阶段并非按照单一顺序依次执行的，因为LCA是一个迭代过程，在此过程中，后续的迭代可以实现更详细的分析级别，或者由最后阶段的结果引发对第一阶段的修改。实践证明，LCA是一种价值极高的工具，能够记录和分析产品及服务系统对环境的影响，并为企业可持续发展的决策提供必要信息，而 ISO 14040 则为 LCA 提供了基础框架。

然而，没有任何企业能够完全了解其整个供应链。事实上，图 1.1 中展示的简化供应链代表了一种线性供应链，对于焦点企业来说，它仅包含一个一级客户和供应商。然而在现实中，焦点企业会有多个一级关系，所有的一级客户和供应商都如此，这使得一个焦点企业的供应链在操作上变得异常复杂。另外，第 1 章和第 2 章中讨论的全球化所带来的影响也增加了企业在地理和文化层面的复杂性。因此，一个焦点企业可能只能在两个方向上，跨越两个层级进行 LCA 测评。

温室气体在食品生产和制造过程中来自多种源头，例如肥料、动物产生的甲烷和化石燃料。举例来说，面包中的温室气体有 45% 来源于原材料生产（例如小麦），23% 源自制造过程（例如烘焙），6% 来自物流、分销和零售，23% 来自消费者使用，而 3% 则来自回收和处理。水是另一种在农业和生产中被大量使用的资源，同时消费者在清洁、烹饪和卫生等方面也大量使用水。例如，一个 150 克的汉堡，其体积和第 1 章中讨论的酸奶罐相同，但其制造过程需要 2400 升的水。如第 2 章所提到的，IGD 一直是水资源管理的先行者。

每年，英国食品和饮料行业的包装及原材料废弃物估计达到了 510 万吨。IGD 联手食品制造商和零售商，采取措施减少食品供应链中的包装废弃物。如采用可重复使用的包装和运输工具——例如运送新鲜产品的塑料托盘和牛奶的滚轮箱，这种做法已在一定程度上改善了这种情况。然而，用于像薯片和零食等商品的即用即扔包装的纸板支持了这样一种观念：高效消费者反应（Efficient Consumer Response，ECR）计划和需要在短时间内补充商店货架，即物流和供应链管理目标，已经推动了包装的改善。

最后，供应链各环节中被丢弃的食品废弃物每年总计高达 1130 万吨，其中由家庭产生的废弃物占到了 830 万吨，相当于食品废弃物的 74%。在第 2 章的内容框中，我们讨论了社会超市，这是一种保证可食用食物不被浪费的方式，而下一个内容框中则介绍了食品废弃物的另一种处理方式。

厌氧消化

受政府废弃物政策、日趋重要的环保考量、石油峰值的威胁及燃油价格上涨的影响，人们的关注点已经转向了风能、太阳能及厌氧消化等"绿色能源发电"方式。厌氧消化是一种资源回收技术，它使有机物，例如食品废弃物，分解生成沼气和消化液，可以分别作为能源和肥料使用。因此，厌氧消化相对于其他可再生能源具有附加优势，因为它有助于减少进入填埋场的废弃物量。

利用厌氧消化技术从食品废弃物中产生生物气体能源，是一种实用的方法，可以为每吨食品废弃物减少 100～160 千克的二氧化碳当量。英国可通过厌氧消化回收的可生物降解资源产生的可再生气体总供应量，占英国总能源需求的 10%，达到了英国政府设定的可再生能源目标的三分之二。

在英国，北林肯郡和东北林肯郡的地方议会已经请求对可能建设厌氧消化设备（Anaerobic Digestion Plant，ADP）的场地进行研究，以服务于这两个地方议会，并尽可能减少收集和运输食品废弃物到该地点的成本，这与焚烧或将其送至垃圾填埋场的做法形成了鲜明对比。赫尔大学商学院物流研究所的研究团队运用了标准的物流和供应链网络，以及重心位置建模技术，以确定在客户服务和食品废弃物"原料供应"方面具有成本效益和运行效率的最佳位置。

该团队首先确定了在这两个议会内有 1394 家公司能够为 ADP 提供合适的原料，包括教育机构、医院、酒店、餐厅和咖啡馆等大型组织，然后通过调查筛选出那些愿意提供此类原料的公司。在格里姆斯比和伊明汉这两个港口城镇及内陆城镇唐卡斯特周围形成了两个主要的食品聚集区。然而，出于降低成本的动机，企业在减少废弃物方面已经表现得非常出色，因此家庭似乎是最大的原料来源。在建模过程中，使用邮政编码区域层次上的食品废弃物量。

决定 ADP 位置的物流和供应链决策因素包括供应来源的位置、潜在 ADP 设备的位置、按供应来源预测的供应量、不同站点间的运输成本，以及所需的响应时间。根据土地可用性和需要靠近变电站将能源输入英国国家能源电网的需求，确定了三个潜在的地点。根据能源电网运营商的馈入电价（Feed-in Tariff，FIT）价格，以及建设和运营 ADP 的成本（包括获取和运输原料的成本），进行了可行性场景建模。

研究表明，只要避免了额外收集的成本，两个议会就可以拥有各自的可行厌氧消化设施。然而，最好的解决方案似乎是一个将生物气输送到电网的联合站点，该站点位于其中一个议会的重心位置。这项研究是一个例证，说明了物流和供应链管理如何对可持续性产生积极影响。

9.6 评估可持续性选择和实践

当企业选择某种框架或技术，如 TBL、EMS 或 LCA 方法，将可持续性融入其企业战略时，需要对该战略的经济可行性、技术可行性以及环境可持续性进行评估。例如，经济发展活动，比如港口扩建，必然会带来更大的环境压力。部分压力可以通过特定的管理措施进行缓解。例如，扩大港口面积将导致泥滩或盐碱滩的丧失，或对候鸟或洄游的鱼类（如鳗鱼和三文鱼）在海洋和集水区之间迁徙造成干扰。社会间的这类关系，以及物流与供应链管理对环境造成的影响及其对此影响的响应，可以通过制定一种基于系统整体的方法来形式化。

综合环境管理需要将多个方面整合为一个整体系统。由材料（如污染）或被添加或移除的基础设施（如聚合物、湿地空间）所引起的问题，都需要一个风险评估框架进行评估。然后，通过治理的纵向整合和利益相关者行动的横向整合来进行管理。这些行动的目标是在确保自然系统得到保护和维护的同时，满足社会所需的利益。

首先，我们需要考虑这些互动环境关系，以评估策略或战略选择是否满足与环境管理相关的各项标准。Grant 和 Elliott（2018）提出了"环境管理十项原则"，以确保这样的评估能够实现对环境问题的管理和解决方案持久且无害。此外，这些原则应在现实世界中可行，并兼顾对社会经济和治理方面的考量。最终，满足这十项原则也意味着环境管理可能会被更广泛的社会视为实现了可持续性，从而更有可能被接受、鼓励和成功。下面列举了这十项原则，并对其进行了解读。

环境管理十项原则

1. 社会可接受/容忍：环境管理措施是必需的，或者至少被社会理解和容忍为必需的；社会认为这种保护是必要的。

2. 生态可持续性：这些措施将确保生态系统的特征和功能以及基础和最终的生态系统服务能够得到保障。

3. 经济可行：环境管理的成本——效益评估表明其具有经济/财务的可行性和可持续性。

4. 技术可行：保护生态系统和社会/基础设施的方法、技术和设备是可获取的。

5. 法律允许：存在区域性、国家性或国际性的协议和法规，使得管理措施得以实施。

6. 行政可实现：如政府部门、环境保护和保育机构等法定机构已设立并运行良好，以实现成功和可持续性的管理。

7. 政治可行：管理方法和理念符合当前的政治气候，并得到政治领导者的支持。

8. 伦理可辩护：如何确定和计算对现在和未来几代人采取行动的成本。

9. 文化包容：尽管社会期望并容忍某些行动，但可能存在一些文化考虑因素。

10. 有效可沟通：为了实现前九项原则中的纵向和横向整合，需要在所有利益相关者之间进行沟通。

这些原则是概念性的，下面我们提供一个具体的例子，展示它们在英国可再生能源市场中海上风电场景下的应用。

对英国海上风能的评估

2009 年，英国政府的可再生能源指令设定了一个目标，即到 2020 年，英国 15%的能源消费将来自可再生资源，相较于 2009 年的 3%，这一目标富有挑战性。陆上和海上风能预期会为实现此能源目标做出贡献，该行业已取得了显著的进展，2021 年提供了 75 610 千兆瓦时的能源，满足了英国电力需求的 24%，其中海上风电占 13%，陆上风电占 11%。

传统上，欧盟大部分的风电在陆地上建设；然而，陆地上风力涡轮机潜在安装地点的稀缺，以及公众对噪声、视觉污染及鸟类艰难生存的担忧等问题，已经减缓了陆地风电发展的速度，也就产生了一个新的海上风电市场。这个新市场拥有更多的风电资源，因此可以通过更少的涡轮机提供更多的绿色电力。

目前，大多数海上风力涡轮机安装在欧洲北部的海岸线上。全球 90%以上的海上风电装机容量位于北海、波罗的海和爱尔兰海，这使欧洲成为全球海上风电行业的领导者。英国在 2008 年超越了丹麦，成为海上风电市场的最大装机容量国家，占据了欧盟海上风电总装机容量的 60%。英国在北海的约克郡海岸拥有世界上最大的海上风电农场。

赫尔大学进行的一项研究项目发现，由于海上风电的发展，预计约克郡和亨伯地区的经济活动将增加每年 40 亿～100 亿英镑的总增值（GVA），并且到 2020 年将创造 8000～15 000 个新的就业岗位。到 2021 年，英国所有风电能源的营业额或收入接近 60 亿英镑，而 2019 年海上风电部门的就业人数大约为 7200 个全职员工。Wong 等人（2013）根据发展和环境管理的十项原则中的六项来评估这种发展，下面是对这六项原则的评估。

1. 生态可持续性：我们发现海上风电对环境的影响有所不同，例如：对海洋哺乳动物（由于与增加的船舶交通的碰撞、扰动造成的区域流失、噪声损害以及正常行为的干扰等导致的死亡），对鱼类（电磁场、栖息地损失、物种组成的改变），以及对鸟类（通过碰撞和觅食地破坏导致的死亡、迁徙路线的干扰）。然而，风能与化石燃料不同，风能是无限的、无污染的且安生的。此外，可能出现的环境破坏问题几乎都是特定场地特有的且为暂时性的。因此，开发得分为 7 分。另一方面，栖息地再造（如创造海床/表面区域、水柱和空气空间）是一个有效的补偿机制，如果能得到具体实施特点的支持（如提供作为鱼类聚集设备的庇护所，或在鸟类活动水平较低且远离保护区的地方安装涡轮机），则能大大增强其积极效应。类似的方法在过去已经在相似的海上结构（如石油钻井平台）和相似的环境条件下得到了测试。此外，与场地准备相关的成本属于资本性投入，需要的维护成本较低。因此，环境管理得分为 7 分。

2. 社会接纳度：普遍认为，由于视觉和噪声干扰的最小化，所以若海上风电场足够远离海岸线，则其社会接受度将会得到较大的提升。虽然并非自动偏向海上场地而非陆上场地，但海上风电场的审批率约为 90%，审批周期为 22 个月，相较之下，陆地风电场的审批率为 51%，审批周期在 20～52 个月之间。更为重要的是，海上风能在约克郡和亨伯地区被普遍视为一个独特且不可复制的机会，以创造更多的就业和投资，尤其在这些地区的失业率达到了英格兰地区最高的 9.9% 的情况下（英国的平均失业率为 8.4%）。因此，海上风电场的开发（开发评分：8 分）和相应的栖息地恢复措施（环境管理评分：10 分）很可能会受到当地居民的欢迎，尽管可能存在的公共听证会结果可能导致审批过程的延迟也应予以考虑。

3. 道德防御性：海上风能与其他可再生能源一样，提供了清洁、国内生产、无二氧化碳排放以及不会对气候变化产生贡献的能源安全保障。此外，它能够在地区和国家层面上生成显著的相关产业和活动。因此，假设其具有高道德防御价值并非夸大之词（开发评分：8，环境管理评分：10）。

4. 文化包容性：英国皇家地产的选址过程是基于区域的（然后授权给一个开发伙伴），同时根据累积影响进行持续的校正，并全面地与各利益相关者接洽。此外，所采用的海洋资源系统模型（the Marine Resource System，MaRS）是一种强壮、透明、理性的选址方式，能够识别并解决可能的规划冲突，通过确定机会和限制区域，探寻不同活动在特定区域的交互效应，以评估特定项目的场地适宜性。因此，在做出最终决定之前，文化传统和当地需求都会被充分考虑，考虑到涉及的众多变量和利益，变化，即使是微小的变化，也确实不可避免（开发评分：8，环境管理评分：9）。

5. 有效沟通：相关文档和更新信息会在开发提议中提到的离岸风电场工业联盟网站上公布，同时，本地媒体，特别是报纸，会持续发布更新消息。此外，已经进行了公众咨询，以确保社会接受度以及有效的沟通和广泛的公众参与。因此，建议开发和环境管理得分为 8 分。

6. 政治便利性：国家和地方政府对于海上风电场的开发有明确且刻意的支持（开发评分：8，环境管理评分：9）。

虽然读者可能根据自身的文化价值观和信念来理解这些评分及其各自背后的理由，但这项分析仍然为我们提供了一个生动的范例，展示了对专门为这一目的而制定的发展和管理原则进行评估的应用。

从十项原则出发，我们需要一个框架来规范并结构化关于环境问题的考量。基于 DAPSI(W)R(M)方法的框架就是解决方案之一，它包括：驱动因素，即社会性的关键需求（例如对经济增长的渴望），且这些需求所衍生的活动能够对环境产生压力（例如拟议中的港口开发会带来的一些诸如栖息地丧失，影响水质，噪声或光污染等），这些压力反过来引发环境状态的改变（例如栖息地和生态结构及功能的损失）。如果这些不利的变化得不到解决，则会对人类的社会福利产生影响，同时代表着对接受环境的改变（例如人类与环境的直接互动）。为了预防或纠正这些不利的变化，需要采取一些可验证的社会响应措施，如经济工具或法律约束。因此，DAPSI(W)R(M)方法提供了一个框架，用于定义、定界和解决环境问题（Grant和Elliott，2018）。

随后，我们可以利用蝴蝶结（Bowtie Analysis）风险管理分析法来整合DAPSI(W)R(M)方法和十大原则的标准，这种分析结合了故障树分析（Fault Tree Analysis，FTA）和事件树分析（Event Tree Analysis，ETA）。FTA通过图形关系（如图9.2所示）呈现出不期望事件与其基本原因之间的关系，而ETA则是一种图形模型，考虑到不期望的事件作为初始事件，并构建一棵用于预测可能结果的二叉树，其节点代表一组成功或失败的状态。ETA中初始事件的后续结果通常被称为事件或安全屏障，而在最终状态中产生的事件则被称为结果事件。这两种类型事件的定量输入通过概率理论进行分析，以确定事件及结果事件成功或失败的可能性。这是一个综合性的概念，将这两种技术集成到一个公共平台上，将顶级事件视为关键事件或风险源。

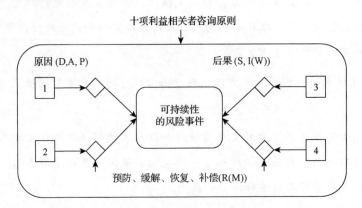

图9.2 环境管理中十项原则、DAPSI(W)R(M)和蝴蝶结分析法的图形示例

像FTA和ETA一样，蝴蝶结分析法也使用基本事件失败的概率作为FTA部分的输入事件，以及事件发生（无论是成功还是失败）的概率作为ETA部分的输

人事件，用于评估关键事件和结果事件的可能性。在进行定量的蝴蝶结分析时，需要已知输入事件的概率，这既可以是精确的数据，也可以是定义的概率密度函数（Probability Density Function，PDF），以便考虑不确定性。蝴蝶结分析方法可以进一步发展，例如，基于因果概率的贝叶斯信念网络模型已与蝴蝶结分析相结合。

将这种分析与基于十项原则的 DAPSI(W)R(M)方法相结合，可以识别和分析导致主事件的原因（基于驱动因素、活动和压力）；可以制定预防措施（使用的响应措施），包括限制主事件的严重性；评估事件的后果（状态的改变和对人类福利的影响），并采取缓解和补偿措施（使用的响应措施），以最大限度地降低这些后果的严重程度。

企业应在其发展战略中包含可持续性元素，以满足不断增长的商业、社会和政府需求，这是良好的企业社会责任政策的一部分。企业可以采用许多框架和技术在其企业战略中全面考虑可持续性，如 TBL、EMS 和 LCA。此外，本节讨论的 DAPSI(W)R(M)方法、十项原则以及蝴蝶结风险分析法，可以帮助企业确保可持续性战略满足企业自身及其利益相关者的既定目标。

9.7　小结

物流（以及自 20 世纪 80 年代以来的供应链管理）在过去 50 年中被认定为重要的商业功能，并已从交易导向的战术职能演变为流程导向的战略职能。如今，物流专家和供应链管理者有更多的机会积极参与策略制定、应对挑战，并为公司的成功做出贡献。交易成本经济学和基于资源的企业观念成为两个主要的战略驱动因素。

然而，将可持续性作为三重底线的一部分是一项战略命题，这意味着物流和供应链管理公司将需要在未来融合这三种驱动因素。为了实现这第三种驱动因素，公司首先需要制定可持续性物流和供应链性能指标，可通过 ISO 的 14000 系列或欧盟的生态管理和审计方案来采用环境管理系统。进一步说，使用如生命周期评估这样的工具，并确认任何战略选择是否满足如可持续性管理的十项原则等标准，将使企业确保其正在适当地处理三重底线的三项要求：持续维护自然环境、推动经济增长和发展，并重视这个脆弱星球上的社会和人类关注的问题。

在创新和主动的方式中认识并接受这些挑战的回报应证明是可观的。作者们期望并真诚地希望，本书的内容能够激励读者正确认识并积极考虑我们所面临的问题。

关 于 作 者

David B Grant

David B Grant 是芬兰赫尔辛基汉肯经济学院供应链管理和社会责任方向的教授，也是负责研究和社会影响力的副校长（院长），还在泰国曼谷法政大学担任东盟讲席教授。他在爱丁堡大学获得博士学位，其论文 *Investigating customer service, satisfaction, and service quality in UK food Processing lgistics* 于 2003 年获得英国特许物流与运输协会颁发的詹姆斯·库珀纪念杯博士奖。他的研究兴趣包括物流客户服务、满意度和服务质量，零售物流（包括全渠道、逆向、可持续性和社会物流）。他在各个论坛上发表了 250 多篇论文，也是 *International Journal of Physical Distribution v Logistics Management* 的高级副主编，*Journal of Supply Chair Management* 的副主编和其他几家国际期刊的编委会成员。他与 John Fernie 教授合著的 *Fashion Logistics* 已由 Kogan Page 出版至第 2 版。2019 年，在一项评估芬兰教授研究影响和生产力的学术排名中，他在经济学、商业和管理方面排名第五，在工业经济学和物流方面排名第一。

Alexander Trautrims

Alexander Trautrims 任职于诺丁汉大学商学院，担任供应链管理教授，同时也是诺丁汉大学权利实验室商业和经济学副主任。他目前的研究重点是供应链中的道德问题和社会可持续性，特别关注采购和供应链管理中采购解决方案的执行和实施。他的研究、交流和项目得到了英国学院、英国外交部和发展署、经济和社会研究委员会，以及其他一些政府和私人机构的资助。他是英国标准委员会组织应对现代奴隶制的联合主席（BS25700），并与企业和政策制定者密切合作。

Chee Yew Wong

Chee Yew Wong 是利兹大学商学院供应链管理教授。他的博士论文研究了欧洲玩具供应链的协同计划。他教授本科生和研究生运营、物流和供应链管理，并为供应链公司提供演讲、研讨会和咨询服务。他的研究兴趣包括供应链整合、可持续性供应链管理、逆向物流、供应链数字化和第三方物流服务。他在电力、饮料、食品、玩具、零售、杂货和制造等行业拥有 9 年的工作经验，从事工程、生产、物流采购和供应链管理。最近的应用研究涉及协作预测和计划、仓库集中化、数字化、机器学习的应用、服务和制造业中的可持续性实践，以及向中小企业转移供应链管理知识。他在各种学术期刊、书籍和会议论文集上发表了 90 多篇文章，并担任物流、运营和供应链管理领域多个国际学术期刊的编委员会成员。自 2020 年起，他担任 *International Journal of Physical Distribution v Logistics Management* 的主编。